談玄述異

Small Talks on
Chinese Astrology
PRELUDE
DOUSHUROLL,

BY IP HON LEUNG

謹以《斗數卷》
獻給父親及其
剛毅一代人

井贊

1906 年秋

天井四四方
周圍是高牆
清清見卵石
小魚圍中央
只喝井里水
永遠養不長

毛澤東

斗數卷前卷目錄

跋

化無為有又化有為無　·　蔣芸

謹以《斗數卷》獻給父親及其剛毅一代人

謝序及其他

甲午版言

《談玄述異》再版了！

本卷初出的時候，被一些聲稱同門的人罵了個臭頭，認為與斗數無關；又或者當初誤會以為是談方術靈異之書，在沒有膠紙包封本書的情況之下，匆忙買了回去，之後才發覺完全不是他們心目中期望的那杯茶，當然嘔吐不已。

我唯有自慰，人對事物的觀感和理解，經常各有不同，的確因人而異。本卷談的「玄」，當然不是免費電視下午茶時間所談的「玄」，所述的「異」，也不是午夜電台節目所說的神怪靈異故事，讓大家誤會了，實在抱歉。

畢竟，《談玄述異》還是斷版了一年多，筆者的老毛病又發作了，總喜歡修修補補，堅持重排，如是者又過了一整年，中間還是有些對筆者信任和愛護的讀者經常向出版人及書商垂詢新版日期的，那倒令我覺得愧疚。

《談玄述異》談的，的確不是斗數迷一貫期待的「實用」、「實戰」內容，而是談了一些學術數的前行題目。這些題目早就老生常談，並且觀點單一，但卻變成了「阿媽是女人」般的通識真理。《談玄述異》談來，倒變成顛倒是非了。

任何科目，要認真地搞，便要概念先行，整理好頭腦和思路，釐清價值觀念和方向，建立好系統綱領，才可以施行於日常應用。唯有術數生態，才有幾乎一面倒「未學行、先學走」的功利主義現象和行為，難怪歷來便煙霧瀰漫。

本卷至少提出了幾個基本問題：
1/ 宿命是甚麼一回事？
為甚麼總要和術數纏在一起？
兩者有沒有必然關係？
反對宿命，是否只是江湖術士以消費宿命來營運自己的假議題？
2/ 術數和科學有沒有必要扯上關係？

是否仍是江湖術士以消費科學來營運自己的另一條假議題？

另外幾條如：

陰陽術數，廢之可乎？
剖腹產子能不能算？
八字相同的人，命運難道也一樣嗎？
斗數和子平誰大？
無門無派、不群不黨。
術數的絕學情意結。
瞎子摸象和逆向工程。
一命二運三風水、四積陰德五讀書……

　　談的都是老題目，歷來都寫得像黨八股，有些甚至談得窩囊，難怪學得迷哥迷姐頭暈顛倒。筆者的《斗數卷》經常挑戰這些像風車巨輪般的所謂「玄學」通識，吃力不討好是期待之中。不過，《斗數卷》既立定志向為自娛及娛賓，那大概還是可以輕車而行的。我的免責聲明還是《斗數卷》經常強調的那一句：我的觀點不一定對，要學術數的人經過自己的思想整理認為對與不對才重要。

　　連思想工作都不願做的人，怎樣可以學聲稱要「慧根」才學得懂的術數？

題《談玄述異》
董橋

　　葉漢良命我為他的新書《斗數卷前卷——談玄述異》寫幾個字。他信上說，一桌朋友有一回在元朗大榮華吃飯，避席抽煙之際，我衝口說了一句「我們信命的人都豁達」，他聽了竟生禪悟之感，思緒芊綿，說是新書裏「宿命叢談」一組文章多多少少是那番感悟的漣漪。我和漢良老弟相識多年，交往不深，投契不淺，半節冬肱，一盞春韭的閑談常常燃得亮彼此會心的些許體悟。脾性如此，人生的遠大道理我想他和我都不太在意，反而生活上的零星冷暖格外上心。

　　我生逢戰亂，四方飄泊，經眼的繁華與凋落很多，親歷的欣榮與闌珊也多，燈明燈滅之間，往昔的囂嘩慢慢消磨完了，長夜階前坐雨，我學的是靜靜諦聽雨聲點滴到天明！早歲在台南讀書，宿舍裏的工友老高是退伍山東老兵，夏天午後常常看到他枯坐樹下石椅發呆。有一天我坐在他身邊問他在癡想甚麼？老高說剛看完螞蟻排隊搬家，整整齊齊，不慌不亂，很像行軍：「也像我這輩子的行伍生涯，那都是命！」多年後我在倫敦寓所附近的小公園裏認識一位英國老先生，他說每年夏天他天天在公園裏看書、看螞蟻：「今年螞蟻不如往年多，好久好久看不到螞蟻排隊搬家了！」一瞬間，我想起老高笑起來滿嘴的金牙，傷逝之念久久不散。

　　我們都是卑微的蟻民，蟻命不由自主，但求知命而後知足，知足而後自在。我很羨慕漢良老弟懷抱那麼豐厚的命理風水學問，我尤其敬重他謙和的低調和潛沉的用功，跟他聊天我常常想起幾十年前那位精通紫微斗數的教授，做人豁達得近乎遊戲人生。有一回，我請老教授替我詳細批一批命，他仰天一笑說：「你的命格古書上叫『獨水三犯庚辛，號稱體全之象』，還要我勞神批你甚麼？」從此，我跟老教授只談螞蟻搬家不談命途吉凶。我和葉漢良似乎也是這樣：因為懂得，所以不說。

斗數大挪移
岑逸飛

葉漢良兄的新著，説是斗數書卻又不是一本斗數書。想學斗數的人若以為看了此書會懂得如何起出斗數命盤，明白斗數的常用術語，懂得怎樣判斷個人的運數吉凶，或了解斗數的星系結構，對不起，此書全都欠奉。與其説這是一本斗數書，不如説是一本雜文集，或者説是一本環繞斗數而寫的雜文集，不是講斗數的專著。

因為寫的是雜文，所以上至天文，下至地理，無所不談，加上西方文化與東方文化，共冶一爐，足見葉兄的學養。再看書中所引述的名人金句警句，全都是精心挑選，雋永而有餘韻，令人掩卷而思。加上所配圖片和畫作，具見心思，全書處處皆見葉兄的心血。不把此書當作一部斗數書，而是一本閒書，閒時翻閱，可以消暑解頤，其樂無窮。

可曾想過，一本涉及斗數的書，應是中國的古老文化，卻可旁徵博引，從希臘神話説到海明威的《老人與海》與梅維爾的《白鯨記》，從蘇格拉底説到羅素説到寫《開放社會及其敵人》的巴柏；而談科學的部分，又旁及牛頓、萊布尼茲、培根以至寫科幻小説的薩根；提及心理學又少不了佛洛伊德和榮格。葉兄博覽群書固不在話下，但一眾西方哲人，如何與斗數扯上關係，這層神秘面紗，要有待讀者細閱此書才能知道端倪了。

而無論如何，説此書是一本斗數書，也不為過。葉兄命名為《斗數卷前卷》，甚麼是「前卷」？「前卷」者，未習斗數，先看是書。此書或説是習斗數的基本功，有如學打功夫的，未學招式，先紮馬步，馬步不穩，即使學到一招半式，也是發拳無力。如今坊間講授斗數的，多如牛毛，更不乏濫竽充數的江湖人士，招搖撞騙者有之，而葉兄則是太極高手，四兩撥千斤，下筆行文，都是充滿批判性思考的機智話語，偶放一兩支冷箭，已是擊中要害，令一些魚目混珠的偽斗數理論無所遁形。

此書又令筆者想起武俠小説曾描述的「乾坤大挪移」武功，這門武功的根本道理並不怎樣奧妙，只是顛倒一剛一柔、一陰一陽的乾坤二氣，而葉兄此書，也可説是「斗數大挪移」，將傳統上或坊間許多有關錯誤的概念顛倒過來，也就是作出糾正。習斗數應是概念先行，教人怎樣看宿命、

怎樣看迷信、怎樣看斗數與科學的關係。概念清晰，餘下的技術問題只是枝節，否則概念有錯，習斗數就會南轅北轍，愈走離目標愈遠，走火入魔了。

　　「斗數大挪移」，學術上的名稱是斗數的「範式轉移」(paradigm shift)。甚麼是「範式轉移」？這是美國科學史家托馬斯‧孔恩 (Thomas Samuel Kuhn) 所提出的一個名詞，用來描述在科學範疇一些基本理論在根本假設的改變。「範式轉移」簡言之，只是從一個全新角度來看待老問題，而葉兄的「斗數大挪移」，對於一些斗數的原有範式，例如「趨吉避凶」，或「一命二運三風水」之類，動了手術，割了一些毒瘤，清除了瘀血，而「大挪移」後的斗數氣象，呈現出來的是一個新天地。

《斗數卷前卷》序
香樹輝

　　正是物以類聚，筆者認識的中文大學校友中，起碼有六七位精於紫微斗數，其中一位師兄更早在二十年前，為筆者開下命盤，賜下三頁紙的評語和預測。當年筆者在創業基金投資界有當起之銳，薄有名氣，但師兄的批示，指出筆者仍會「轉工轉行」，日後在文化界揚名云云，不禁一笑置之，認為沒有甚麼可能。怎知道兩年多之後，中國竟會發生天安門六四事件，在朋友黎智英極力拉攏之下，真的放棄了金融投資業，轉投傳媒界，與他一同創辦《壹周刊》，從此回不了頭，只能在傳媒界混飯吃；於是切身領悟到，中國命理之學，雖不必迷信為萬能，但空言不信的話，吃虧的可能是自己。

　　後來向朋友討教得多了，聽一位「命理癡」朋友之言，買了一本徐樂吾先生評著的著作《窮通寶鑑》及坊間一些命理入門書，有空便看看，發覺八字命理自有一套內在邏輯哲理，架構頗為嚴密，雖不知誰人所創（朋友云一切源於《易經》），其內裏因果關係，並非不科學，中間含有哲理，但不懂得文言文的，可能讀之為艱，譬如五行總論之論火：「炎炎真火，位鎮南方，故火無不明之理。輝光不久，全要伏藏，故明無不滅之象。火以木為體，無木則火不長焰，火以水為用，無水則火太酷烈，故火多則不實，火烈則傷物……。」

　　好一句「火多則不實」，筆者生於丙火日，深以為戒。這幾年來，多讀了幾本命理書，覺得範圍廣泛，深不可測，實在無時間鑽研下去，學懂了一些皮毛之說便算了。

　　好友葉漢良也是一位命理癡，早年畢業於香港大學，投身社會後，業餘跟隨王亭之先生學習紫微斗數，久而久之，得其精粹，觸類旁通，今可著書立說矣。葉兄曾為筆者算命，開命盤，看風水，得益良多，感謝還來不及，又得他贈閱《斗數卷前卷》，一看之下，驚為革命性之作。何以有此一說？葉兄以清新的語體文解釋命理，以西方的社會、心理、藝術、文學方法分析舉例說明中國命理之說不是不科學。歷來紫微斗數或八字命學的著作都只顧及傳統內容，不及其餘，更不會以現代觀點去分析古老的命理學。葉漢良卻做到了。即使是一位對八字命理和紫微斗數全無認識的人，

讀罷《斗數卷前卷》，必然產生一個為何不再進一步研究斗數的念頭！

　　不要以為《斗數卷前卷》是命理書，它其實是一本哲理性的作品，紫微斗數和命理只是幫助了解這些哲理的工具，適合任何一位愛書人。讀畢此書，相信任何對中國命理學的誤解，會如露水在陽光照射下蒸發掉。

盡道人情道理、亦問蒼天鬼神
陳南祿

當我的大學同學葉漢良先生請我為他的新書《斗數卷前卷——談玄述異》寫序時，我實在深感為難。我在這方面一竅不通，在書店偶然翻看這類書籍，連首頁也未能明白。

雖然我不反對術數，亦從沒有懷疑過漢良兄在這方面的能力，而且我知道他是著名的紫微斗數及命理專家，求卜者眾，但我從未推薦人家看術數一類的書刊。

我可能不是一個絕對的命定論者，但相信縱使命中注定，仍有不少空間可作出自由選擇及運用方法去改變及化解。經過努力，宿命或許改變不了多少，但積極心態可能給生活找到更佳的出路。

既然漢良兄送來了書稿，卻之不恭。在一個周末的下午，我拿著那厚厚的文稿，抱著猶豫不定與懷疑的心情姑且一看。沒料到之後的幾個小時，我樂在其中，驚喜地讀到許多其他同類書籍所沒有的知識；更重要的是，它對宿命的詮譯更廣更闊，予人更深的啟發。

漢良兄沒有提及術數的方法或技巧，卻從他淵博精深而有趣的學識及豐富的人生閱歷當中，以眾多不同的角度去看待命運及際遇，寫來深入淺出，卻教人要沉思良久，細味當中意義。讀過此書之後在思考或遇到同類情況時，又想要多看一遍。

我對漢良兄的博學多才佩服不已，在大學修讀比較文學的他，對希臘神話；東、西方宗教無論是聖經、佛偈；中外歷史、哲學、文學、政治及社會學；音樂及術數等等都有研究，書內就引述了大量珍貴的資料，開拓了我們對術數的理解範疇。

讀漢良兄這書是件樂事，好久沒有讀到一本內容如此豐富，叫人要好好思考，又趣味盎然，讀來容易的好書！

告解
黎則奮序

　　一個自以為是的「辯證唯物主義者」與一個想當然的「玄學家」該有怎麼樣的交往，是我一邊讀著吾友葉漢良的大作《斗數卷》一邊泛起的念頭。

　　我對玄學一竅不通，自少至今也沒有多大興趣學習。人生匆匆活過數十載，如今已屆知天命之年，當然不可能沒有試過看相算命一類的玩意兒，但每一次都是不經意的，對術士相師的批示從來都不放在心上，而且態度相當實用和功利主義，中聽順耳的便全單照收，沾沾自喜，不中聽的就索性拋諸腦後，一律嗤之以鼻。唯一的例外，就是我在人生遭受最大挫折的時候巧遇葉漢良，向他請教，得到指點迷津，茅塞頓開。

　　究其原因，其實與我在知識萌芽和成長期間建構的知識系統有著莫大關係。

　　我的啟蒙老師是《中國學生周報》，小六的時候，一位待我如己出的摯愛老師陳七靈女士，給我帶來了這一份恩物，之後便開啟了我對人生知識旅途的大門。從《中國學生周報》，我認識到電影、文學、歷史、哲學、戰後和當代的文化思想潮流，從此挑起了我的好奇心，刺激起我的求知慾，最重要的是，開展了我對自己人生經歷和生命意義的追尋。順藤摸瓜、按圖索驥、誤打誤撞、雜亂無章、不求甚解，那段知識初戀期間，我往來於中國近代百年苦難和台灣六十年代文化論爭，陶醉於絢爛繽紛的電影世界和緊貼時代脈搏的歐西流行歌曲樂章，迷惑於各式各樣的哲學思潮和社會政治經濟理論，對於科學基礎成疑、邏輯思維欠奉的各種各類玄學術數，當然一律視為怪力亂神之說，妖言惑眾，一概不予理會。

　　初戀往往令人刻骨銘心，永誌難忘，對個人日後的戀愛以至婚姻，或多或少，有意無意之間，正面或反面，都有著決定性的影響。知識其實也一樣，自成體系，先入為主，每每便成為定見，對其他相異的知識系　　，難免條件反射地有著一定的排斥，佛學之所謂「所知障」，當如是也。

　　我一生備受科學與民主教育的薰陶，在「苦難的中國有明天」的文化

氣候育孕下成長，參與社會運動實踐後滿腦子疑惑，最後在馬克思主義找到答案。我深深認同存在主義大師法國哲學家沙特的說法，馬克思主義是當代的哲學命題（Problematic），離開了馬克思主義，根本不可能正確地解釋（理解）世界，更遑論改變世界了。

辯證唯物論是馬克思主義的主要組成部分，認為一切都是物質的運動，只是在不同階段、不同條件下有著不同的形態而已。儘管馬克思主義只是社會歷史政治哲學，對個人的處世立命其實幫不了多大忙，對心靈和精神世界的探討，更是乏善足陳，但物質不滅論卻對我影響至深，教我深信人死後就一了百了，灰飛煙滅，不復存在。

我的人生經歷又從另一方面加強了我的信念。我自小便患上小兒麻痺症，行動不便，小時大部分時間都只能坐觀世界，自由受到限制，身不由己的感覺特別強烈，時刻都有衝動去打破樊籠，豁將開去。不難明白，宣稱上帝已經死亡、人被拋擲到世界就要自由選擇自己的命運的存在主義最切合我底生命情調，其中又以沙特的「存在與虛無」（Being and Nothingness）最當受用。我認定死亡就是生命的終結，「存在」最終只會變成「虛無」。

試問這樣子的一個辯證唯物思維根深蒂固、生命情懷虛無主義的信徒，又怎會有閒情逸致在喻意含糊、不着邊際的玄學尋根究底呢？

但生命最奇妙又惱人的地方就是充滿不可預知性，往往教人失措，茫茫然不知所向。

二〇〇〇年，我的生命跌進了人生谷底，完全孤立無援，承受之壓力空前未有，瀕臨徹底崩潰邊緣，生命中不能承受的重，我有深切體會。以我固有的性格，當然會負隅頑抗，力撐到底，但愈撐便愈劫，愈劫也壓力愈大，人被不斷拉扯開去，橡筋眼看也快要扯斷了。

也許天不絕人，就在那個時刻，我無意中再遇上久未見面的葉漢良，

知道他是紫微斗數專家，也就冒昧求教，冀望指點迷津。說也奇怪，葉漢良為我起的命盤和解說，箇中細節如今大部分我已是不甚了了，但當時的確撫慰了我凌亂的心靈，教我平靜下來。最大的得着，其實是令我改變了長期執着的觀念，承認冥冥中可能另有主宰，在人類的認知範圍以外，永遠有一些我們並不認識的學問。我們有知，所以無知，應當謙卑。作為辯證唯物主義信徒，我當然明白社會歷史的客觀發展往往不以人們的主觀意志為轉移的道理，接受葉漢良「教化」後，我也不得不承認個人力量有限，面對人生逆境，很多時都無能為力，最好坦然接受，既來之則安之，也就釋然。就是本着這種信念，我終於渡過苦難，走出谷底，之後無論經歷甚麼厄困，我都不再憂慮，只視作是人生之必然，以及生命不可分割的一部分。

自由是對必然的認識，這是辯證唯物論的精要。讀葉漢良的《斗數卷》，原來學問淵博、思路明晰的好友也是殊途同歸，條條大路通羅馬。世事洞明皆學問，知人閱世，智者自是所見略同。我如今已「束書不觀」多年，因為相信生活實踐才是生命的第一綫，但葉漢良的《斗數卷》是畢生之作，讀其書如見其人，如沐春風，有洗滌心靈之妙效，古人所云「與君一席話，勝讀十年書」，此之謂也，能不相告乎？

是為序。

葉漢良的星
薛興國、黃軒利

　　每一個人都曾仰望過夜空，看過數不清數目的星星。那些星，是宇宙間反射光的天體。如果沒有光的反射，星是看不見的。唐代的韓愈有文章說過：「朝不見日出兮，夜不見月與星。」《太平御覽》也曾引漢代應劭的《風俗通》說：「月與星並無光，日照之乃光耳。」

　　沒有光，就看不到星。但星卻是存在的，要靠光的折射才讓人看到。我們看到的星，因為要光的折射或反射，所以當我們看到時，那星，卻已不在原來的位置。因為光線的速度雖然是快，但距離，卻要花時間去克服。

　　每一個人都擁有不同的星，這星，是星宿。《周禮‧春官‧占夢》說「以日月星辰占六夢之吉凶」。這是古代對星宿的看法和應用，發展到現代，紫微斗數的計算一個人的命運吉凶，更加複雜精細。

　　紫微斗數，就是夜空裏的光，令人看得到星。因為紫微斗數，我們才有可能認識我們自己的星宿、自己的宿命。葉漢良長期研究斗數之術之外，更由於個人涉獵的文學素養，寫出的書，見解獨特之外，更有豐富的人生體驗與感懷。

　　古代的農民智慧，是「雨止星出」。在夜裏飄落的雨，忽然停止的時候，天空是異常晴朗的，這時抬頭望天，星星特別看得清晰。就像在我們的人生旅途上，充滿陰霾的時候，我們或多或少都會求助於宿命的斗數。阿葉的作品，正可以讓人有「雨止星出」的感覺，帶領你走出低谷，走進豁然開朗的天地。

　　星，也是樂器的名稱，又叫做碰鐘，形狀像隻小杯，銅製，穿有小孔，可以左右合擊，奏出美妙的聲調。閱讀阿葉的斗數作品，也像聽這種樂器的星在演奏，充滿文學藝術的節奏，更有對人生的各種詠嘆。

古代的婦女，在臉頰上塗上色彩作裝飾，這樣的美麗裝飾，稱之為星。阿葉的幾本斗數書，除了讓人看到自己的宿命之外，更有華麗的修辭、豐盛無比的各種知識，令人在閱讀過程中愉悅無窮。

阿葉的斗數作品，是星，也是光，照亮我們的宿命。

序漢良兄《斗數卷前卷》
吳夏郎

漢良兄，吾知己也。

與兄識於上世紀末，距今還不到十年，敢尊他為「知己」，就是因為他會算命。他說我「文士風流」，「風流」愧不敢當，窮書生命則是給他算中了。生平最知我者，一是我的母親大人，二是稅局裏每年催我記得準時交稅的評稅主任，兩人不但了解我，而且還在不同程度的掌控著我，我雖心有不甘，只是奈何不得，唯有漢良兄是我心甘情願結交的知己。

猶記二千年時，初識漢良兄，依他說法，其時甚霉，正是他的人生低潮，「十年牢獄」之災，還有一半「刑期」未了。我看他一副世外高人模樣，還道他開玩笑，後與他交愈深，知其事也愈多，始明箇中苦況。幸他生性豁達，看得開，或該說看得透，總算「刑滿出獄」熬過去，高人嘛，就是不一樣。未幾，我也霉了，成為「囚友」，照他說法，我問題較輕，刑期諒亦較短，可望提早「假釋」，後果其言。

兄七八十年代已是電台大員，也是知名填詞人，做過電影，監製過唱片，其時我還是初中生，聽他做節目，唱他填的詞，還看過他參演的電影，印象中他是個會填中文歌詞的「鬼佬」，二十年後，與他相交，始識其人原來骨子裏也是很中國，只是中得來還是很西。其博聞多識愛讀書，我就不多說了，記得有一次跟他開聊，談到佛理，兼及佛史，他即向我推介法國人 Jean-Francois Revel, Matthieu Ricard 父子合著、賴聲川譯的《僧侶與哲學家》，以及查斯‧埃利奧特著的《印度教與佛教史綱》，兩本書雖同有中譯本，但都是「鬼佬」寫，他看的書就是不一樣；還有一次他忽然問我，知否全真教的邱處機可曾有人研究過，他說他有興趣，我當場無言以對被考起。

兄成名早，識見亦廣，大作即將出版，囑令作序，我晚輩後學，固辭不果，惟有領命，謹記與兄相交相知經過，聊以作序。至於大作勝義紛陳，如何的好，毋用贅言，明眼人當知何謂大手筆。

自序一

林語堂先生寫《蘇東坡傳》，在原序中說：「我寫蘇東坡傳並沒有甚麼特別理由，只是以此為樂而已……現在我能專心致力寫他這本傳記，自然是一大樂事，此外還需要甚麼別的理由嗎？」

在平常平淡的筆觸下，仍能透發豐富而綿密的內容，這是一代幽默大師林語堂先生的獨特風格，也正因如此，他的文章，都較同期的人耐讀。

大師寫鉅著，為文采風流的蘇東坡立傳，下筆便能夠如此舉重若輕；筆者不才，寫幾本講斗數的玩藝兒，還有甚麼驚天動地的大不了事。

今人寫術數，總愛背負沉重的包袱，又要承先啟後，又要光大中華，又要濟世救人，總是叫術數太沉重。

筆者半生人最大的成就便是一事無成。我毫無使命感，雖然學斗數要多謝能師承亭老，但卻從來都沒有「不孝有三，無後為大」的責任感；也不覺得斗數必然是中國文化寶藏，況且，它還有很多來自西域的影子，申請成為世界文化遺產可能更適合。我不熱中於濟世救人，因我自知力有不逮，我以前算是幫助過一些朋友，但效果總是未能盡如人意，不過，我卻有更多的朋友曾經幫助過我，令我感恩不淺，並且能放縱我「大恩不言謝」，所以，我的人生策略一早便調整為「自甘墮落」，寧可卑微地讓我的朋友「施比受有福」，讓自己「受比施為樂」，令雙方都贏。我貪慕虛榮，喜歡爭名逐利，不過，我見此中高手雲集，如我要參賽，也著實要花太多氣力，並且要付出不少成本和代價，我精確地計算過成本和效益之後，決定最好還是「練精學懶」，只做我還可以做得來的事。

我學術數，沒有走過名山大川，吸收日月靈氣的神異經歷，我去過加拿大的 Jasper，登過我國的泰山，都只是公餘的旅遊節目，很例牌經歷。我以前的活動範圍很廣，每個周末都和朋友在野外露營，吐露港航線所及的景區我都跑過；我有一段時間長打羽毛球、乒乓球，排球；有幾年幾乎每星期都在打壘球和英式欖球，我每年的校運會都參加跳高跳遠，跑過小馬拉松和四百接力，入大學之前長期在團契活動之後參與足球比賽，做守

門員，並且贏得黃大仙的稱號。我逐漸發覺，不論我參與甚麼競賽活動，通常都會令對手放心、而我方擔心的。久而久之，我便懂得逐漸將活動空間收細，以減少對別人的影響。

我做不到成功的人，但養生的資糧總算不錯，生活不算清貧，不過，縱使在我過去收入最好的年頭，我每個月的財務結算都遠低於我的收入，習以為常，久而久之而成為理所當然。亭老在 07 年 8 月東遊過港，在灣仔莊士頓道一飯館和眾人聚，我風聞趕至揩油加盟小酌，席上亭老直問我的卷一、卷二銷售如何？我毫無羞愧之心地大聲答了「不好」兩個大字。亭老問其詳，我說剛收到卷一到四月的結算，才賣了 700 多本，亭老說我真不知足，在香港寫書出書，能賣三幾千本已經是暢銷書了。我向行家考證，事實又的而且確好像果然如此。我翻史賓格納的《西方的沒落》，知道這本巨著，初版時也只印 1500 本，我心便釋然了，喜上眉梢之餘，又左算右算，總覺得怎算也不是一門生意，就算賣盡，那版稅也可能只剛剛夠付我以前一兩場稍豪的飯局。從實際利益和經濟觀，我至今仍找不到該寫書的理由。魯迅先生說：無聊才讀書。我想，寫書便可能也是無聊的產品。

筆者寫《斗數卷》，沒有甚麼特別的理由，也許只是一種方便，一時的 convenience，大概一切都只是適時和偶然而起。要寫一篇自序做開場白，唯有如此寫：因為學斗數多年，也看過了一些斗數書，看來也是反芻的時候了，就有如一個人吃得多了，便要將消化了的東西有規律的排放出來，就像拉矢一樣，「自然是一大樂事，此外還需要甚麼別的理由嗎？」

自序二

　　《談玄述異》原本編為第一卷，後來因製作流程關係，便讓《安星法則》排在卷一位置，並且率先出版。本卷內容則較為獨立，主要是雜文式的文章，談我對命運的看法，其中用了一些篇幅去談宿命這個課題。談宿命，其實有違筆者信念，我認為，宿命本來便是一個沒有甚麼需要糾纏的題目，就如我們天生下來就有母親一樣，是沒有討價還價餘地的自然現象。不過，搞術數的人，總是喜歡在這條題目上哭哭啼啼，我像受病疫感染一般，也來發發燒，湊湊熱鬧。

　　在某種意義上，宿命和命運幾乎等同，信命運的人，便同時被認為信宿命。筆者隨俗，在以下的文章中，命運與宿命兩個詞語，會交叉感染般隨意使用，也不介意別人說筆者相信命運或者相信宿命。

　　筆者的術數師承亭老，亭老搞術數，開宗明義反對宿命，原因是亭老有濃重的佛教學術背景，談反對宿命，有很強的宗教語境。筆者談宿命、命運，較著重世俗的人文思維邏輯、概念邏輯等，並且較少考慮宗教角度。所以，反對宿命，和不反對宿命，都可以各有不同旨趣，可以各自表述。對於筆者來說，宿命只是一種客觀存在的自然現象，不涉及反對還是不反對。

　　我貪圖方便，先從維基網查看命運一詞，輸入過 "Fate" 和 "Destiny" 兩個詞語，Destiny 只有英文釋義，原文引錄如下：

"Destiny refers to a predetermined course of events. It may be conceived as a predetermined future, whether in general or of an individual. It is a concept based on the belief that there is a fixed natural order to the universe."

　　後面一句說，Destiny 的概念，是相信宇宙間有一種固定的自然規律，相等於我們中國哲學傳統所認識的天道觀念，也常見於術數的老祖，道家所談的天道，或者天人感應。

我查 Fate 字的時候，維基百科送出一個有關摩伊賴 Moirae 的神話故事，原文如下引錄：

「摩伊賴在希臘神話中是命運三女神。她們的希臘語名字 Μοῖραι 來源於 μοῖρα，義為部分、配額，延伸為生活和命運對人的配給，因此她們的本意為分配者。」

在西方希臘文化中，命運不單只管人，也管希臘的神祇。另外，值得留意的是，命運三女神的希臘語，原意含有「部分、配額，延伸為生活和命運對人的配給」的意思。我的理解是，這和祿命術中常談的人有先天資質，或先天福報等，有異曲同工之處。

我查微軟的 Bookshelf、Encarta 等字典，有關命運的定義，所得的，也大致如此。

《談玄述異》除了談宿命一題，還談術數與科學的關係，這也是習術者常談的一條題目，也是容易搞到一塌糊塗的一條課題。筆者自幼受西方教育，主要唸文科，但也是科普的愛好者，並且讀科普不斷。個人意見認為，術數與當今科學沒有必然關係，也最好不要有甚麼糾纏不清的關係，情況就像人有正室與外寵一樣，能夠分隔處理最好。正室與外寵，便正因為各有不同風格，才各有不同的韻味和吸引力，硬要引野花入室，無異自找麻煩和自討苦吃。

除了這兩條大題目，其他內容關乎術數界的一些現象，拉扯雜談。術數這門遊戲，長久積聚了一些行為怪異，學理矛盾的現象，一般習術者都懶於梳理，以至積習難返，常招外行人誤解、追打，也算是咎由自取。筆者輕狂，幾篇文章，針對事又針對人，怕的只是未能命中。

我接到這世界節日的請柬，
我的生命受了祝福。
我的眼睛看見了美麗的景象，
我的耳朵也聽見了醉人的音樂。
在這宴會中，
我的任務是奏樂，
我也盡力演奏了。
現在，我問，那時間終於來到了嗎，
我可以進去瞻仰你的容顏，並獻上我靜默的敬禮嗎？

泰戈爾 · 吉檀迦利
冰心先生譯

I have had my invitation to this world's festival, and thus
my life has been blessed. My eyes have seen and my ears have
heard.

It was my part at this feast to play upon my instrument,
and I have done all I could.

Now, I ask, has the time come at last when I may go in and
see thy face and offer thee my silent salutation?

GITANJALI. RABINDRANATH TAGORE
1861-1941

生者必然死亡，而死者也必然重生。因此，在無可避免的形勢底下，你沒有哀傷的理由。

博伽梵歌 · 第二章 · 27 節

For the born, death is unavoidable; and for the dead, birth is sure to take place. Therefore in a situation that is inevitable, there is no justification for you to grieve.

CHAPTER 2 / 27
BHAGAVAD GITA
(250 BC - 250 AD)

尊者説：
你為不該哀傷者而哀傷，並竭力說智慧虛浮的話。智慧的人不會為生者或死者而哀傷。

博伽梵歌 · 第二章 · 11 節

The Lord Said:
Thou mournest for them whom thou shouldst not mourn and utterest vain words of wisdom. The wise mourn neither for the living nor for the dead.

CHAPTER 2 / 11
BHAGAVAD GITA
(250 BC - 250 AD)

第一部分
宿命叢談

part 1
a discourse of fate and destiny
in astrological philosophies

一、引言

　　「自由」和「必然」是一致的：如水般不只有自由，也必然要循汲道
而向下流；所以，人出於自由的行為也是這樣，這，因為他們推行自己的
意願時，雖出於自由，但由於人的每項行動不論出於意願還是欲望還是傾
向皆源於某種原因，又因上加因，及至一連瑣的因（它的第一環操於上帝
之手，是眾因的第一因），（故也是）必然地進行。

霍布斯

利維坦 · 第廿一章

論人民之自由

　　Liberty and necessity are consistent: as in the water that hath not only
liberty, but a necessity of descending by the channel; so, likewise in the
actions which men voluntarily do, which, because they proceed their will,
proceed from liberty, and yet because every act of man's will and every desire
and inclination proceedeth from some cause, and that from another cause, in
a continual chain (whose first link is in the hand of God, the first of all causes),
proceed from necessity.

OF THE LIBERTY OF SUBJECTS

CHAPTER 21. LEVIATHAN

THOMAS HOBBES

　　網上流傳的故事說，美國戰後總統艾森豪威爾少年時常和家人玩紙牌，一次，他連續拿上幾手很壞的牌，輸了好幾次之後，情緒、態度都惡劣起來。他的母親教訓他說：「你必須用你手上的牌玩下去，人生就是這樣，上帝發的牌，你好歹都必須拿著，用心用力的玩下去，求最好的結果。」

網上故事

　　我想　神把我們使徒明明列在末後、好像定死罪的囚犯．因為我們成了一台戲、給世人和天使觀看。

歌林多前書四章 ‧ 九節

二、自述

宿命論是一個術數界談得很多的問題，論者十居其九都叫人反對宿命，論點少有見地，不引述，因為實在味同嚼蠟。

吾師亭老也反對宿命，他教人不要持宿命之見，據我理解，當中有很多佛家的、宗教性質的內容，是從因果業力説的語境產生的。

亭老談宿命，説得較詳細的，見於《風水平談》之「佛經與斗數玄空有關」一文，內容談到佛家與術數的關係，兩者是否排斥，便繫乎一個「見地」問題。原文是這樣寫的：

「術數這類世間法亦是這樣。倘若認定人生宿命，認定術數可以左右人的禍福而不管因果業力，那就是邪命；倘若能不持宿命之論，亦不認為術數無局限性，是則以術行世亦無非是跟眾生結緣，積福德資糧而已，因此佛典中才有那麼多的星占、祈禳，以至風水的資料。倘若認為一談術數即非佛家，那麼，何以又有這類佛典？

所以這完全是見地的問題。若見地正，便可以將矛盾統一。」

亭老一生人著力最多的是佛學，他近年的佛學著作、翻譯、導讀叢書，不論從數量、從用功處看，都遠比他的術數著作繁浩。亭老談宿命，有濃重的佛學語境，基於本科的思維角度，反對宿命，便順理成章。而後來者，則不過是趕時髦，人云亦云而矣！

筆者認為，地球上任何一門學科都可以反對宿命，並且都反對有理，唯習術數者不能，因為習術數的人，所追求的目標之一，是斷事精準。追求精湛是搞學術的遊戲規則，不幸地，術數的預測能力愈精準，便距離宿命愈近，所以，術數從一開始，便被褫奪了反對宿命的權利，那是魚與熊掌的處境。習術者一反對宿命，便好像兩套不兼容的軟件裝在一起，會不斷地產生 system error，經常地出現結構、系統性的錯誤。

無奈歷來習術數者都相當無賴，總認為術數與反對宿命，可以 coffee or tea? (or me?) 兼得。習術者不思進取的思維方式，又喜歡因襲前人所説，

在古籍中如升降機般，上溯清、明、元、宋、唐，然後又唐、宋、元、明、清的左抄右引，「塘水滾塘魚」的拼湊成章，少見較寬闊、較國際的視野。

我在此重抄一次亭老的一行重要文字，以作後論張目。

「所以這完全是見地的問題。若見地正，便可以將矛盾統一。」

習術者反對宿命可能是一種「正確」的態度，但在學理和邏輯上，卻矛盾重重，所以，所謂「正確」，便可能只是政治正確而已。要解決「術數」和「宿命」的矛盾，也真的關乎見地問題，習術數者能夠將「術數」和「宿命」這兩個課題的矛盾統一起來的方法，是將宿命的內涵重新規劃和賦予積極活潑的內容，而不是反對宿命。我私底下跟朋友說，「宿命」或「命運」不是用來反對的，而是要來適當地管理的。

以下的篇幅，是筆者朝這個方向航行的紀錄。

三、由卡珊特拉談起

希臘神話的卡珊特拉，你知道，被罰以能知未來但她預言時又不為人所相信。因此預知的苦楚在於它與無能改變狀況相結合。

電影「十二猴子」對白

Cassandra in Greek legend, you recall, was condemned to know the future but to be disbelieved when she foretold it. Hence the agony of foreknowledge combined with the impotence to do anything about it.

12 MONKEYS. THE FILM

在電影「特洛伊之戰」中，有一個叫做卡珊特拉 (Cassandra) 的角色，戲份雖然不多，地位也不甚重要，但卻可以拿來談玄。卡珊特拉是希臘神話故事中的人物，記載於傳說中的歷史，她生於特洛城（約於今土耳其西北），是特洛城的公主，身家富有，並且兼具美貌和智慧。

熱情的太陽神阿波羅 (Apollo) 看中了卡珊特拉，要與她相好，為了示愛，阿波羅打算送她一件禮物。太陽神的煩惱是，高貴的卡珊特拉甚麼都有了，還有甚麼可以送呢？阿波羅費煞了思量，終於想到了要送給卡珊特拉預言的能力，讓她可以未卜先知。

卡珊特拉收了太陽神的求愛禮物，但旋即又反悔，不願意與太陽神相好了。太陽神非常憤怒，但是，驕傲的太陽神，從來都不會將送出去的禮物收回的，鑑此，他想出了報復的方法，就是令卡珊特拉的預言，沒有人會相信。

卡珊特拉最重要的一項預言是特洛之戰。

有關特洛之戰的故事，遠年的「木馬屠城記」，和近年的「特洛伊之戰」都交待得頗為清楚。故事說特洛城的王后誕下了派利斯 (Paris)，卡珊特拉預言，新生的嬰兒將為不祥禍根，本此，國王便遣人將派利斯棄掉了；一段時間之後，卻發現他尚在人間，懊悔內咎之餘，便又將派利斯迎回皇宮。

長大了的派利斯行為任性和荒誕，在斯巴達 (Sparta) 作客時，與希臘皇后海倫私奔回特洛城，終於為特洛城帶來了十年浩劫。

卡珊特拉是典型的烏鴉口，她預言災禍，大概也是出於菩薩心腸，希望周圍的人能夠「趨吉避凶」。不過，不知道是出於太陽神的蠱惑，還是周邊的人都太過自信，對於卡珊特拉所言的災禍警告，總是聽不入耳。

卡珊特拉是西方預言者的一個圖騰形象，反映出西方文化對預言者的某些態度，即承認預言真有準確的可能，但也正因為準確，便沒有甚麼改變的餘地了。既然如此，除了偶然的驚嘆外，便只有採取刻意漠視的態度，以免阻礙歷史舞台上表演者的表演情緒。況且，人不能事無大小都要靠預言行事，事無大小都給言中，即使可能，但這次中了，誰來保證將來可以次次中、甚麼都中；還有，預言事情將要發生了，那總還須表演者去執行，過程便也是一場大戲。

卡珊特拉的典故，在西方後來發展出一個心理學的名詞，叫做「卡珊特拉症候群」(Cassandra Syndrome)，意思是說，凶險的境況雖然昭然若揭，但人總是挽救無方。又或者說，有些人對即將出現的困厄境況洞若觀火，但有關人等，卻視若無睹，以至無可奈何地任由悲劇發生，這種現象，便是對預言者的最大嘲弄！

卡珊特拉是希臘神話中的一個角色，有關她的事蹟，在神話的大典中也似乎著墨不多。在傳說的歷史大事如特洛戰役當中，卡珊特拉的角色雖不致於投閒置散，但總也跳越不過次角的範圍，並且是一個悲劇人物，而非英雄。

卡珊特拉雖然擁有預言神功，並且經常靈驗，但是大家對她所說的東西，還是興趣不大，也不會聽從她的警告，事先作出適當的、有關的「趨吉避凶」措施。就算是特洛戰爭的悲劇出現之後，大家也不因為她的預言能力高超，而對她特別景仰，驚為天人。至於悲壯浩瀚的歷史舞台，更不以她為中心。

歷史是由勇者和智謀之士寫成的。

特洛之戰長達十年，雖然是一場荒謬頂透的不倫、不義之戰，但卻有氣勢磅礡的悲壯場面，焦點是名副其實的、傾國傾城的「紅顏禍水」海倫，還有權謀爭奪的希臘聯盟，勇猛無比的阿加曼儂 (Agamemnon)，和傳說中的戰神阿奇里斯 (Achilles)，甚至是甚具圖騰、巫蠱工事風格的屠城木馬。相比之下，能知未來的卡珊特拉，反而只是一名過場的閒角。

聯軍攻陷特洛城之後，卡珊特拉被俘擄、蹂躪，輾轉做了阿加曼儂的押寨夫人，後來更因宮闈事故而被謀殺。類似的，有預言能力的先知型人物，在中國的歷史舞台上也為數不少。他們的際遇，比起卡珊特拉遭受詛咒的悲劇命運，可說不相伯仲。

中國民間喜談玄說異，封建皇朝膽小猜疑而迷信，對預言者驚為天人，原因是中國幾千年來，理性主義疲乏，士人知識圈子高度集中，所以便少人有對預言視而不見的器度。

當某些預言者能集術（預言能力）與學（學術）於一身的時候，其自信與自恃，如無更高更通透的修養調節，便容易因恃才傲物，將自己推越危險的邊緣。

在充滿猜疑，政治氣候波譎雲詭的封建皇朝中，能術者往往便容易因圖一時高人之快，而將自己的人身安危押上。

唯歷史上有為真理而殉節者，有為宗教而殉道者，有為民族而殉國者，有為仁義而殉難者，都得後人立傳於廟堂，表揚於萬世。唯殉於術者，縱使得鄉野傳聞誌念，唯其所得，亦不過聊表而已矣。

卡珊特拉症候群（Cassandra Syndrome）

卡珊特拉原為特洛王城主公，普里阿摩斯（希臘文 Priamos，英文為 Priam）的女兒之一，因拒絕了太陽神的愛，而被詛咒成為無人相信的預言者。她預言特洛伊之戰，但卻不受理會。上為『卡珊特拉預言圖』（Cassandra prophecies），存於龐貝古城之壁畫，在座的是普里阿摩斯，居中者卡珊特拉，直言國之將亡。

城池被攻陷之後，卡珊特拉被俘、蹂躪，希臘聯軍大將阿加曼儂（Agamemnon），俘擄了卡珊特拉為妾，但卡珊特拉在宮庭中，又陷於宮闈的倫理鬥爭，最後與阿加曼儂同被阿妻及其情夫謀殺。

另傳卡珊特拉被攻城猛將小埃阿斯（Ajax the Lesser）衝進了雅典娜神殿強擄姦虐（下圖）。

英雄、美女、預言和恩怨情仇，充滿戲劇和宿命，構成色彩斑爛瑰麗的希臘文化。

巫魘

能預言者不能取信於人，無疑是最令人沮喪的事。圖中的卡珊特拉，一副懊惱得近乎瘋癲的表情，代表了某些西方文化的觀點，即能知未來者，有時不單只非屬福份，而是詛咒。圖為英國女畫家迪摩根，Evelyn De Morgan 筆下的卡珊特拉像。

國色

英國女畫家迪摩根，Evelyn De Morgan (1855-1919) 繪畫的特洛伊的海倫，Helen of Troy 畫像。

畫中的海倫挽鏡自賞，一派國色天香之搔首弄姿。紅顏自古即有禍水之稱，畫中的配襯亦很有寄意，海倫的足下薔薇爭艷，鬥不過美艷不可方物的絕代風華：身邊和平鴿子縈繞，諷刺的是，人間尤物竟為周邊的人帶來十年兵災浩劫。國色頭上是一鐮彎月，背景是一潭湖水，很有鏡花水月的意思。

絕色雖說不祥，但為她前仆後繼者不絕如縷，也因她而死傷枕籍。西方文化推崇歷史由勇者和智謀之士寫成，也崇尚絕色和個性，所以，海倫的名氣，便要比卡珊特拉響亮。

摩伊賴
Moirae 或 Moerae

希臘神話中的「命運三女神」，原希臘語為 Μοῖραι，意義本為「分配者」，或叫做「配額」，引申為對人類生活和命運的配給，相當於我們說的先天福份。在羅馬語中，她們叫做 Parcae，或 Fata，這也是現代英語中的 Fates，是命運一字的字源。三女神的權限及於眾神，連奧林匹斯山上的眾神之王宙斯（Zeus）也在命運女神之前低頭。

三女神整天忙碌地紡織人與神的命運線，與我們傳說中的月下老人忙於牽紅線的喜慶氣氛截然不同，她們樣子兇冷，煞氣較重。

圖為十六世紀佛萊明壁毯（Flemish tapestry）繡出的『命運三女神』（The Triumph of Death, or The 3 Fates），踏死在腳下的叫做貞潔或者無辜（Chastity）。

這神話故事，反映了西方對「命運」的一些看法。

SYRIGX

儘管卡珊特拉幾成為不祥的代名詞，但也同時變成了一項特有名詞。二次世界大戰前，英國奉行綏靖主義，對德國希特拉的崛起視若無睹，朝野有識之士雖早有提醒，但最後也只落得被稱為「卡珊特拉」。

在流行文化中，卡珊特拉也經常被用來大造文章，上圖為羅馬尼亞黑色金屬樂隊 Syrigx 以卡珊特拉被砍殺圖象做單曲範碟的封面。

四、算命師的宿命

他被自己的藝術所殺，而他的一生留給所有知識分子一個教訓：即單靠藝術還不足夠。

保羅 · 莊遜評海明威

He was a man killed by his art, and his life holds a lesson all intellectuals need to learn: that art is not enough.

CHAPTER ON HEMINGWAY, INTELLECTUALS
PAUL JOHNSON

中國的預言家沒有像卡珊特拉般遭受到神祇（太陽神）的詛咒，但卻常栽倒於人禍當中。中國預言者的舞台多了很多膽小如鼠，但卻目光如斗的小農黎民，還有好談玄說狐的鎖國皇朝，比起卡珊特拉來說，便較容易多找幾個天真好奇的聽眾。不過，中國的預言家，下場如卡珊特拉般黯然銷魂者，仍大不乏人。

習術者都知道唐朝的李虛中，祖籍隴西，生於河南，經進士及第而入官宦階層，曾任試書判人等，後授監察御史，遷殿中侍御史。

術界認識他是子平祿命學的老祖，他除了通五行之外，還迷醉於煉金術。為了尋求長生不老的藥方，李虛中兼且以身試法，最後便因煉丹而中毒身亡，要勞煩「文以載道」的韓愈來為他寫墓誌銘，謂其：
「喜學，學無所不通，最深於五行書，以人之始生年、月、日所值日辰支干相生勝衰死王相，斟酌人壽夭貴賤利不利，輒生處其年時，百不失一二」，見《殿中侍御史李君墓志銘》。

李君著有《李虛中命書》三卷，為後世命學者奉為經典。他為煉丹而殉於術，從高尚處看，可以認為李虛中因為實驗和求真而不幸壯烈犧牲，為人類的科學摸索歷史，留下了寶貴的失敗紀錄，也算是相當不錯的清譽。

至於其他的方術高人，因「恃才傲物」而牽涉入宮廷政治權鬥，最終

令自己招禍的個案，便令人對習術者的智慧，不無懷疑。他們的悲劇下場，常關乎術士個人的道德修養水平，以及經世智慧的豐缺。

　　術數在技術上，縱使能令人「料事如神」，但高人最終還是跳不出自己由性格和修養踏出來的命運。

　　習術數者都認識漢時的京房氏，他所創的京房《易》，對後世的推命術、風水術，都成了學術和學理之淵源，為後世術數奠下基石。而京氏本人，卻因為倡言災異，最終便因招忌而為權貴石顯所殺。其言行、遭遇、下場，與《易》學應有的脫世透剔性情，顯得格格不入。

　　風水學祖師爺郭璞的死訊，便尤其壯烈。

　　郭璞的事跡記於《晉書》「列傳第四十二」，寫郭璞之聰敏，記載如下：
　　「郭璞，字景純，河東聞喜人也。父瑗，尚書都令史。時尚書杜預有所增損，瑗多駁正之，以公方著稱。終於建平太守。璞好經術，博學有高才，而訥於言論，詞賦為中興之冠。好古文奇字，妙於陰陽算歷。有郭公者，客居河東，精於卜筮，璞從之受業。公以《青囊中書》九卷與之，由是遂洞五行，天文、卜筮之術，攘災轉禍，通致無方，雖京房、管輅不能過也。」

　　郭璞不單只是五行術家，還是經史學者、音韻學家。照房玄齡《晉書》所載：
　　「璞撰前後筮驗六十餘事，名為《洞林》。又抄京、費諸家要最，更撰《新林》十篇、《卜韻》一篇。注釋《爾雅》，別為《音義》、《圖譜》。又注《三蒼》、《方言》、《穆天子傳》、《山海經》及《楚辭》、《子虛》、《上林賦》數十萬言，皆傳於世。所作詩賦誄頌亦數萬言。」

　　可見郭璞為博學奇才，不單止於一般術士。據記載，我們清楚看見郭氏頗有乃父公方之遺傳因子，且能為別人攘災轉禍，高超處甚超乎京房、管輅。郭父瑗以直言稱，得公方之名，而璞則兼術攘災轉禍。

唯郭璞的宿命悲劇，亦繫於此。

晉元帝時期，王敦專權，陰謀叛變，於是召郭璞占算一下起事的吉凶，郭璞斷其舉事不成。王敦不滿，又要郭璞再占一卦，看看他們能活多久，郭璞乃説：「明公起事，必禍不久。」王敦大怒，問璞：「你的壽元又如何？」郭璞答：「命盡今日日中。」敦怒，便將郭璞押去南崗斬殺。

從這段記載，筆者看不出郭璞有甚麼恃才傲物的囂張態度，心中便只覺得郭璞不幸。不過，倒是南宋人洪邁心水清，道出了要害。

南宋人洪邁著的筆記《容齋隨筆》，卷一有「郭璞葬地」一則，當中談到郭氏生前為自己預擇了墓地，地近水，人皆以為不吉，但他卻知道「將當為陸」，後人便認為他神之又神。然洪邁便心水清，不為小術而目炫，乃問：「獨不能卜吉以免其非命乎？」

《世說》：「郭景純過江，居於暨陽。墓去水不盈百步，時人以為近水，景純曰：『將當為陸。』今沙漲，去墓數十里皆為桑田。」此說蓋以郭為先知也。世傳《錦囊葬經》為郭所著，行山卜宅兆者印為元龜。然郭能知水之為陸，獨不能卜吉以免其非命乎？

洪邁《容齋隨筆》

和郭璞遙相呼應的是特洛之戰的卡珊特拉，兩人構成了古代中西預言界的一對苦命鴛鴦。

特洛伊戰爭歷經了十年，希臘聯軍攻陷了特洛城，卡珊特拉亦為希臘聯軍俘擄，姦虐，後死於宮闈的倫理爭奪，一如郭璞，這是算命師當中最悲慘和最嘲弄的宿命。

我們再看看歷史上的能預言者，便以漢武帝時期的東方朔比較幸運，民間傳說他神之又神，司馬遷寫《史記》，還先交他過目；但在司馬遷的《史記》中，他被放進了「滑稽列傳」，聊聊數百字，是一名「灰諧」的角色。

唐朝的李淳風，明朝的劉伯溫，一個搞了一組兒童畫般的推背圖，另一個一路吃燒餅，一路和朱元璋玩打油詩，神之又神的劉基（伯溫），最

後仍擺脫不了宮廷鬥爭的苦纏，而為權臣毒殺。縱觀漢唐盛世，下迄明朝，這些「一朝俊彥」，在正史中都難找到較高、較佳的排名，可見能預知過去未來的世外高人，在人類文化歷史的長河當中，也不過是個次角，聊足以助談資而已。

五、可信的不可變、可變的不可信

> 斷奶的母親依舊是母親
> 斷奶的孩子，我慶幸
> 斷了媒祖，還有媽祖

余光中 · 斷奶

有心水清的人，便常常如此質疑算命學，質問的句式如下：「可知（可信）的不可變，可變的便不可信。」不知道那些人云亦云的、反對宿命的、教人「趨吉避凶」的命理學家，如何解拆這個矛盾。

命理學家教人趨吉避凶，刁難的是，事主是否知道原來的「凶」，本應是甚麼模樣的；或者趨得的「吉」，又如何得知是否「趨就」而得的，還是「本應便有」的「吉」。可不可以為未來的或「吉」或「凶」，先拍一張未來的「整容前」玉照存案，然後再和未來的「整容後」版本比一比較？

一位三十來歲的女後輩來算命，照例問到命運是否注定的那一類問題。一問命運可否改變？二問人生是否有選擇自由？我的答案，可說毫無建設性，但那卻是我真正體驗得來的心得。

關於第一條問題，我認為根本不能成立。關於第二條，則不需要問，也不需要理會。

第一，命運就是命運，它的特性在於既朦朧而又絕對，定義上即沒有討價還價的餘地，命運如果是可以改變的，便不姓命名運了。現實上，也沒有人可以有資格告訴你，你個人的命運原狀，本來便應該是怎樣的；在這個前提還未搞通之前，如果有人教你用「趨吉避凶」的方法「改」了「運」，那究竟是改了些甚麼東西？

理論上，我們只可以反臉不承認有命運存在，不過，術數師既然在命運的前提下游走江湖討活，便不得不先要承認有命運這回事，否則便「欲改無從」，但命運無形無狀，於人而言，亦無可辨之序列，要改變命運，學理便變得虛妄。

　　人類幾千年歷史，都是單線單向行車的，當中也的確出現過一些有預知能力的人，也發展出一些有預測能力的術數，但這些預知能力，則必然要等事情發生了，才可以驗準，到驗準的時候，便也容不下倒車掉頭再改了。至於那些說了而不準的，卻也不計其數。

　　西方哲人對於預言，儘管在某種程度上，會尊重它有一定的準確性，但鑑於預言的形狀很多時難以捉摸，所以便將其撥入爐邊夜話的類別（見《培根文集》「談預言」篇，(Francis bacon's Essays, of prophecies)。因為沒有一個算命師，或者一門術數夠膽說：「看，這是你原先的劇本，並且已經拍攝好了，準備在聖誕節作全球公映的，但我預先看過後，覺得糟透了，便替你『趨吉避凶』地重新增刪剪輯，這才應該是最後作實的 Director's cut，並且會以 DVD 版發行，以傳後世。」

　　第二條問題，不需要問和不需要理會，其實是同一種行為的兩種態度，並且從屬於第一個立論。我們過於著迷是否有選擇自由，便連可能僅有的心境自由，都自行添上枷鎖和煩惱。

　　我們對於很多預先安排、預先設限的條件，大部分都可以用先天的概念去理解，也可以籠統的稱之為宿命的安排，並且都可以欣然接受；我們也可以在這些設限的條件底下，生活得心安理得。

　　打倒宿命之所以化為夢魘，只因主流意見將之教育成為一種非分的渴求而已。

　　我經常反問的問題是，你為甚麼經常都要孜孜不倦、斤斤計較、營營役役的想要去改變命運？你的命運有甚麼對你不起？你的父親、母親、還有你的祖宗十八代是你人生中最大的宿命，為甚麼你一生下來就逆來順受？你是否一定要將窮爸爸換成富爸爸？又有沒有必要將富爸爸換個窮爸爸？

　　我們習慣了問一些其實無聊的問題，也習慣了遷就這些問題亂指的方向，一個願打，一個願捱的搜索枯腸去找答案。譬如說，上個周末，我們

在酒吧閒聊的時候，鄰座有個喝醉了的無聊人，總是重重複複的問你，他／她是否世界上最美麗的人，如果你真的搜索枯腸的去答，那恐怕你也不是怎樣清醒。

> 燕子去了，有再來的時候；
> 楊柳枯了，有再青的時候；
> 桃樹謝了，有再開的時候。
> 但是，聰明的，你告訴我，
> 我們的日子為什麼一去不復返呢？

朱自清 · 匆匆

廣義地說，命運和人生既然是一種單線單向發展的形態，既然單程行車，那麼，便沒有所謂改變與不改變的問題。人生是一個分秒流逝的過程，對軌盤和行程掌握，經常都是自主和不自主的交叉行使，根本便犯不著提出要打倒命運的問題。常常糾纏著打倒宿命，只反映思路不清，慏人自擾而已。

筆者對於命運的看法是，它是一個經驗的過程，好歹你也得去享，甜酸苦辣都是味，人生的美麗，在其高低起伏，千變萬化，人生的意義，亦莫過於此。

所以，筆者不會奢談反對宿命、改變命運一類，卻樂見朋友能知命並且管理好命運。我相信，習術者更好的角度，是探討如何管理命運，而不是打倒命運、反對命運或者改變命運。

人總喜歡改變外在的事物，卻不喜歡改變自己，因為人喜歡支配人，也喜歡支配事物，因為在支配的過程中，最能夠滿足自我中心引發出來的支配慾；人也喜歡將外在的事物，改變到合乎自己的舒適，卻很少人懂得怎樣在命運預設的環境中，因勢利導，將人生的經驗過程享用得最好，表現得最好，發揮得最好；所以，一些「反對宿命」的人，在意識的低下處，便會寄望於帶一塊玉牌去增加財運，放一對異獸去綁住姻緣。

英國數理學家、哲學家，羅素先生便說：「近情理的人會適應環境，不近情理的人總要改變環境，所以，人類的進步，便繫於不近情理的人身

上。」

　　近還是不近情理，羅素先生用的原字為 reasonable 和 unreasonable。我翻查字典，這兩字的變奏意義很多，其中有將 unreasonable 解作橫蠻或乖戾，相對地，reasonable 便可以解作純良或溫順了。

　　羅素的名言，當然是一種幽默和豁達的表現，他並不刻意地褒貶任何一方。事實上，羅素的一生，是既溫純而又乖戾的，他說他生長於清教徒背景，雖然他後來明確地聲明為甚麼自己不是基督教徒，但他卻清楚承認，清教徒的生活形式及價值，仍影響他一生大致上能以剋制及良知做人的生活風格。這種律己以嚴的心靈教育，並不阻礙他對世界持寬鬆和諒解的態度，他反對婚姻制度的死板束縛，甚至認為可以試婚；他年輕時相當憂鬱，常想尋死，最終卻變成百歲人瑞。

　　他的生活，便曾經徘徊在 reasonable 和 unreasonable 之間，他能夠擺脫自毀的不近情理，據他自述，「在很大程度上是由於消除了對自我的過分貫注」，並且「學會了對自己及自己的不足不加關心，而將注意力集中到外面的事情上，如世界大事，各類學科的知識，和自己喜愛的人等。」（詳見《羅素道德哲學》、《幸福之路》）

　　打倒宿命與否，筆者其實並不執著，對持打倒論者也不行褒貶，我只關注其內容是否只是一場我執的夢魘，是否一種子虛烏有的乖戾，尤其是本於習術者。

　　在片場中，最討厭的便是那些經常要求改劇本、改對白，以滿足自己的演員。不自量力的演員，往往要連導演、編劇的全盤構想都要搞亂，以滿足自我中心。

知識就是力量

香港的商務印書館題了一句標語叫做「知識就是力量」(knowledge is power)，原出處難考，一般認為出於弗蘭西斯・培根 (Francis Bacon)。

「知識就是力量」有三種寓意：

一是知識可以增加人的智慧和技能，令人有能力辦事，並且藉分享知識，從而提高個人聲譽與影響力。

二是知識就好像超人要吸收的水晶能源一樣，是一種力量泉源。

三是指權力，指掌握或壟斷知識，便可以掌握支配別人的權力。

三種理解都有理由，分別在於各人的價值取向和偏重。中國人偏重於第三項，所以不管知識好壞，都傾向於收藏壟斷，不懂得分享反而能得豐收的道理。

培根是十六世紀英國人，距離德國人約翰尼斯・古騰堡 (Johannes Gutenberg) 發明活字印刷術後生了約一百年，是卓越的散文家、哲學家和政治家，也是現代科學理論、歸納法理論的先行探索者。他對印刷、火藥和羅盤深

FRANCIS BACON
From a painting

附錄培根原文

...My judgment is, that they ought all to be despised; and ought to serve but for winter talk by the fireside. Though when I say despised, I mean it as for belief; for otherwise, the spreading, or publishing, of them, is in no sort to be despised. For they have done much mischief; and I see many severe laws made, to suppress them. That that hath given them grace, and some credit, consisteth in three things. First, that men mark when they hit, and never mark when they miss; as they do generally also of dreams. The second is, that probable conjectures, or obscure traditions, many times turn themselves into prophecies; while the nature of man, which coveteth divination, thinks it no peril to foretell that which indeed they do but collect. As that of Seneca's verse. For so much was then subject to demonstration, that the globe of the earth had great parts beyond the Atlantic, which mought be probably conceived not to be all sea: and adding thereto the tradition in Plato's Timaeus, and his Atlanticus, it mought encourage one to turn it to a prediction. The third and last (which is the great one) is, that almost all of them, being infinite in number, have been impostures, and by idle and crafty brains merely contrived and feigned, after the event past.

培根談預言

培根說預言不足為信，他用到輕蔑（despise）這個字眼，說預言多數只是爐邊夜話，不過，如果預言傳得太廣，那又不要太輕視了，因為在某種程度上，它會擾亂社會。預言的不足信有三，一是人只注意到那些應驗了的，卻忽略不驗的；二是預言的內容很多模稜兩可，中間有太大的詮釋空間，有時是將推測變身為預言；三是很多預言，原來就是事情發生後，才由無聊的人編造出來的。（引自《培根文集》「談預言」篇，Francis bacon's Essays, of prophecies。）

圖為弗蘭西斯‧培根（Francis Bacon, 1561—1626）像。

關於 DARPA

「DARPA 是 Defense Advanced Research Projects Agency 的簡稱，由於翻譯的原因，又譯為美國國防部先進研究專案局、美國國防先進研究專案局等。是美國國防部重大科技攻關專案的組織、協調、管理機構和軍用高技術工作的技術管理部門，主要負責高新技術的研究、開發和應用，所承擔的科研專案，多為風險大而潛在軍事價值也大的項目，一般也是投資大、跨軍種或三軍不管的中、遠期項目。40 多年來，DARPA 已為美軍研發成功了大量的先進武器系統，同時為美國積累了雄厚的科技資源儲備，並且引領著美國乃至世界軍民高技術研發的潮流。」

節自《百度百科》

史諾登事件

重編本卷時，適值前中情局僱員愛德華・約瑟夫・史諾登 (Edward Joseph Snowden) 爆美國監控全球網絡通訊醜聞。英國左翼作家喬治・歐威爾 (George Orwell) 的預言小說《一九八四》(Nineteen Eighty-Four)，說老大哥會監控人民的預言：「老大哥在看著你」(BIG BROTHER IS WATCHING YOU) 不應驗於傳統認為極權的國家，反而具體地發生於號稱自由民主典範的美國，可說是預言的吊詭和諷刺。知識引申為權力象徵，則極權的意義，又不只限於政治體制了。

感興趣，認為是科學的成就。而培根本人，也正是印刷術在歐洲普及地施用，把知識廣泛地傳播後的得益者。

活字版印刷術最早由中國北宋年間的畢昇（公元 970-1051 年）發明，我在小學時還唸過東漢人蔡倫（公元 63-121 年）造紙的故事，不過，我們的士人和農民社會沒有好好的利用印刷來廣泛傳播知識。古騰堡啟動了歐洲的文藝復興等一連串的文化及知識的運動和潮流，把歐洲推進了知識型社會，而我們便要等到意大利人利瑪竇於萬曆十一年（1583）來華後，中國才驚見西方文化的進展和發達，遠遠把中國人拋在後頭。

歷史學家黃仁宇在《萬曆十五年》指出：「當一個人口眾多的國家，各人行動全憑儒家簡單粗淺而又無法固定的原則所限制，而法律又缺乏創造性，則其社會發展的程度，必然受到限制。即便是宗旨善良，也不能補助技術之不及。」

圖為 1568 年的印刷機及工場，工人為知識傳播而忙碌的情況。

scientia est potentia

訊息監察廳（Information Awareness Office, IAO）於 2002 年 1 月，由美國國防部先進研究專業局（Defense Advanced Research Projects Agency, DARPA）設立，主要工作是使用先進科技，進行全面監察及蒐集資訊工作，用以防範及打擊恐怖活動，以保國家安全。後因公眾反對，恐其發展成為龐大的監察人民機器，於 2003 年遭國會停止撥款。但某些項目，則仍然以其他名號進行。

下頁圖中的監察廳徽號，用的圖形是一座金字塔，頂端鑲一隻眼睛，監控地球。這是美國官方常用的圖形（包括美元紙幣），據傳是知識分子精英秘密會社「共濟會」（freemasonry）的圖形，其遠大目標是支配或掌控世界。監察廳的徽號中印了一行字樣，拉丁文 scientia est potentia，意即「知識就是力量」，或解讀為「知識就是權力」。

六、擅改劇本的演員最令人討厭

若你能放棄控制未來的慾念，你便可以更快樂。

妮歌 · 潔曼
美國演員

When you relinquish the desire to control your future, you can have more happiness.

NICOLE KIDMAN, IN THE SCOTSMAN

八十年代是香港電影業的黃金期，大小部頭的電影日以繼夜的開拍，導演、演員都應接不暇，搶手的編劇可以同時接上十部八部的劇本去寫。在這段期間，劇本是這樣寫成的：

導演先找編劇來說了個故事，同意了之後，便會找齊各單位人員開戲。編劇會先交出一個故事大綱，然後，每場戲的細節、演員的對白等，便要等到差不多最後一秒鐘才送達片場。有時候，編劇著實未能夠如期交出一個完好的分場本，於是，很多的對白、靈感一觸的細節，都靠在場的導演和老練的演員即場商量發揮。

有些時候，一位編劇紅人在最後一分鐘交來的分場劇本是這樣寫的：
「黑夜，飛車，黑社會兩幫人馬械鬥十分鐘。」
又或者：
「阿詩被男朋友拋棄，傷心欲絕，哭成淚人。」

就憑這幾句，便夠一班電影工作人員，包括導演、演員、美術指導、道具師、化裝師和特技人員等忙足一整個工作天。

有些時候，演員會對來片場採訪的記者說，不知道導演在拍甚麼。演員這樣說，記者也這樣寫。

一年半載之後，電影得了獎，大家便興高采烈的登上獎台領獎，又感謝導演、又感謝編劇，還要感謝雙親，但卻忘記了感謝自己。

之後，那位導演開拍的戲，那位編劇寫的劇本，他們都安心的拍。記者來採訪的時候，他們也許仍會說，不知道導演在拍甚麼，不過大家都很有信心，期望不久之後，電影又得獎，大家又可以在台上多謝一干人等。

導演的手法、編劇的靈感，都各司所職，演員的本分，在於演好自己的戲份。

筆者並不是讚揚臨場都交不出完整劇本的香港式製片方法，不過，那倒說明了一些事實，所謂先天安排、先天決定，有時是非常寬鬆的。

在片場，最討厭的是那些處處要導演、要編劇改劇本去遷就自己的演員。我在半夜的電視節目中看重播的港產劇集「難兄難弟」，其中由羅嘉良飾演的角色便是這樣的一個人物。羅嘉良演的李奇，原本只是一個無名無姓的散角（港稱茄喱啡），偶然而又意外地，他廖化作先鋒，陰差陽錯地當上了一部電影的主角而走紅了，便反轉頭來指導導演、指導編劇，進一步當然還要自己當導演，觀戲者便知道，這必然是最悲劇的性格。結局是李奇從星辰叢中殞落，這是電視劇集中最發人深省的一段。

人的任性和自大永遠是悲劇的前戲，有些人認為人生若能夠任性得起，儘管只發放剎那光輝，也總比甘於平凡地做人好。這是個人價值取向和選擇的問題，但我很懷疑，是否所有人都能夠這麼清醒和自覺，知道自己所做的，是合乎自己才性的，是義不容辭而所應做的；還是大多數人都只是受了某些流俗的價值觀唆擺，而盲移蠢動，與其說是積極進取，實則卻是對人生的命運、規律和節奏一無所感。

有時候，我真的希望沒有所謂「宿命」和「命運」這些事，他們作為天命的代言人，也實在太委屈了。人「得敕」的時候，便說人定勝天，並能戰勝命運，經常把他們當做拳賽中的點擊對手，到失敗的時候，便常委過於天；對於「宿命」和「命運」，可說呼之則來，揮之則去。但老天總是寬容地「人在做，天在看」；人失敗遇難的時候，他總厚德載物地承包了人類的埋怨，人得意的時候，卻仍可以「還富於民」，任由人定勝天。

人不承認「宿命」和「命運」，卻又要聲言打倒，是何等的前後矛盾。

通達命運的人都很清楚，自己發越的時候，有很多成功的因素，並非全在自己計劃和期待的範圍之內，所以便懂得謙虛；當自己低潮的時候，也知道人生確實有很多非戰之罪，所以也不會意志低沉。

對命運毫無感應的人，稍發越的時候便會狂妄躁動，低潮時也容易抑鬱崩潰，這情況，這類人，我在傳媒工作的時候，見之甚頻甚眾。

所以，能正確理解命運的人，發越時便懂得近乎情理，低潛時仍可以不亢不卑。

人間戲劇

英國劇作家莎士比亞（William Shakespeare, 1564-1616）為世界公認的大文豪，劇作廣泛涵蓋喜劇、歷史劇與及悲劇近四十種，而膾炙人口的劇目，卻由悲劇囊括前茅位置，如《羅密歐與朱麗葉》(Romeo and Juliet)、《麥克白》(Macbeth)、《李爾王》(King Lear)、《哈姆雷特》(Hamlet)、《奧賽羅》(Othello) 等，都充滿恩怨情仇，悲歡離合等宿命而詭異的腔調。圖為 1623 年出版，首次輯錄出莎翁劇作全集的書影，封面繪莎氏肖像，成為了英國人引以為榮的文化自信的圖像。

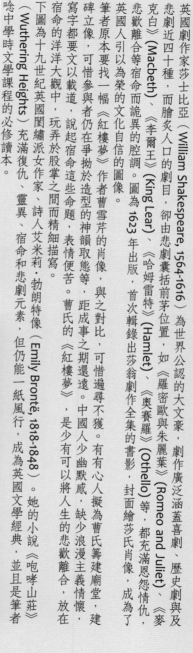

筆者原本要找一幅《紅樓夢》作者曹雪芹的肖像，與之對比，可惜遍尋不獲。有有心人擬為曹氏籌建廟堂，建碑立像，可惜參與者仍在爭拗於造型的神韻取態等，距成事之期還遠。中國人少幽默感，缺少浪漫主義情懷，寫字都要文以載道，說起宿命這些命題，表情便苦。曹氏的《紅樓夢》，是少有可以將人生的悲歡離合，放在宿命的洋洋大觀中，玩弄於股掌之間而精細描寫。

下圖為十九世紀英國閨繡派女作家、詩人艾米莉·勃朗特像（Emily Brontë, 1818-1848）。她的小說《咆哮山莊》（Wuthering Heights）充滿復仇、靈異、宿命和悲劇元素，但仍能一紙風行，成為英國文學經典，並且是筆者唸中學時文學課程的必修讀本。

人生

馮葉小姐的另一幅以人生與戲角為題材的油畫，直稱「人生」。據馮葉回憶，她小學剛畢業便遇上文革，除了迫不得已輟學之外，還要面對父親被鬥被關，親見義父把心愛畫作撕碎，掉進馬桶沖走，後來還要坐牢。她說有一段時間，每天都要面對鬥爭，過了一段驚恐不安的日子。我們今天認識的馮葉，開朗、健談，每次回港的時候，總要約朋友飯聚。她精通法文、古典音樂，也信命。我便常說，信命的人才是豁達的、樂天的、堅強的和生命力旺盛的。

馮葉小姐隨義父、老師林風眠學畫，

戲如人生

吾友馮葉小姐的紙本彩墨畫，戲如人生，以褪色但仍濃艷、懾人於不安的血紅色彩佈置舞台，演員用色則輕薄蒼白如紙，反映出作者對人生有脆弱和壓迫的感覺。

七、命運是否注定？一條蠢問題！

我從不考慮將來。它很快就會來到。

愛因斯坦

I never think of the future. It comes soon enough.

ALBERT EINSTEIN (1879 - 1955)

命運是否注定？宿命是否可以改變？這都是腦袋失控時常問的問題！

我們習慣了問這些問題，認為這些問題是理所當然要這樣問的，而能夠這樣問，便代表了自己是批判的、科學的，可以站在道德高地。

很少人會懷疑這些常問問題，是否本身已經不合邏輯，或已帶有錯誤設題的成分，更少人肯倒退一步，重新審訂命運和宿命的意義。

我說的命題錯誤，內中又含有以下的內容。一是先假設命運（通俗意義上說，命運幾等同宿命，下同）是可以改變的。二是拒絕接受命運無需改變的想法，認為如果命運不能夠改變，那麼，它與「人定勝天」，「後天努力可以改變命運」這些主流價值（筆者認為只是流行價值）便不相容，於是便要被貶入負面評級，並且不能被人接受。

筆者認為，宿命和命運都是一些絕對性的概念字眼，就等如阿媽是女人，阿爸是男人的意義一樣，再沒有甚麼其他詮釋的空間，也沒有詮釋的需要。此是見解一。

宿命和命運都是對人設限的（以代替注定這些帶不良情緒的字眼），但卻不是不可接受，也無損人生的積極性。此為見解二。

以下是一束比喻。
我們唸書的時候，流行參加一些野外求生訓練營，參加者每人獲分發三根火柴，一小袋乾糧和適量的食水，然後被「放逐」到指定的地域，停居三日三夜，然後再回司令營報到。

從來沒有人會在出發前向主辦者爭取更多「合理」的配給，以改變資源不足的命運，也從來沒有人會因為資源匱乏而回不了營。

我出生的時候，獲分派了一父一母、一繼兄，後來添了一弟、一妹，儘管六親感情不算融洽，但我們至今仍是如此的親屬關係。

我們到遊樂場玩過山車的機動遊戲，由坐上座位那一刻開始，到抵達終點的那幾分鐘之內，除了驚呼狂叫，緊張刺激，開心好玩之外，還需要甚麼可以隨意改變的選擇？

當人生的起點和終點都非我們編訂的，我們卻妄想起點和終點之間可以有無邊無際的選擇空間，是否有些不合情理？

參加了旅遊團的團友，下午有四個小時的自由活動時間，你認為這四個小時的自由，夠不夠走一轉南極？

奧運選手李麗珊如果要駕帆由香港出發到澳洲悉尼港，你認為她的航道，除了最貼近一條直線的航道之外，還有其他甚麼選擇？

命運和宿命設限的空間既寬容，也給我們足夠製造奇蹟的條件。在大多數的情況之下，我們都是樂意接受的。

一座頂高四、五十呎，寬闊幾十公尺的運動場館，便足以締造出色的奧運紀錄。

一百公尺的奧運短跑，沒有人會傻到以為人類可以締造出零秒的紀錄，但卻不阻人類不斷向十秒，九秒，八秒的方向突破。

人生亦正因為處處設限，才有處處突破的奇蹟。

宿命的穹蒼底下，有足夠讓英雄跳躍翻騰的空間

奧林匹克運動會源自古希臘神話，是眾神休戰，互相以和平方法競技的體育活動，後來發展成為希臘文化的重要節日。最早的奧運會可追溯到公元前776年，甚至更早。希臘人相信自己的體力有限，但卻未必清楚知道極限的死線劃在哪裏，所以無阻競技者一分一秒，一點一滴的突破。

古希臘的運動員全部都裸體上陣，是一種推崇體能和歌頌人類體能的意念。上圖為1924年巴黎奧運會海報，下圖為1928年阿姆斯特丹奧運海報，都以裸體描繪運動員的「先天」動力體態。

八、阿奇里斯的宿命

你不要為未來而受驚擾。你遇上它時，如必要，請用一如裝備你對付今日的理性武器。

羅馬帝國君主，馬可 · 奧勒留
沉思錄

Never let the future disturb you. You will meet it, if you have to, with the same weapons of reason which today arm you against the present.

MEDITATIONS, 200 A.D.
MARCUS AURELIUS ANTONINUS (121 AD - 180 AD).

在特洛之戰當中，希臘英雄阿奇里斯 (Achilles) 的故事是這樣寫的。

奧林帕斯山 (Olympus) 第一主神宙斯 (Zeus)，有意迎娶海中仙女特媞絲 (Thetis)，就此事，宙斯徵詢了命運女神的意見。命運女神認為，宙斯如果和特媞絲誕下兒子，其子將來必然會勝過他，並且能將他打倒。

宙斯聽過命運女神的意見之後，便把特媞絲降格，著她下嫁帖薩王子培留斯 (Peleus)，將特媞絲貶為人間妻。

特媞絲和培留斯誕下了阿奇里斯，有關阿奇里斯的描寫，部分來自希臘的神話故事，部分見於荷馬 (Homer) 史詩《伊利亞德》(Iliad)。

阿奇里斯生下來的時候，只是一個半人半仙的 "B" 貨，為了要造就兒子成為非凡的身分，母親特媞絲將嬰孩塗上香薰濃郁的油膏（一說是眾神之食糧），然後將他放在火上燒烤，企圖將他的凡人部分燒掉，不幸卻被丈夫培留斯莽撞打斷，特媞絲一怒之下，棄兩父子而去，故此，阿奇里斯晉身神位的手續並未完成，身分仍在 "A" 貨與 "B" 貨之間。父親培留斯遂將阿奇里斯交給半人半馬的塞倫 (Centaur Chiron) 撫養，促其教育成為文武全才的戰士。

較晚亦較流行的傳說是，特媞絲提著阿奇里斯的腳，將他倒頭浸入了史提克斯河 (River Styx)，浸過河中聖水的阿奇里斯，身體變成了刀槍不入的金剛不壞身，但腳跟卻因為未曾浸過聖水，而變成身體最弱的一環。

特洛王城 (Troy) 派王子派利斯 (Paris) 到斯巴達 (Sparta，古希臘) 王萬內勞斯 (Menelaus) 宮中作客，不長進且任性的派利斯和斯巴達的皇后海倫 (Helen) 搭上了，雙雙出走逃回特洛王城。斯巴達王朝為了要討回皇后海倫，乃根據盟約，組成了聯軍，興兵攻打特洛城，這便是歷史傳說中有名的特洛伊之戰。

戰爭打了十年，以木馬屠城劃上句號。

根據荷馬史詩《伊利亞德》卷二所述，斯巴達聯軍的八大將領當中，四位為王、四位為王子，可謂陣容鼎盛。亞奇里斯即八大將領之一。

亞奇里斯在特洛之戰中所向披靡，成為了家傳戶曉的名字，他由參戰至戰死的經過，曲折離奇，並且充滿了「宿命」意義。

海仙母親特媞絲那次把阿奇里斯放進史提克斯河浸過之後，求得了一道神諭（oracle，即等如我們的求籤問卜），預言阿奇里斯將於特洛城中，因腳中箭傷而死！此後，母親便不肯讓阿奇里斯離開身邊半步，並且委託半人半馬的塞倫，教阿奇里斯武術、行兵、詩歌和音樂等學問，令阿奇里斯成材。

希臘和特洛之爭戰即將爆發，軍中響起一道神諭：如缺了培留斯與特媞絲所生的兒子阿奇里斯之助，則攻陷特洛城無望。

阿奇里斯的母親特媞絲愛兒心切，乃作了一個很中國風格的「趨吉避凶」安排。為了逃避作戰的徵召，特媞絲將兒子阿奇里斯送到愛琴海的西羅斯島 (Scyros)，並將他化裝成女兒身，與宮女混在一起，寄藏於利科梅狄斯王宮 (Court of Lycomedes)。

希臘聯軍齊集於奧利斯港 (Aulis)，並且整裝待發。眾王公將領都到齊了，卻獨缺阿奇里斯。最後，將領之一的奧德塞斯 (Odysseus) 獻策，並自告奮勇，由他去尋找阿奇里斯歸隊。

奧德塞斯喬裝成行商，來到了利科梅狄斯王宮，然後向宮女展售女人首飾和化妝品，其中一個宮女，卻在貨品堆中找出了一把劍和一面盾，情有獨鍾地，並且熟練地舞弄起來。奧德塞斯將她（他）捉個正著，阿奇里斯唯有隨奧德塞斯回到奧利斯港，隨聯軍出征。

特洛之戰一連打了九年都沒有結果，但阿奇里斯個人則戰功彪炳，合共攻陷了特洛王城的二十三個城鎮。荷馬史詩《伊利亞德》以二十八天戰紀形式，敍述了終戰前的慘烈苦戰及其戲劇化的發展。

特洛之戰，故事迂迴曲折，情節錯縱複雜，本文則只針對阿奇里斯的遭遇作出簡述。

十年的希臘與特洛的攻防戰，雙方各有勝負，唯獨阿奇里斯所打的戰役，為他贏得戰無不克的美名，當中還有阿奇里斯為爭美女不遂，而鬧情緒休戰的情節。最後，阿奇里斯因為看上了特洛王的公主坡麗克塞娜 (Polyxena)，並且因此而願意竭力促成兩軍議和，而在準備談婚論嫁的阿波羅神殿中，阿奇里斯被派利斯王子，即特洛戰爭的罪魁禍首，一箭射中腳跟身亡。

天生麗質難自棄

上圖為17世紀荷蘭黃金時代畫家 Jan de Bray 的油畫，「在利科梅狄斯王宮的女兒群中發現阿奇里斯」（The Discovery of Achilles among the Daughters of Lycomedes），描畫阿奇里斯以女裝處身於利科梅狄斯王宮以逃避戰場的呼召。

大將奧德塞斯（Odysseus）要尋他歸隊，乃喬裝商旅，帶來各式貨品來到利科梅狄斯王宮。圖中的阿奇里斯身不由己地把玩著盾與劍，從而暴露了自己的男兒身分。

阿奇里斯文武雙全，任性，情緒不穩定，既吸引喜愛女性，又是同性戀者。這種性格，不能夠永遠耽在遙遠而平淡的利科梅狄斯王宮，唯有風起雲湧的爭戰激鬥，才是他的表演舞台，最後也只能轟轟烈烈的倒下，才能完成他的先天性格。

九、宿命的穹蒼底下，有足夠讓英雄跳躍翻騰的空間

天道曰施，地道曰化，人道曰為。為者，蓋所謂感通陰陽而致珍異也。人行之動天地，譬猶車上御馳馬，篷中擢舟船矣。雖為所覆載，然亦在我何所之可。

東漢 ・ 王符《潛夫論》本訓第三十二

頭上是天，水在兩邊，
更無障礙當前；
白雲駛空，魚游水中，
快樂呀與此正同。

朱湘 ・ 北海紀遊

阿奇里斯的故事，雖然大量攙雜了神話，但卻不難看出西方希臘文化的精神面貌。

阿奇里斯的宿命情節，在特洛戰爭的故事中俯拾即是，不須要筆者逐點剔出細述。有一點我們可以肯定的是，打從阿奇里斯在利科梅狄斯王宮，以宮女的身分執起了寶劍和盾之後，他便毫不迴避地去執行他作為戰士的宿命身分。起碼，我們不曾讀到，為了要「趨吉避凶」，阿奇里斯會為自己打造出一對二十斤重的鋼鐵護靴，亦正因如此，阿奇里斯才不致於在荷馬史詩中，變得輕於鴻毛。

希臘眾神經常愚弄凡人，使凡人生而難以完美，宙斯將特媞絲謫仙而下嫁凡人，令其生下不完美的阿奇里斯；太陽神因向卡珊特拉求愛不遂，恣意報復而令她言而「無信」。希臘神話當中，還有神祇與神祇之間、神人之間的嫉妒、猜忌、唆擺，常導至禍及人間。這類故事，在希臘神話當中隨處可拾。希臘諸神對人間演出的劇目雖然諸多戲弄，但在人類宿命的穹蒼底下，卻寬闊得足以讓英雄們在舞台上跳躍翻騰。明乎此，我們便理解，何以希臘人的宿命神話，可以培養出人類西方社會最積極、最理性的文化文明。

我有時開玩笑說，希伯來人的上帝用了六日做世界，到了第七日，大概也要歇歇；我們可以推測，祂管理地球上六十三億人口，如果要事事鉅

細無遺的躬身，一定會非常辛勞。在祂打瞌睡的空隙中，大家仍有相當大的發揮空間。

西方文化視預言為家中的一份家具，不搔不癢，對宿命這條課題經常束之於高閣，行動起來，便輕鬆自如。

由一開始，卡珊特拉的倡言災異，和冀望令人「趨吉避凶」的「善意」，便已經陷入了一個進退兩難的悲劇處境。卡珊特拉得到太陽神的賞賜，料事如神，可惜大家都不相信她的說話。到災難發生了，大家都忙於在波濤洶湧的歷史舞台上大顯身手，卡珊特拉的角色變成了無所事事的旁觀者。在災難的舞台上大顯身手的角色，有輸家亦有贏家，但旁觀的卡珊特拉，則肯定一無所獲。

如果我們依然孜孜不倦的計較宿命還是不宿命，而又讓打倒還是不打倒宿命這些課題去支配我們的行事進退，我們便很難想像，在命運和宿命氣氛籠罩的穹蒼底下，希臘人卻能產生出動人心弦的英雄故事，和曠世閃爍的瑰麗文化。

如果我們不昧於歷史事實，當清楚知道，希臘人除了盛產詩人，悲劇英雄和劇作家之外，還是建築藝術的典範，民主概念的先驅，天文、科學的導航者、哲學家的搖籃，和奧林匹克體育競技精神的奠基者。

「英雄主義是黑暗中的唯一光明」
"The Only Light in the Darkness is heroism"

這是美籍希臘學者依迪絲‧漢密爾頓 (Edith Hamilton) 的名句。她在1930 年出版的《希臘精神》(The Greek Way)，對希臘人既宿命，又積極的文化面貌，有精闢的個人觀感。

「悲劇是屬於詩人的。只有他們才能『到達太陽的高度、在生活的不諧之音中奏響一個和弦』。」

筆者為本文擬題為「宿命的穹蒼底下，有足夠讓英雄跳躍翻騰的空間」，手法頗為累贅，不過，因其能上承前篇等述及的神話氣氛，故不捨其拙而已。說到撰題之精警，我得提提朱光潛先生的《談美》一書，看他談詩的創造與格律，標題用上了「從心所欲，不踰矩」，便明白何謂神來之筆。

「從心所欲，不踰矩」語出孔子《論語‧為政第二》，原文為「三十而立，四十而不惑，五十而知天命，六十而耳順，七十而從心所欲，不踰矩」。孔子説人到了五十，便應該知道天命是甚麼；到了六十，所聽所聞，都能夠理順出其道理；到了七十，人的心靈到達了自由而從心所欲的境界，但卻不會踰越規則的限制。説的是，人的自由，雖受約束，但仍然有寬闊的境界和空間。

朱光潛先生在《談美》一書中用「從心所欲，不踰矩」來做談唐詩的標題。他説唐代及唐以前，逐漸發展出格律嚴謹的韻文體，原本便出於自然的韻律，這韻律經歸納後便成為一種格律、規範律。我們唸五古、七古、五律、七律，學做唐詩時，寫五絕、七絕等，都知道詩體要講究平仄對仗，規限嚴厲。不過，正如朱光潛先生所指，正因其規限嚴謹，詩意才可以在有限的空間內，爆發出無邊無際的詩意空間，可至得意而忘形。

我們考唐代詩的境況，據清人編的《全唐詩》所錄，「得詩四萬八千九百餘首，凡二千二百餘人」，相信只是已錄得的一部分，其他的便難以計數。唐盛產詩人，「在格律嚴謹的穹蒼底下，也有無數詩人墨客在其空間裏跳躍翻騰」。

先天限制和自由發揮沒有必然衝突，矛盾可以和平統一，積極和悲哀是一體兩面，視乎觀點角度。印度古籍《博伽梵歌》説：「生者必然死亡，而死者也必然重生。因此，在無可避免的形勢底下，你沒有哀傷的理由。」

同樣，我們也沒有理由要認為，最後一句，要將「沒有」的「沒」字刪去才合文法。

註：

上述引自依迪絲‧漢密爾頓著，葛海濱譯的《希臘精神‧西方文明的源泉》，第十一章，「悲劇的概念」。

依迪絲‧漢密爾頓 (Edith Hamilton, 1867-1963)，美國人，生於德國，在美國印地安納州長大，是著名的教育家及古典學者，擅長搜集及翻譯古代神話學說，著述的 Mytholoy (1942), The Great Age of Greek Literature (1943) 成為了學校採用的教科書。The Greek Way 於 1930 年出版，兩年後，依迪絲‧漢密爾頓出版了 The Roman Way (1932)。

十、打倒宿命，只見官兵，不見盜賊（我的 1984）

無所謂對與錯，只有流行意見。

電影「十二猴子」對白

There's no such thing as right and wrong; just popular opinion.

12 MONKEYS

　　1984 年是一個很有紀念性的年頭，英國左翼作家喬治 · 奧威爾，在不到半個世紀前，寫了一部諷刺政治的預言小說《1984》，那年是奧威爾的小說到期驗證的一年。

　　八十年代初期，喬治 · 奧威爾所臆測的極權主義對人類思想監控的恐怖局面沒有明顯的惡化跡象，反而由那個年頭開始，經濟主導的價值觀大大抬頭，民粹主義泛濫，思想品質下移，社會潮流導向利慾爭奪，極權主義監控不住人的思想，個人自由及個人主義成為了世界的大主流，人擺脫了、推倒了極權主義，但卻甘願為利慾爭奪的流行意見和價值觀而自我綑縛。

　　那年家父過身，結束了終生勞役，放下了為兒為女、為家計為口奔馳的人生大任。我想，如果他真能活到今天，也許要倍覺辛苦，才能夠適應新時代的生活價值和壓力。那年，亦是我隨亭老學習紫微斗數的第一年，自那年開始，我敬重他一如父長。

　　習術數愈廿年，中間不無間斷，至今尚留點興趣。但若要我評價術數，則小道而已。其等級越不過書畫琴棋，足以怡養性情、啟發思維的層次。然則，「雖小道，必有可觀者焉！」

　　一位學斗數的學生，在一次經驗過斗數的預測能力後，感嘆謂：「天下間竟有如此神奇的學問，真的很了不起。」我回應道：「這有甚麼了不起？如果時光可以倒流，我便寧可努力習醫，研究徹底治癒癌病、愛滋病、糖尿病的方法，那惠及的當不只一兩個人，而是千千萬萬的人。」

不論是紫微斗數，還是其他術數，不外是啟發個人思維，幫助思考的潤滑劑。至於它的實用價值，圓周寬不過個人的安身立命之地。中國人過分強調其「趨吉避凶」的能力，反而造成中國人行事閃縮，怕冒險犯難，這種心態，自唐宋打後成了主流，歷幾朝幾代，令中國人幾陷於一事無成。

我看過很多談命理、教術數的書本，作者大多數都會在序言中強調，命運是可以改變的，學術數最有用的地方，是教人「趨吉避凶」，所以，學術數的人，便應該反對宿命，而術數即為對抗宿命的工具云云。

如果人人都這麼政治正確，對宿命喊打，全民皆兵，那頑賊在哪裏？

可能由於經營不善，宿命這個名詞的形象，一直處於低水，一般只含貶意，所以，教術數、寫術數書的人，都叫人不要相信宿命，要改變命運，由博學鴻儒到江湖術士，都隨口教人要打破宿命迷信，我們舉頭所見，便只見官兵，不見盜賊，大家對宿命的民粹主義詮釋，已經到了人云亦云的地步。

實際上，人若不反思，抱流行見解，安於 received view 等，那才真真正正的以自身的態度和行為，墮進了自己所譜訂的狹義宿命觀。

當術數師「崩口人忌崩口碗」地大談反對宿命的時候，局外人卻可以毫無包袱，揮灑自如地與「宿命」大跳探戈。

韓國首爾特別市長李明博寫了一本《1% 的可能》，記述他如何努力，為首爾市民重建首爾清溪川的艱苦過程。他中間要面對的，便包括說服反對力強大的公務員體系，廿二萬商家的削髮絕食抗爭，攤販放火示威，還有計程車司機的經濟恐慌，損毀古蹟的憂慮等等。李明博先「……從說服公務員開始，公務員又勸說商人，商人又勸說市民，匯集成巨大的力量，終於拆除了市中心一條五點八公里的巨大高架橋和覆蓋道路，讓地下清溪川重見天日，引自漢江的清水沖走了居民排放的污水和廢水，也沖走了都市文化和歷史的隔閡……」（台灣前環保署長 ‧ 郝龍斌語）。

李明博以人為本的理想和決心，以實效政績為他帶來了極高民望，使他極有機會問鼎下屆南韓總統位置（完稿後，李明博已當選南韓總統）。他在《1% 的可能》裏記述，他對改善清溪川的使命感，源自一種「非做不可的事」的信念，還有「做了再說」的熱情和意志。

他寫道：「我想，趁著還來得及的時候，應該有人去改變。我比任何人都愛過去的時代，並願意以最熱烈的情懷去擁抱那樣的時代，也許這就是我的宿命吧。」

像李明博這類積極進取的人物和故事，最容易被反對宿命者善用為正面教材。我無力看得李明博先生的原著，不知是韓文還是英語著作，不過，譯者薛舟、徐麗紅將上引有關字眼譯成「宿命」，大概也是指命運一類的意思，大致應與原意相去不遠。宿命一辭，在李明博的文意中，是一個輕鬆而感性的字眼，是浪漫主義式的詞藻，不過，我認為積極進取的內涵，不但不與宿命的概念相悖，並且可以融和。我們不得不佩服，李明博一類典範，可以將「宿命」一詞，演繹得如此活潑生動，並且神奇地表現出一種順天而行的謙遜和使命感。反而，在宿命事業中討生活的算命師，卻一面倒的都要「打倒宿命」，無疑自甘放棄將宿命「演繹得如此活潑生動」的權利，「打倒宿命」便只能夠是「搬起石頭砸自己的腳」。

術數師喜談《易》，或至少也談陰陽，不過，所學的道理，和所持的修養，卻偏偏不能一致。宿命與反宿命如果不能相容，那麼，陰陽平衡、世道變易便不再有甚麼意義。觀人類歷史，在政治、宗教及意識形態的問題上，如出現一面倒的形勢，便多發生於流血和清洗之後。

禮失而求諸野，筆者發現，不談《易》而知《易》者，不諳陰陽而得陰陽之道者，反多非我族類。我在本卷各文章標題下，都引用了一些名家的智慧語錄，祈請列賢為拙文添光，他們所說的話，都能對特定題目，體其兩面，正反兼容，因果綜論，並且源自心底敏銳的觸角，不羞於逆流，毫無政治正確的包袱。

樂觀者和悲觀者都有貢獻社會。樂觀者發明飛機，悲觀者發明降落傘。

蕭伯納

Both optimists and pessimists contribute to society. The optimist invents the airplane, the pessimist invents the parachute.

GEORGE BERNARD SHAW

　　健康專家總是叫人戒煙，多做運動，不過，我有時想，像蕭伯納、羅素等人，一生的著作這麼豐富，給我一生人的時間，單是讀，或是抄一遍他們任何一個人的作品，都可能抄不完，何況是寫和創作。我懷疑，他們究竟有沒有時間去健身會所行跑步機，拉彈弓擴胸肌。我也懷疑，活躍的思想活動，是否比活躍的體能活動更能養生及更有療效。像羅素、蕭伯納，都是近百歲人瑞，並且幾乎活躍到最後一分鐘。蕭伯納在 1918 年出版的戲劇《安納揚斯卡》中說：「所有的大真理都始於褻瀆（上帝）。」，不過，上帝寬容，容忍他到 94 歲那年，才找個藉口，讓他在修樹的時候，由爬梯上掉下來歸隊。所以，能得大票數支持的、不離經叛道的意見便不一定是真理。而反對宿命、天機不可洩漏等，便可能只是小題大做。

　　我們習術數，知子平或斗數都用華蓋曜，一般解藝術或宗教氣質。好幾年前，我看過台灣一位斗數家的著作（好像是慧心齋主），說受華蓋影響深刻的命格，便容易對事情事物看得比較寬鬆，甚至對是非、黑白、對錯、好壞的價值也不執著，聽起來好像是貶意，好像是形容一個不分是非黑白好壞對錯的無恥之徒。不過，我能夠對華蓋一曜多一點理解，仍得歸譽於那位作者。我的理解是，那其實便是華蓋的宗教特色，甚至有佛教的哲學意味，即不流於常邊，也不流於斷邊的觀空境界。能夠這樣想的人，往往還能夠律己以嚴，待人以寬；不會一面倒的要打倒對手，只見官兵，不見盜賊。

　　所有的大真理都始於褻瀆。

蕭伯納
《安納揚斯卡》

All great truths begin as blasphemies.

GEORGE BERNARD SHAW
ANNAJANSKA, THE BOLSHEVIK EMPRESS (1918)

只見官兵，不見盜賊

不事生產，又想掠奪別人的生產成果，便是一種賊性。做賊是一項不名譽的事，搶掠、霸佔、偷竊都是反社會行為，不受人歡迎，但人是愛面子的動物，大概也經不起經常受人指摘和唾罵，賊性難改的時候，便會躲在守法甚至執法的人堆中，把自己的真正身分掩飾起來，那便叫做賊喊捉賊。

圖為表現主義畫家亨利·盧梭（Henri Rousseau）的砲兵（The Artillerymen），1893-95 年，油彩·畫布。現藏美國紐約市古根漢博物館（Guggenheim Museum, New York City）。

十一、宿命的範式轉移

　　曲則全，枉則正；窪則盈，弊則新；少則得，多則或。是以聖人抱一
為天下式。不自見，故明；不自是，故彰；不自伐，故有功；不自矜，故長·
夫惟不爭，故天下莫能與之爭。古之所謂「曲則全」，豈虛語？故成全而
歸之。

老子《道德經》第二十二章

　　儘管很多算命師都大談反對宿命，將其等同英勇行為，但普羅大眾卻
可能未必那麼執著。我隨便在搜尋器上鍵入「宿命」兩字，開出來的畫面
可繽紛悅目。有人在談一部叫「宿命戀人」的小說，還有人談「宿命的宮
女」，不知是否談韓劇；有人留言短評韓劇「最後一支舞」，說劇情「宿
命得淒美動人」。有人說太陽和月亮最宿命，每天都從東方升起，西方落下，
那邊便有人回應，整個宇宙都是這樣地團團轉，所以日月星辰都很宿命，
然後有人搭腔，春夏秋冬、生老病死，算不算得上叫做宿命？我忍不住回
應說，人類最大的宿命，莫過於生下來便要呼吸、吃飯和喝水，如上述三
種苟非必要，我們的生活應該便會少很多壓力。鄰近還有人提到世界盃足
球賽，英格蘭、瑞典隊的結果，也拉扯上宿命。有人討論到微軟與與的收購、
競爭之類，當中又提到了宿命；另外還有電玩遊戲用上了宿命做主題，看來，
不單只希臘的劇作家、英國的莎士比亞懂得將「宿命」這個題材玩弄於股
掌之間，就連新一代的「潮人」，似乎對「宿命」這兩個字都沒有甚麼忌心，
並且用得輕鬆、活潑、自然、隨意。反而專責在宿命事務上討飯吃的算命師，
卻用最大氣力，身水身汗的反對宿命，究竟搞甚麼鬼？網頁彈出了一個相
信是年輕新晉的算命師的自白，說他很不願意當算命師，但自己的命盤卻
有做算命師的徵象，而實際的客觀環境又驅使他走向這條道路，於是心理
很矛盾，甚至沮喪，後來，他認為自己想通了，因為懂算命的人，是要教
人反對宿命的，所以當算命師便有意義起來了。

　　做事能夠找到意義固然好，但意義是否建立得合乎邏輯，則是一個很
玄、很有趣味的問題。我好奇的是，為甚麼門外的人，把玩宿命兩字的時候，
可以風和日麗、舉重若輕，反而術數內行，卻舉輕若重，如喪孝妣？關鍵
在於局內人將「宿命」的定義落錯了材料，並且調錯了味道。以下是朋友
劉易斯·陳轉告筆者的一個關乎「範式轉移」的故事，相信是來自某作家
的作品。地下鐵路某車卡內，兩個小孩在大哭大叫，騷擾到其他乘客的安

寧，有些人對兩名小孩投以不耐煩的眼光，另外一些人甚至用鄙視的眼光，瞟向那位對兩名小孩的行為無動於中的父親。後來，兩名孩子吵得真兇了，一位按奈不住的乘客終於發難，責罵那名「沒有家教」的父親，並且敦促他管束兩名小孩。父親一臉茫然的表情，幽幽地說：「對不起，我真的沒有辦法去管教他們，孩子的母親昨天死了。」頓時間，整個車廂裏的氣氛都改變了，有人跑過來抱緊小孩子，安慰他們，有人坐在父親的身旁，叫他想開一點，放鬆點，以後的日子便可以好走一點。同一主題，換了內容，換了角度，也換了行為。你可以引用七、八十年代由庫恩提供的範式說去理解，若不，我們老子的《道德經》，幾千年前也提供了逆向思維、雙向思維的智慧。皆可用。（年長沙馬王堆號漢墓出土的甲乙兩種帛書《老子》，是西漢初年的版本，亦是現時所見最早版本，排序上與通行本不同，是先錄《德經》，然後再置《道經》，所以，你叫《道德經》固可，叫《德道經》亦可，是為雙向。）通行本第二章說：「天下皆知美之為美，斯惡已；皆知善之為善，斯不善已。故有無相生，難易相成，長短相形，高下相傾，音聲相和，前後相隨。是以聖人處無為之事，行不言之教。萬物作而不辭，生而不有，為而不恃，成功不居。夫唯不居，是以不去。」

第十八章說：

「大道廢，有仁義。智惠出，有大偽。六親不和，有孝慈。國家昏亂，有忠臣。」

術數源出於道，陰陽相生相對相成的概念，幾貫串了整個術數系統，但術數界對「宿命」所見的理解，卻幾近於宗教中的原教主義和單邊主義。

似乎，學懂算命不難，要通命理，便可能要多點難度了。

人類，能以改變思想中內在的態度，來改變他們生命的外貌。

威廉・詹姆斯
心理學家

Human beings, by changing the inner attitudes of their minds, can change the outer aspects of their lives.

WILLIAM JAMES(1842 - 1910)

US PRAGMATIST PHILOSOPHER & PSYCHOLOGIST

　　我的朋友未學過算命，也未必讀過心理學，不過，在我們某次飯聚中，她偶然而又漫不經意地迴響了一句：「改運不如改心。」便玄玄地契合了心理學鼻祖的思想。懂得「以改變思想中內在的態度，來改變他們生命的外貌」，則一切「打倒宿命」，「趨吉避凶」，都變得無關宏旨，言不及義。以下是另一個值得參考的範式。出自暢銷書《追逐日光》，是一部關乎一位成功人士大歸前三個月的心理紀錄。

追逐日光

尤金寫這本臨終書稿的時候，第一句寫下的是：「我很幸運，醫生說我還可以活三個月。」

《追逐日光》（Chasing Daylight）是尤金·歐凱利（Eugene O'Kelly）臨終前三個月內寫成的書，出版後一紙風行，作者是虔誠的基督徒，所以也在基督教圈內受到極力推崇推介，被譽為是鼓勵人積極愛惜生命和開懷面對死亡的一本好書。

圖為《追逐日光》（Chasing Daylight）的英文本及台版中譯本。

十二、追逐日光

人體認幸福比不幸慢。

蒂托‧李維
古羅馬史學家

Men are slower to recognize blessings than misfortunes.

TITUS LIVIUS (59 BC‐17 AD)

朋友劉易斯‧陳介紹我看《追逐日光》(Chasing Daylight) 這本頗暢銷的書，是一個人在臨終前三個月寫的，作者叫做尤金‧歐凱利 (Eugene O'Kelly)，是美國知名跨國企業 KPMG（即畢馬域）的總裁，KPMG 是全球四大會計師事務所之一。

2005 年，尤金才 53 歲，某日，醫生替他「算命」，說他患上了癌症，還可以多活三個月。尤金寫這本臨終書稿的時候，第一句寫下的是：「我很幸運，醫生說我還可以活三個月。」這句開場白放在書的第一章，題名為：春末的一份禮物。作者強調這樣寫不是開玩笑，因為他認為，能夠預知死亡，確實又比那些「死到臨頭」也懵然不知的人幸運。

書中所談的，是尤金怎樣在餘下的三個月，好好的生活和思想。

尤金首先學懂的是接受，並且將預知死亡理解為一份禮物、一種幸運。他具體的行動是辭去總裁的職位，一個管理資產值達 40 億美元、擁有兩萬名員工、百年歷史、名列美國四大會計公司的職位，一個與股神巴菲特，與花旗銀行、奇異電器、美林證券等總裁同行，並且出入白宮的身分。

繼之而行的，是怎樣和家人、朋友渡過有意義的三個月，並且規劃和安排自己的喪禮。當中要做的事，還有盡量利用日光打高爾夫球和寫這本《追逐日光》。

書的第三章末，尤金寫道：

「在診所裏，我才真正開始了解接受的含意，盡量讓自己『接受』這件事。既然已走到生命的最後階段，除了接受，我還能有甚麼選擇？我還沒老到學不會新東西。我告訴自己：你無法控制一切，雖然聽到 A 型人格的我說這句話，是很難的一件事。」

（節自《追逐日光》，張琇雲譯，商周出版）

這是全書最帶「宿命」味道的幾句說話，不過，那只是將「宿命」的意義，赤裸如實地客觀描述而已。在緊接的一章，尤金題名為「學習活在當下」，並且引用了英國小說家喬納森 · 斯威夫特（Jonathan Swift, 1667-1745，愛爾蘭小說家，《格列佛遊記》，Gulliver's Travels 作者）名句：「希望你好好過每一天，不枉此生。」(May you live all the days of your life.)

尤金的積極性格，不因他接受宿命而消亡，由他做總裁，到任職自己的死亡項目經理，始終如一。西方某部分的文化總有這種能耐，將宿命視作日常呼吸的空氣，是一件在家中鑲嵌入牆的傢俬，我們生下來便已經在宿命的範圍下辦事；又像考公開試的試場，大家限時答試卷中的考題，響鐘的時候交卷。

宿命其實沒有甚麼了不起，他只是你的遊戲規則，或是你在人生舞台上演出的拍檔和對手，他記台詞比你出色準確，所以能以領演或領唱引領眾舞台演員不致於荒腔走板，卻又能讓其他演員和角色充分發揮演藝的天賦潛能，所以犯不著大費周章的要與他對抗、將他打倒。

希臘文化將宿命、悲劇、命運甚至迷信一類的東西，統統再造昇華成為浪漫主義和文學，只有近代的中國術數文化才會如此苦命，身水身汗，聲嘶力竭地用一股既愚且蠻的牛力與它苦纏，並且經常徒勞無功。

十三、老人與海和白鯨記

　　北冥有魚，其名為鯤。鯤之大，不知其幾千里也。化而為鳥，其名為鵬。鵬之背，不知其幾千里也；怒而飛，其翼若垂天之雲。是鳥也，海運則將徙於南冥。南冥者，天池也。

莊子 · 逍遙遊

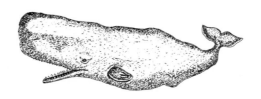

海明威
Ernest Miller Hemingway

　　海明威的《老人與海》於 1951 年寫成，是一部小小說，或稱中篇小說，於 52 年發表，在我出生的那個 54 年獲得了諾貝爾文學獎。故事描述老年的古巴漁夫 Santiago，與一條龐大的槍魚在離岸很遠的灣流中搏鬥，他最後拖著槍魚的殘骸回航。

　　這個戲軌簡單的故事，我在初中的時候聽老師說過一次，當時便只當是一個有趣的故事。大學期間，偶然才隨手的檢閱了一次，對於這本用 12 號字體排版也才得百頁的小書，為甚麼可以奪得諾貝爾文學獎，則不甚了了。幾年前，偶然買到了一冊以演過 Santiago 角色的演員史賓沙 · 德里西 (Spencer Tracy) 掛封面的《老人與海》，重讀了一次，才盪漾出一些靈感的迴響。

　　一開頭，書便說老人已經 84 日未曾釣到過一條魚。平日和他作息與共的小孩，在老人頭 40 日還未見漁穫的時候，便遭父母禁制，叫他不要再跟隨這個「霉到貼地」的老人出海釣魚，而改隨其他運氣較好的漁夫出航。84 日之於 40 日，便是霉上加霉的形容了。

海明威描寫這位老人消瘦而憔悴，頸脖上留有很深的皺紋，腮上有褐斑，起因是太陽及熱帶海面反光造成的良性皮膚癌，他的雙手因捕魚拉索，留下了深刻的疤痕，那一身風吹雨打、日曬雨淋的大自然侵蝕，卻損不了一雙像海水般蔚藍、愉快而不肯認輸的眼睛。那是《老人與海》中描寫得極富詩意和取景美麗的一段文字。

第 85 日天還未亮，小孩為老人準備好魚餌及漁具，便讓老人獨自搖著扁舟出海。老人出海的過程，也是一條「自言自語」的心路歷程（有時和魚談話，有時和鳥），充滿執得執失的疑惑，也是一場關乎天命和人命的角力還是交融，是宿命和反宿命要相互抗衡還是可以同場的自然表述。

漁夫 Santiago 的角色，令我想起了我的祖籍客家人士。客家人是在流徙中發展的一個族群，一般比較窮，多務漁農，讀書的機會較少。我們客籍的女性，可以很吃得苦，對苦命便用山歌去宣洩和補償。在他（她）們身上，同時便兼容了堅毅「對抗命運」和「迷信」的特性。他們的宗教渴求很敏感和容易觸動，拜各式各樣的民俗神祇，清末時的太平天國便是一團拜上帝的民間起義組織，我少時長大的鄉村，整條村都奉基督教。

Santiago 是這種類型的人物，一般的特性是生存能力頑強，道德及價值系統簡單純樸，精神堅毅而「迷信」。這些文化基因，就算在筆者這些較為「演化」了的客籍族人身上，也不難辨察痕跡。所以，我讀到 Santiago 那些自言自語的段落時，總會發出會心微笑，並且想起少時和一班村友到小河捉魚的情景。

關乎應該如何放餌垂釣，老人想，只要放得準，除非真的沒有運，那也無話可說：

「每天都是新的一天，好運固然好，但我寧可精確，那麼運氣來時，你便接得上。」

"Everyday is a new day. It is better to be lucky. But I would rather be exact. Then when luck comes you are ready."

　　老人又認為自己有如海龜，説海龜被人宰成碎塊之後，心臟仍可以跳動幾個小時，他説自己也有一個這樣的心臟，手腳也像海龜一樣傷痕纍纍。

　　他記不起從何時開始，會在獨處的時候大聲説話，大聲歌唱。但與小孩一齊垂釣的時候，便又只會於需要時才交談。然後，老人説話的對象變成了魚。終於，有魚來試老人的餌了，試試又退走，又來，老人想，它會再來的。

　　整本書幾乎就是老人的心裏獨白，充滿豁達的宿命、堅毅的無奈、天真無悔的希望，和趣味溢然的、充滿人性的「迷信」。他知道魚會再來吃餌的，便叫自己不要説出口，説了出來便「不靈」了 (He did not say that because he knew if you said a good thing it might not happen)。然後，魚上釣了，放線，拉緊，又放線，如是者又拖行了四個小時。

　　故事的結局是老人經歷了疲累的人魚大戰，勝了槍魚，拖著戰利品回航，但在回家的過程中，槍魚被魚群齒嚙成一排魚骨，老人唯有將它擱在灘上，驕傲地任人瞻仰。他疲倦地回到小屋倒頭便睡，發了一個好夢，夢到在海灘上高貴地散步的不是槍魚，而是一頭雄獅。

　　《老人與海》講述的是一次孤獨的旅程，一次與大自然的搏鬥，同時也是一趟捍衛個人尊嚴的光榮旅程，故事的調子愉悦，結局、結詞都充滿平常心和人文主義的光明。

　　海明威的小説，我便只讀過這一本小小的《老人與海》，對他其他的作品，總是耳聞，目睹的反而只憑電影。1996 年，荷里活拍了一部「愛情與戰爭」(In Love and War)，由克里斯 · 奧唐納 (Chris O'Donnnell) 和桑德拉 · 安妮塔 · 布洛克 (Sandra Annette Bullock) 主演，野記了他少年時期，與年紀比他大近十年的戰地女護士 Agnes 'Aggie/Ag' von Kurowsky 的小狗式初戀，並不果的浪漫，影響了他鬱鬱寡歡的一生，終而至於吞槍自殺。

　　海明威的性格執迷與灰暗，評論家説，他擁有寫作技巧，但他自己的悲劇性格與結局，便予人一課警惕：「人生單有其（藝）術，便仍不足夠」。我看其他文學評論家談到他的作品，説他的記者式文筆淡如開水，閱不耐久，又説他的故事中只見男性，沒有女性，所以很「齋」很「寡」。我不

是海迷，不敢批評；不過，一本小小說長度、設題單純、說理野心不大的
《老人與海》，在海明威的人生某個較為情緒寬裕的時候輕鬆寫來，便的
確有如一道驟然而亮的艷陽。我將評論用在習術者身上並且警誡自己：「人
生單有（藝）術，便仍不足夠。」

顯然，海明威的生活和行為，與作品中的 Santiago 並不呼應。他寫
了一個有我們客家人特式的 Santiago，便不等如他參透了雄獅的高貴，
afterall，他是一名記者，他的 Santiago，可能只是一次偶拾的題材，眾多
採訪中的一個人物，沒有必然的啟悟，書中驟然而發的光芒，便可能只是
一陣機能反射。人能不能通達，最終還是要考看事情能不能全面，處事能
否圓融，人生單有其術，便仍不足夠。

我們習術者，若只得其術，不論是替人算命，還是教人打倒宿命，在
人生變化萬千的景象中，所行的，都有可能只是一陣機能反射而已。

同樣是描繪人與大自然搏鬥，也同樣用上了人魚大戰的素材，梅爾維
爾的《白鯨記》(Moby Dick)，和海明威的《老人與海》，談的道理便不一樣。

梅爾維爾
Herman Melville

再者，我能想到的大多數的其他動物，兩眼都生成能自然地將視能融
合，以供腦袋生產出一個圖像而非兩個；……而海鯨，因此，必然是一隻
眼在一邊看一個獨特的圖像，另一隻眼看另一個截然不同的圖像；於他的
中間便必然是深邃的黑暗和空洞。

梅爾維爾
白鯨記，第 74 章
抹香鯨的頭 — 相悖觀點

Moreover, while in most other animals that I can now think of, the eyes
are so planted as imperceptibly to blend their visual power, so as to produce
one picture and not two to the brain; ... The whale, therefore, must see one
distinct picture on this side, and another distinct picture on that side; while all

between must be profound darkness and nothingness to him.

THE SPERM WHALE'S HEAD-CONTRASTED VIEW
CHAPTER 74. MOBY DICK
HERMAN MELVILLE, 1819-1891

　　我唸書的時候修比較文學，讀過美國作家赫爾曼 · 梅爾維爾 (Herman Melville, 1819-1891) 的《白鯨記》(Moby Dick)。故事説捕鯨船船長艾哈 (Captain Ahab) 在一次追捕大白鯨「無比敵」的時候失去了一條腿，艾哈對此一役一直懷恨在心，自此以後，出海追捕「白鯨」便是他的人生唯一目標。梅爾維爾將這簡單的戲軌寫足了一百三十五個章節，全書厚達四百五十多頁，當中對捕鯨船的構造、捕鯨工具的製法、捕鯨的過程等，鉅細無遺的細部描寫出來，文學評論稱許為捕鯨業的百科全書。不過，筆者卻認為《白鯨記》其實是一齣頗為宿命的悲劇，艾哈船長從「一朝被鯨咬」那天開始，便將自己的命運綑綁在一條白鯨的身上。捕鯨船上有來自五湖四海的船員，本來是一心找尋漁穫的，不想卻將自己的命運綑綁在船長的身上。在艾哈帶領之下，船員經歷了驚濤駭浪和筋疲力盡的搏鬥，卒之還是船毀人亡，而「無比敵」則逍遙遨遊而去。故事透過船上唯一的生還者依希梅爾 (Ishmael) 憶述，對整個捕鯨事件描寫得悲壯而又唏噓。

　　有些評論説，《白鯨記》的隱喻豐富，直指人類對大自然探求和搏鬥的勇氣，這種政治正確的觀點固然可以參考，但筆者讀出的意義，則完全不在這條路線上，相反，我認為梅爾維爾寫的是一齣人性的悲劇，除了表現出人在大自然的體系中不自量力之外，還經常為了狹隘的我執而犧牲了認識廣闊而美好的世界。這類「一將功成萬骨枯」，甚至「梟雄一倒、萬夫殉葬」的人物，歷史上隨路可拾。

　　在我們的現實生活中，像艾哈船長這類人物，也必有一兩個在左近。

　　我身邊真的有好一兩個財大氣粗的朋友，賺的錢多，食住都很豪。有時候，三幾個比較「率直」的朋友會半開玩笑、半揶揄筆者，説我如果能夠「積極」一點，「努力」一點，「搏」一點，當可以賺得更多。另外一個更「坦率」，直頭就在亭老面前説我學了算命，便信「宿命」，所以做人不夠積極。

　　我真不幸，身邊不乏這類型朋友，並且還是和他們一獸二三十年的「老」朋友。對於這些朋友來說，「積極」、「進取」，幾乎便等於「努力」增加財富。有時候，我會用一隻無形的手指，指著他們的鼻子說：「你這可憐的傢伙，你的宿命在你十六歲那年就畫定了。那年你會考『光頭』（僅僅及格），不能再升學，在以後的日子裏，你怕別人看你不起，於是便『立志』出人頭地，要賺很多的錢，這個單一的志向，恐怕到死那天你也不會變。你一生人寫得最好的三個字便是自己的大班簽名，你才活生生的演活了你所說的『宿命』的定義。」

　　那些說別人接受「宿命」便等如「消極」的人，我便認為他們的思路才真正出了問題，只能單向單軌行車，風馳電掣卻沒有頭文字 "D" 的駕駛技術。筆者認識的朋友中，能夠將「宿命」的內容改寫成豁達、隨緣的，都是寬懷、親和、平易、愉悅、樂觀的人，生活態度也積極、並且樂在其中、樂享其成。

　　我們經常地將人的「積極性」窄用在幾個題目上，而香港人將「積極性」的能用範圍，便可能收得更窄。我那位財大氣粗的朋友便經常說他自己做人很積極，我經常聽見他說搞生意，周邊也的確有很多年青人仰慕他的名氣，其中還有一些深信「讓凱撒的歸凱撒」的教徒，在他的精神感召下，將住所拿去銀行抵押，將床頭的私己積蓄掏盡出來，投資到他的項目上。

　　我們這群積極找尋第一桶金的無比敵船員，一團又一團的輸掉了自己的積蓄，扔掉了一幢自住的房子，第一桶金變成了負一桶金。很多人上了艾哈船長的捕鯨船，一是不知白鯨之大，不是一般人可以鯨吞；二是不知道艾哈船長有自己獨特的議程，大家大顆兒出海，只為艾哈船長壯了行色，最後也便葬身魚腹，做了大魚的點心。

　　《白鯨記》描寫的艾哈船長其實「不務正業」，並且將船上一干人等，綁上了自己的復仇戰車，最後使人玉石俱焚。所以，我便時常提醒自己，所謂「積極」，所為何事？所謂打倒「宿命」，是意義正確，還是政治正確？

　　筆者從不反對宿命，並且不會與命運拔河，命運一發力，我便鬆手；我一鬆手，它便栽倒。艾哈船長說：那麼你便是輸了！我說：誰說我輸了？我看不見有裁判，拔河前也沒有甚麼人設定甚麼的遊戲規則！

　　我看《白鯨記》比看《老人與海》多生出趣味，不是因為它的頁數多，細節豐富，而是作者梅爾維爾說白鯨，風格竟如莊子說鯤鵬，論哲理而能遨遊於「模稜兩可」。筆者便常嘆唱，禮失求諸野，善陰陽者，唯紅鬚綠眼乎？

　　《白鯨記》和《老人與海》都是以小角色說大故事，用下等人說上綱題目，小人物說大思想。《老人與海》的故事及人物簡單，健筆底下當游刃有餘，所以較適合做兒童讀本，但老師則可能要避免觸及作者生平及悲劇結局。

　　《白鯨記》的作者倒像馬戲團中的拋球雜技表演者，拋耍的球數愈來愈多，兩手應接不暇，驚險萬象而掌聲不斷。梅爾維爾對某些場面的細緻描述任性地漫長而至於肆無忌憚。梅爾維爾沒有諾貝爾文學獎的風光，個人經濟狀況一直欠佳。《白鯨記》要到梅爾維爾死後四十年，才受有識之士讚嘆，成為了美國文壇的經典和瑰寶。

　　梅爾維爾是海明威的 Santiago，在人生回航時原來「一無所得」，但卻精神飽滿。

　　我在寫此文時跑過很多書店，一是知道張愛玲譯過《老人與海》，想用她的譯筆來作文章引述，但遍尋不獲。想找《白鯨記》的譯本，也是徒勞無功，我記得以前有台灣出版社出版過，但香港的大書店說已經斷版多年，不果而甚憾（完稿後卻意外地在一間專售內地版圖書的書店找到上海譯文出版社出版，曹庸譯的《白鯨》）。不過，我卻在兒童圖書部找到頗多兩書的節寫本，而主題則被統一地消毒成為政治正確的勵志書。筆者頗希望能夠有暇，為此書作一點翻譯工作，那挑戰和滿足，當比寫《斗數卷》更大。

　　以下是一部分書中精句選譯。
　　無知生恐懼。（第三章）
　　Ignorance is the parent of fear. (Chapter 3)
　　（描述主角依希梅爾 Ishmael 在小旅館投宿，半夜爬上床來共寢的竟是一個食人族的黑人捕鯨標槍手魁魁格 Queequeg，把他嚇驚之餘，乃用「無知生恐懼」一語壯膽。）

　　人生如墮入捕鯨索網。所有人生來就頸繫羈綫；但只有在閃速及突如其來的死亡捕捉下，生靈才察覺那生命的威脅一直無聲、隱秘地存在。（第六十章）

All men live enveloped in whale-lines. All are born with halters round their necks; but it is only when caught in the swift, sudden turn of death, that mortals realize the silent, subtle, ever present perils of life. (Chapter 60)

　　我想在看靈性的事情上，我們太像蛤蚌在水中觀察太陽，並以為厚厚的水便是薄薄的空氣。（第七章）

Methinks that in looking at things spiritual, we are too much like oysters observing the sun through the water, and thinking that thick water the thinnest of air. (Chapter 7)

　　於此，他 (船上大副斯達巴克 starbuck) 似乎不單止認為，最值得信賴和可用的勇氣乃由正確評估所受的威脅而產生，更認為一個徹底無懼的人遠比一個懦夫是更危險的拍檔。（第二十六章）

By this, he seemed to mean, not only that the most reliable and useful courage was that which arises from the fair estimation of the encountered peril, but that an utterly fearless man is a far more dangerous comrade than a coward. (Chapter 26)

　　於此也許斯塔克（船上二副）轉折地暗示，人雖然會愛伙伴，但人也是愛錢動物，這癖好經常擾亂了他的良善。（第九十三章）

Hereby perhaps Stubb indirectly hinted, that though man loved his fellow, yet man is a money-making animal, which propensity too often interferes with his benevolence. (Chapter 93)

　　整個行動乃無法改變的命令，你和我在億萬年前海洋還未滾動時便排演過。傻瓜！我是命運的少尉；我在指令之下（執）行事。（第一百三十四章）

This whole act's immutably decreed. 'Twas rehearsed by thee and me a billion years before this ocean rolled. Fool! I am the Fates' lieutenant; I act under orders. (Chapter 134)

　　無論人如何吹噓他的科學及技術寶貝，又如何，可在悦目的將來，以科學及技術增益；但永遠又永遠，直到末日轟臨，海洋都會羞辱及消滅他，又徹底摧毀他所能造的最高檔次的、最硬挺的航艦；依然，由於這些印象不斷重複，人已無感於海洋的無上威嚴始於天地初開。（第五十八章）

　　. . . however baby man may brag of his science and skill, and however much, in a flattering future, that science and skill may augment; yet for ever and for ever, to the crack of doom, the sea will insult and murder him, and pulverize the stateliest, stiffest frigate he can make; nevertheless, by the continual repetition of these very impressions, man has lost that sense of the full awfulness of the sea which aboriginally belongs to it. (Chapter 58)

　　是啊，愚鈍的生靈，挪亞的洪水還沒消退；它仍淹沒了三分之二的美麗世界。（第五十八章）

　　Yea, foolish mortals, Noah's flood is not yet subsided; two thirds of the fair world it yet covers. (Chapter 58)

　　我們的靈魂就像那些未婚媽媽在產厄中誕下的孤兒：有關我們父親的秘密躺在她們的墳墓裏；我們必需往那兒尋。（第一百一十四章）

　　Our souls are like those orphans whose unwedded mothers die in bearing them: the secret of our paternity lies in their grave, and we must there to learn it. (Chapter 114)

　　寧要清醒的食人生番也不要與醉了的基督徒同眠。（第三章）

　　Better sleep with a sober cannibal than a drunken Christian. (Chapter 3)

祝大家滿載而歸。

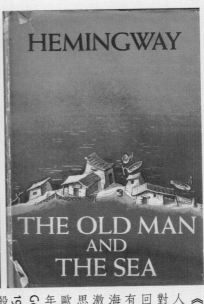

《老人與海》

人難以勝天，但卻不排除兩方都互相尊敬對方為頑強的競技對手，當兩方都因為競鬥而顯得疲累的時候，難免便要各自回座，稍事休息，傻瓜才要每天都對已對人「強政勵治」。

有為有所不為與無為是可以彈弓手出招，視乎需要與適當。

海明威的《老人與海》比較簡單和執著，同是說天人交戰的激鬥，便欠缺梅維爾的思維立體，及對命運的主題做反覆思量的能力，所以比較不耐久。

歐內斯特·米勒·海明威（Ernest Miller Hemingway，1899年-1961年），美國記者和作家，是美國「迷失的一代」（Lost Generation）作家中的代表人物，先後結過四次婚，並於1961年夏在愛達荷州、凱徹姆（Ketchum, Idaho）家中吞槍自殺身亡。

《老人與海》是海明威於1951年在古巴寫的一篇中篇小說，於1952年出版。他一生多獎項，多部作品也拍成了電影。

海明威在第一次世界大戰時曾在意大利服役，受傷時與治傷的女護士愛格妮范考斯基（Agnes von Kurowsky）產生了情懷，這段在現實生活中再沒有下文的情緣，卻影響了他以後的一些作品。這段故事於1996年由老牌導演李察艾登保祿（Richard Attenborough）拍成了電影，叫做 "In Love and War"，港譯「烽火情天」，改編自 Henry S. Villard 和 James Nagel 的傳記體同名小說（Hemingway in Love and War）。男女演員分別是基斯·奧當奴（Chris O'Donnell）和珊迪娜·布洛（Sandra Bullock），可以一看。

上圖為《老人與海》書影和作者戎裝照像。

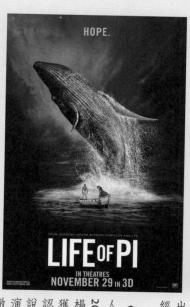

《白鯨記》

赫爾曼‧梅爾維爾的《白鯨記》(Moby-Dick)是我讀比較文學的讀本，於 1851 年發表，描寫一船人在艾哈船長的帶領下，與白鯨無比敵搏鬥的故事，描寫手法細膩別緻，引人入勝。社會學者認為，上古的部落社會和封建獨裁社會可以持續，乃因為當時的人，覺得階級統治是天經地義的事。船長艾哈出於自己的仇恨，帶領一船人出海搏鬥甚至殉難，就算對當代的一些人來說，大概也是天經地義的事。難堪的可能還是唯一的生還者，除了要經過一輪搏鬥之外，劫後餘生所說的親身經歷，還要令人難以置信。

赫爾曼‧梅爾維爾（Herman Melville，1819-1891）是美國小說家、散文家和詩人，擔任過水手和教師。《白鯨記》要到出版後七十年，才獲得社會大眾廣泛的重視，成為世界級的經典作品。上圖為梅爾維爾 1860 年照像。

《少年 Pi 的奇幻漂流》

人與天地搏鬥的題材，最好用來說談命運。華裔導演李安在 2012 年拍了一部「少年 Pi 的奇幻漂流」，改編自加拿大作家楊‧馬泰爾 (Yann Martel) 的同名小說 "Life of pi"。電影幾乎獲得一致好評，其表達的哲理內容也說得雅俗共賞。筆者便認為，那是繼承了自梅爾維爾以來談天人相撲的故事主題和說故事的傳統，並且發揮得愈奇瑰麗。上圖所見是電影上演前所用的其中一張海報，題字為「希望」(Hope)，那徹頭徹尾就是一張《無比敵》的書影。

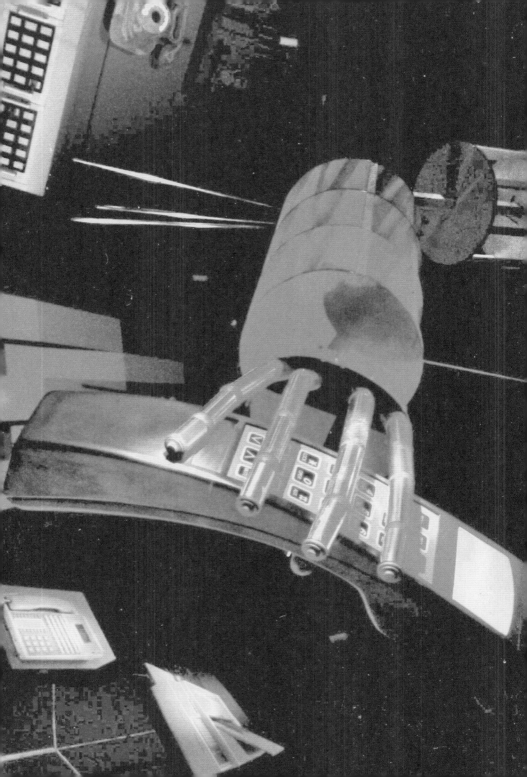

第二部分
科學叢談

part 2
a discourse of science envy in astrological philosophies

筆者攝於1988年，在澳洲布里斯本(Brisbane)舉行的世界博覽會(World Expo 88)，主題是「科技時代的休閒生活」("Leisure in the Age of Technology")。場館展出了憧憬未來的通訊年代產品。

科學不外是成熟的觀點、詮釋的表白、通識的圓滿和細緻的描述。

喬治‧森塔雅納

Science is nothing but developed perception, interpreted intent, common sense rounded out and minutely articulated.

GEORGE SANTAYANA (1863－1952)

也許不久之後所謂黑暗世紀便會被認為包括我們的年代在內。

利希滕貝格
德國物理學家、哲學家

Perhaps in time the so-called Dark Ages will be thought of as including our own.

GEORG CHRISTOPH LICHTENBERG

1/ 真理可會令人迷惑的。要花點工夫才可抓緊。它有時會與直觀抗衡，有時會與根深蒂固的偏見相逆。它未必與我們死心渴望成真的意願呼應。我們的偏好不可以決定甚麼是真理。

2/ 宇宙沒有必要與人類的野心共鳴。

卡爾 · 薩根

1/ The truth may be puzzling. It may take some work to grapple with. It may be counterintuitive. It may contradict deeply held prejudices. It may not be consonant with what we desperately want to be true. But our preferences do not determine what's true.

2/ The Universe is not required to be in perfect harmony with human ambition.

CARL SAGAN

一、不要與科學苦纏

往日，當宗教強而科學弱，人誤以巫術作藥；而今，當科學強而宗教弱，人誤以藥作巫。

湯瑪士 ・ 薩斯
精神病學家

Formerly, when religion was strong and science weak, men mistook magic for medicine; now, when science is strong and religion weak, men mistake medicine for magic.

THOMAS STEPHEN SZASZ. THE SECOND SIN (1973)
"SCIENCE AND SCIENTISM"

「使聖人預知微，能使良醫得早從事，則疾可已，身可活也。人之所病，病疾多；而醫之所病，病道少。故醫有六不治：驕恣不論於理，一不治也；輕身重財，二不治也；衣食不能適，三不治也；陰陽並藏，氣不定，四不治也；形羸不能服藥，五不治也；信巫不信醫，六不治也。有此一者，則重難治也。」

上為司馬遷在《史記》中，記述春秋戰國時期，渤海鄭郡人醫學家扁鵲語。醫書《難經》，相傳即為扁鵲所著，敘述了八十一種病難。

扁鵲姓秦，名越人，有次路經虢國，公子因為血氣運行不暢而「倒斃」了，扁鵲憑診斷，認為公子沒有死，並且將他救活過來，大家便以為扁鵲是神醫，能夠起死回生。扁鵲謙虛地說：「越人非能生死人也，此自當生者，越人能使之起耳。」意思是說，不是我能起死回生，是他根本沒有死，我只不過是能令他康復而已。

術數令人覺得神秘，難以理解，不因為它難學、難懂，而在於術數界生態混濁，煙障太多。業內陋習於誇誇其談，說術數能「趨吉避凶」，幾可「能生死人」矣。從來便沒有人會謙虛地說，術數「非能生死人也，此

自當生者」。扁鵲説的「醫之所病，病道少」，用於描寫術數界的生態，甚至更為適合。

術數在某種程度上或可以助人，但深究一層，其助人的程度，也不外一些雞毛蒜皮之事。試想想，人生的生、老、病、死，有哪部分真的非要算命師參與不可的？朋友添丁臨盆，大多數都是選好醫生，確立好預產期，訂好醫院，才叫你順水幫忙，為產婦擇個好時辰剖產。小孩誕生後，改名本應是長輩的事，是父母的權利，算命師本來便不該插手；舊禮中，有些人會禮聘有學問的人，為孩子改讀書名號，為孩子行開筆禮，這是尊重學識的表現，輪不到算命先生；有些人還會嫌算命師讀書不多，文化水平低下，只懂拿些陰陽五行的皮毛來胡謅。今日要防老，可用緊膚水、護膚水、維生素，由抗老保養維護，到大修整容，方式琳瑯滿目。論病，現代人大致還不會傻到信巫不信醫。

關乎人生的生、老、病、死，人在江湖的算命師，能夠參與的角色，也不外是騎到巨人肩膊上的耍戲猴而已。

學命理最大的收穫，或可以從另外一種觀點與角度去看人生，從而看出一點趣味，進一層次，則或可令人的心境多點調息，處世多點火候，這關乎個人修養範圍，亦僅此而已。

「人之所病，病疾多；而醫之所病，病道少。」

所謂病道少，可解為醫的方法少，不能完滿解決所有疾病，所以遺憾。縱觀醫學史，醫與疾的鬥爭從未間斷，醫學從來都未曾完全征服疾厄，所以，醫學從來便不圓滿，也永遠不斷發展，故歎「病道少」。亦可理解為，醫人者，其敗壞處，在於道德修養的不足，而能夠有「越人非能生死人也」的胸襟者，便更鮮有。

本文前，引述了紐約心理學教授湯馬士・薩斯 (Thomas Stephen Szasz) 所説的話，詬病了現代人對醫藥的誤知、無知，至為貼切。他抨擊

醫家利用現代人對醫藥的誤知和無知而加以剝奪，便更加尖銳。他說：

「如果神權政治是上帝或其祭師的律例，民主政治是人民或大多數人的律例，那麼，醫療政治便是藥物和醫生的律例了。」

"Since theocracy is the rule of God or its priests, and democracy the rule of the people or of the majority, pharmacracy is therefore the rule of medicine or of doctors."

THOMAS STEPHEN SZASZ. CEREMONIAL CHEMISTRY. 1974

湯馬士‧薩斯的學術成就，包括致力於批評現代人經常誤用及濫用心理學理論和藥物，所責怪者，亦在於病道少。

同理，術之所病，亦「病道少」。

說術數迷信，它倒有很多相當確實的智慧內容；說它不迷信，它又的確有很多非常虛妄的糟粕。習術者愈強調其神，摻入的水份和渣滓便愈多。我認識術數，便認為它可以像其他學術，諸如醫學、生物學一樣，透過日積月累的努力學習、整理，而成為有系統、有內部邏輯的一門學問。不過，大部分的習術者，都沉溺於求其玄，喜作仙風道骨。

我說術數有很多確實的智慧成份，而不說它有科學成份，是因為術數界的人，一直都捉錯用神，認為術數可以合乎現代科學，努力地向科學攀龍附鳳幾近個半世紀，至今還是「神女有心，襄王無夢」，愈攀附，便愈徒增科學中人、有識之士的笑柄。

我很難相信一些算命師，求學時期對物理、化學、數理的理解不甚了了，讀書時無甚表現，科甲不全地學了幾年命理之後，竟然可以在媒體裏說，命理風水，既關乎磁場，又關乎氣流動力學，既與天文、水文有染，又與光波、力場牽連，推理草率則不在話下。

英國人類社會學家弗雷澤，寫了一部叫做《金枝》(The Golden Bough: A Study in Magic and Religion) 的著作，記述了他終生研究民俗神話、禁忌和宗教的成果。他總結了前人的說法，認為人類的歷史可以粗分成幾個大

的段落，最早是巫術祭師的年代，然後是宗教主導的世代，近世則以科學作主驅。依弗雷澤及其他社會學先驅的睿智卓見，如果人類的文化是延綿的、演進的，現行的科學世紀，可能會待上千年、二千年，但也始終有一日，會被另一種更進化的文化主流取代。

詹姆斯・喬治・弗雷澤 (James George Fraser 1854-1941)，在劍橋大學之三一學院畢業，並且幾乎終其一生，都在三一學院進行神話和比較宗教學的研究工作，並取得院士、爵士地位。《金枝》至今仍是比較宗教學的經典和先驅。

醫、卜、星、相合稱，而科學與宗教、巫術，都本出一源，這現象，放之於中外的文明古國莫不如是。曾幾何時，活潑伶俐的術數，卻被「龜」行矩步的科學跑贏了這場龜兔競賽。

其墮後的原因有多種。

遠至公元前 460 至 377 年間，被稱崇為西方醫學之父的古希臘醫學家希波克拉底 (Hippocrates)，便擬定出著名的希波克拉底誓詞，是一套有志於醫者的專業道德守則。其中一條如下：

「就算病人的病情明顯，我也不會割除結石，並將此手術交由這門醫藝的執業者或專家執行。」

遠於公元前四百年，希臘人便意識到，知識要細部化，專業技術要分流的重要性，並且不羞於將自己力有不逮的事情，拜託能者。

儘管占星學家時常引說，科學家艾薩克・牛頓 (Isaac Newton, 1643-1727) 身後留下了五十多萬字的煉金術手稿，而與他同期的微積分學家萊布尼茨 (Gottfried Wilhelm Leibniz, 1646-1716)，亦曾興致勃勃的研究過我國的《易經》，但牛頓的萬有引力定律，萊布尼茨的微積分數學，畢竟還是開啟並確立了機械物理科學的新世紀。科學和煉金術（等同術數）自此分流，已經是覆水難收的事，無奈術數家依然是長門詠賦，一如怨婦般望科學而哭哭啼啼。

千百年來，術數都自甘沉浸於濃厚的巫術色彩。當世界都過渡到宗教主義時期，然後是理性主義時期，然後進入現代科學時期，術數基本上仍採取老死不相往來的寡國小民心態。到了近世，各門學術風起雲湧，一則淹沒了術數的光芒，二則將術數視為棄嬰，摒絕於學術的殿堂之外，在自慚形穢的心理狀態下，術數才又努力攀親於科學的門檻。

香樹輝兄送了一本批判術數的書給我，我竟夕看完。

作者書中大量援引卡爾‧巴柏 (Karl Popper) 的理論來批判術數，已是意料中事。我在其他零星的批判術數的書本當中，也經常見作者引用卡爾‧巴柏的理論，可見巴柏好使好用，是對手常用的兵器。

巴柏認為，神諭、宗教、算命這等東西不能夠證偽，所以便不符合現代科學原則。巴柏對神諭、宗教、算命一類活動，這樣立論已屬厚道，但對這類活動「視而不見」，當其「冇到」，則態度明顯。只是主人不急，巴柏的嘮囌和信徒卻熱切於張牙舞爪。作者在書中釘死的幾個術士的言行和著作，內行人都知道全不入流，這樣寫批判書，便好比自行放置幾個稻草人練靶一樣虛妄。類似的輕率雜文，我以前讀梁實秋《舊時月色》中的「風水」、「算命」兩篇，和夏丏尊《平屋雜文》的「命相家」時已經見識過。但那畢竟是近一個世紀前的淺說。

卡爾‧巴柏的觀點，其實不算新穎。遠於四百多年前的英國哲學家弗蘭西斯‧培根 (Francis Bacon, 1561—1626)，即寫過《論預言》(Of Prophecies) 一文，說依他的判斷，預言全部可以不理，並只應當作火爐邊的冬日談。(見《培根文集》「談預言」一節，近有國內翻譯版本，書名譯作《善待人生》，即《培根文集》。)

巴柏檢定科學的準則嚴謹，其理論為近世學者奉為經律。巴柏認為，科學上所做的預測，都是建基於條件限制的，意思是說，在某些設定的、固定的條件底下，每次按一定程式實行出來的結果，必然要每次都一樣，合乎此，這等預測，即合乎科學原則，可以歸屬科學範疇，是為「證實」，這叫做受條件限制的預測 (Conditional Prediction，筆者謔之為真正不折不扣的宿命論)；若然實驗出來，只要有一次的結果不一樣，預測的確實性就要被推翻，並且變成否證 (falsification)，亦即不合乎科學原則，而被拒之

於科學門外。

不符合這種證實的科學形態的事物，最多便只可以稱為無條件設限的，歷史式的預言 (unconditional historical prophecies)。所謂歷史式，指歷史的經歷只會出現一次，縱使事情有雷同的地方，但卻不像科學的、一式一樣的重複，所以事件仍算是獨一無二的、難以科學再生的。

這種立論和量度科學的準則，令科學的會籍從此門禁森嚴，幾乎釘上了「術數與狗，不准入內」的告示。

真不明白術數界為何仍常在園外哭哭啼啼，還不明所以地、誤想地說：斗數盤、八字盤，組合愈多，便愈近乎科學精準。（組合愈多，能一式一樣重複結果的機會便愈小。）

巴柏的科學檢定準則無疑定得太硬太死，用這種工具和標準，似乎便比較適用於較狹的範圍和空間，例如實驗室之類。若將其廣闊使用，除了托勒密的天文學説被「證了偽」之外，相信後來的哥白尼、開普勒、牛頓，以至愛因斯坦，都會因為他們的某些理論和定律被「證偽」，而被逐出科學家的殿堂。

筆者粗讀過巴柏的《開放社會及其敵人》The Open Society and Its Enemies，是他在戰時寫成的著作，於 1945 年出版，他提出的開放社會概念及內容，相對於準則定得太硬太死科學檢定法，可應用的範圍便較廣和較耐用。

科學長久以來，都偏愛物理學，就算是生物學，也曾經長時期不入科學會籍。如果術數要攀附，巴柏所説的歷史式預言反而是近親。歷史式預言用的治學方法，很多時都用上我們常說的歸納法，即從歷史的材料中，找尋出其律動、型式、法則及趨向，經總結後，可望用於預測未來。

其實，術數的近親成員很多，只是礙於識見，習術數者才長期處於敵我不分，盲目拉攏的困境。

對中國道家文化情有獨鍾的英國科學歷史學者李約瑟 (註一) 便說過：

「我們畢竟已慣於耳鼻各司其職，而不會用鼻嗅聲，用耳聽氣味。同樣，當我們處於科學方法的封閉圈中，我們當然把宇宙想像成機械的，但當我們在另一些圈內時，就當然要採用另外一些觀點……」

節選自《李約瑟文錄》「唯心主義者對科學的回應」

海量汪涵的科學家學者，根本便不介意科學與其他學科分道揚鑣，各擅勝長，並且在兩者之間翱翔遊玩。那些死心塌地地把科學視為當世唯一真理的信仰者，大概便難以明白，何以像愛因斯坦 (Albert Einstein)、菲杰弗 ‧ 卡帕 (Fritjof Capra) 等帶領世界尖端的物理學家，會有興趣閱讀五千多年前，古印度的宗教及唯心主義詩篇《博伽梵歌》，並且生起無名的景仰和讚嘆。

在 1985 年 10 月 21 日的一次訪談錄中，卡帕提到：

「我在巴黎大學開始我的粒子物理理論研究生涯時，對東方哲學產生了興趣。當時在巴黎，我讀了《博伽梵歌》。它是我所讀到的第一本東方著作。能從《博伽梵歌》讀起，我感覺很好。這真是一本絕美的東方哲學思想概述。」

筆者也難以明白，何以術數界對自己的學科如此缺乏自信，除了苦纏現代科學殿堂之外，連被稱為偽科學也耿耿於懷。

天文學者席澤宗先生在何丙郁著的《中國科技史論集》序中，提到了偽科學的問題時說：

「偽科學 (Pseudo Science) 一詞，本無褒貶之意，與此類似的詞語有筆名 (Pseudonym)，擬古主義 (Pseudo Classicism) 等，只是說它的想法與做法與現代科學知識不相容。」

何丙郁先生在《中國科技史論集》中有「算命是一門科學麼」一篇，提到中國命學的源流，他說：

「……大約到漢代，儒家們有談及所謂之命說。漢代的緯書〈孝經援神契〉等書說，一種是出生時候天賦的『正命』，又稱『大命』、『壽命』、

『受命』；一種是可能受個人行為因素所影響的『隨命』，一種是天災、人禍所致的『遭命』。算命術所能算出的，說是只限於三命中之一的『正命』。」

術數可攀附的近親還有心理學。1911 年，榮格 (Carl Jung) 寫信給導師佛洛伊德 (Sigmund Freud)，說自己醉心於占星學，並且認為，那是理解神話學的必修科目。

後來，榮格與佛洛伊德兩師徒在學術上意見分歧，各走各路地距離愈遠，終至決裂。在未決裂前的持續通信中，我們看到佛洛伊德曾經警告榮格不要離開科學的認可範圍而走遠，但畢竟，榮格還是堅持己見，並且成了一家之言，這便是現代西方學者能橫眉冷對千夫指，能對學術忠誠 (Intellectual Honesty) 的傳統體現。

榮格甚至不怕對人說，他有時對某些病人的個案，會用占星圖去閱讀和理解，可能更見其效。我閱他編著的《人類及其象徵》(Man and his Symbols，新版簡名為《人及其象徵》)。後面的章節「卜卦的夢」(舊版或譯作「神諭的夢」)，內容便有很多源出於《易經》的演繹。

正如譯者龔卓軍在譯序上介紹，「榮格要告訴我們的道理很簡單：心靈生活愈豐富、象徵生活愈寬闊的人，愈有能力熱愛自己的命運。」善術數者何嘗不然。

如果術數不對科學的會籍耿耿於懷，要找雖不同道但不相悖的朋友仍然很多，幾乎全部屬於人文範疇的學科都可以交流。我們不會經常聽到歷史學家、人類學家、心理學家、社會學家強調他們的學科有科學特性。充其量，他們只取科學態度這種份屬主流的普世價值態度來治學而已，原因是，各學科都能夠有體系地建構出本門學術的內部邏輯，並且對自己的學術成就感到體面、光榮和自信。

像愛因斯坦、卡爾‧薩根這些科學巨人，他們都曾經越境跨界地談社會、政治、宗教，但都懂得取徑於人文學科，懂得「一國兩制」的遊戲規則，不會以科學本位論，粗暴地干預別家學科的內政。

航天科學家，卡爾‧薩根終其一生都是無神主義者，但卻不阻他對宗

教的理解和欣賞。他 1985 年寫成的小說《接觸》(Contact)，於 1997 年由羅拔 · 薩默其斯 (Robert Zemeckis) 執導，由祖迪 · 科斯打 (Jodie Foster) 演出女科學家 Ellie 的角色，說的竟是一名科學家百分百的宗教式個人經驗。電影在香港上畫時譯作「超時空接觸」，長達三個小時，筆者經常推薦朋友觀看。

以下所談，即關乎兩種文化和科學革命。

英國的 C.P. 斯諾 (Charles Percy Snow, 1905-1980) 是分子物理學家，也是小說家。他在 50 年代末，在劍橋大學裏發表了題為「兩種文化和科學革命」的演說，認為在我們這個時代，實際存在著兩種各走極端的文化，一極是人文知識分子代表的人文文化，另一極則是科學家所代表的科學文化，這兩者之間，有很深的鴻溝，很難溝通，特別是在青年人當中，有時兩者幾至於互相敵視和厭惡的地步。他們荒謬地歪曲對方的形象，在情感方面也很難找到共同的基礎。這種分裂和對立，對整個社會來說，是一種很大的損失。(註二)

這位封爵的英國劍橋學人，一生致力於彌縫人文文化和科學文化之間的鴻溝。他認為我們的教育質素每況愈下，譬如說，唸科學的人，便從不會讀狄更斯 (Charles Dickens，英國大文豪、小說家) 的作品；同樣地，搞藝術的天才，便不知科學為何物。斯諾要拉近人文文化和科學文化之間的距離，不是叫人把兩者用繩索綑綁，牽強地拉上姻親關係，而是鼓勵科際之間的認識，從而不相隔膜，不會老死不相往來。兩種文化之間能夠互相諒解，社會的發展才會健康。

術數文化和科學文化之間的相處之道，何嘗不可以套用同樣的態度去處理。

考驗一流的天才是看腦袋內能否同時持有兩種相悖的意念，而依然保持運作能力。

F· 史考特 · 費茲傑羅

The test of a first-rate intelligence is the ability to hold two opposed ideas in the mind at the same time, and still retain the ability to function.

F. Scott Fitzgerald (1896 - 1940)
"The Crack-Up" (1936)

　　李約瑟 (Joseph Needham) 在「人及其境遇」一篇文章中，提到文化與文化之間的不相容，引用了三十年代德國的世界史歷史學家，施賓格勒 (Oswald Spengler) 的觀點。據施賓格勒觀察，不同文化產生的科學就像獨立的、不相容的藝術品，只在它們自己的參照構架內有效，不可納入一個單獨的歷史和一個單獨的不斷在發展的結搆。(見李約瑟，1970 年撰的「認識的型範」)

　　科學文化對術數文化長期不信任，也輕易佔據了詮釋真理的專利權，難怪術數文化是如此卑微的攀附。不過，真理並不是因人的意願而傾斜的，卡爾 · 薩根 (Carl Sagan) 曾就追求真理的高貴情操，提出了精闢見解：

　　「真理可會令人迷惑的，要花點工夫去抓緊。它有時會與直觀抗衡，有時會與根深蒂固的偏見相逆。它未必與我們死心渴望成真的意願呼應。我們的偏好不可以決定甚麼是真理。但我們有方法，而這方法能協助我們走近的，並非絕對真理，而只是漸近的真理 —— 永不能達，只能漸近又漸近，當中又會找到廣闊如新海域般的，從未發現過的可能性。以智慧設計出來的實驗是其關鍵。」

　　"The truth may be puzzling. It may take some work to grapple with. It may be counterintuitive. It may contradict deeply held prejudices. It may not be consonant with what we desperately want to be true. But our preferences do not determine what's true. We have a method, and that method helps us to reach not absolute truth, only asymptotic approaches to the truth — never there, just closer and closer, always finding vast new oceans of undiscovered possibilities. Cleverly designed experiments are the key."

WONDER AND SKEPTICISM
BY CARL SAGAN
FROM SKEPTICAL ENQUIRER
VOLUME 19, ISSUE 1, JANUARY-FEBRUARY 1995

　　術數能否維持長遠及可持續發展，關鍵便是術數界所做的實驗，有多

少是以智慧設計出來的，而不是胡亂地扯著科學的裙腳來意圖增榮，更不是借科學之名而胡謅的。在「人及其境遇」同一篇文章中，李若瑟提到文化上的各不相容和互相侵犯，實際上是由各自為主的立場和偏見衍生。當中提到了基督教思想和中國傳統文化的格格不入。

「……與此密切有關的是原罪思想在中國是左道邪說 —— 就在那個文化中可稱做異端的一切而言 —— 這在西方往往是體會不到的。在中國貝拉基 (Pelagius)(註三) 是正統的，奧古斯丁 (Augustine)(註四) 是錯的。這是非常重要的一點，因為原罪思想經許多神學家解釋說明，幾個世紀來已成為建設社會主義所必需的樂觀評價的大障礙……」

節自《李約瑟文錄》，「人及其境遇」，瞿麗珍譯

習術者經歷巫術時代、宗教時代、理性主義時期，直到近世的科學紀，都不曾努力嘗試撇下神秘的面紗；它致力於預言能力，然後又說反對宿命，兩力背道而馳，學理矛盾，在事情未見端倪之前，又說可以影響自然運作，趨吉避凶之類，行為上固然與古老巫術難以驟然分辨，同時亦莽闖莽撞了宗教包攬神蹟專利的禁區。

術數界的生態混濁，缺乏組織能力，缺少業內的管理和規範意識，面對組織嚴密、管理能力特強的西方宗教文化，術數在人類歷史的洪流中，注定要長期處於邊緣及捱打狀態。

註釋：
註一：
李約瑟 (英文名約瑟夫 ‧ 泰倫斯 ‧ 蒙哥馬里 ‧ 尼達姆，Joseph Terence Montgomery Needham, 1900-1995)，英國近代生物化學家和科學技術史專家。
註二：
斯諾原文
"A good many times I have been present at gatherings of people who, by the standards of the traditional culture, are thought highly educated and who have with considerable gusto been expressing their incredulity at the illiteracy of scientists. Once or twice I have been provoked and have

asked the company how many of them could describe the Second Law of Thermodynamics. The response was cold: it was also negative. Yet I was asking something which is about the scientific equivalent of: 'Have you read a work of Shakespeare's?'

I now believe that if I had asked an even simpler question -- such as, What do you mean by mass, or acceleration, which is the scientific equivalent of saying, 'Can you read?' -- not more than one in ten of the highly educated would have felt that I was speaking the same language. So the great edifice of modern physics goes up, and the majority of the cleverest people in the western world have about as much insight into it as their neolithic ancestors would have had."

註三：

貝拉基，或譯作柏拉糾 (Pelagius)，公元 354 至 420 或 440 年間英國苦行僧人，與奧古斯丁同期，因否定了人因亞當而帶有原罪說，被羅馬教廷定為異端邪說。但貝拉基由於行為高潔，故仍能享清譽，後世並稱其反原罪論為柏拉糾主義。

註四：

奧古斯丁 (Saint Augustine)，公元 354 至 430 年間人，生於非洲而在羅馬受教育和受洗，是羅馬天主教理論家，是基督教歷史中的基石人物，是封聖的宗教行者，所著的《懺情錄》(The Confessions)，流傳至今，仍為廣受閱讀的宗教典籍。

生命力

李奧納多・達文西 (Leonardo di ser Piero da Vinci, 公元 1452-1519)，文藝復興時期意大利天才人物，同時是建築師、解剖學者、雕刻家、工程師、發明家、數學家、音樂家和畫家。博學多才的人為 Renaissance Man，即源於此。圖為達文西所繪，《胎兒習作》(Studies of Embryos)。達文西這一系列解剖圖，至今仍為一些醫學院參考。

宗教情懷

瑰麗奇特的宇宙穹蒼，激發人類對大自然的奧秘及真理作無止境的追求。薩根說，我們永遠觸不及真理，但卻可以不斷的向真理靠近，這種近乎慕道者的宗教情懷，便是一種超凡識見。圖為哈伯望遠鏡於 2005 年 4 月拍攝的蟹狀星雲 (crab nebula) 照片，將人類與遙遠的大自然奧秘，拉近距離。

中夜冥思

美國耶魯大學醫學院院長路易司．湯瑪斯（Lewis Thomas）於 1983 年出版的文集，是筆者愛讀的，科學與人文學科穿梭交織的雜文集。有台譯中文版本，名《中夜冥思——聆馬勒第九交響曲》。

榮格

瑞士心理學家榮格（Carl Gustav Jung, 1875-1961），攝於 1910 年的著色照片。榮格曾師從佛洛伊德，兩人的書信來往，顯示榮格因學術上愈來愈多神秘主義傾向，致令老師不滿而終致決裂。榮格認為近世過於依賴科學和邏輯，以至令人的心理狀態失衡。榮格的學術，既涉宗教、神話，又熱中於東方哲學，兼及文學、藝術，又用占星學，所以西方學術界多以佛洛伊德為心理學主流，而將榮格編入人文學科。

二、術數敵友不分

不問理由而接受是西方宗教的基本特性，不問理由而否定是西方科學的特性。

加里 · 索加夫

Acceptance without proof is the fundamental characteristic of Western religion, rejection without proof is the fundamental characteristic of Western science.

GARY ZUKAV. "THE DANCING WU LI MASTERS"

最著力排斥術數的，是西方文化賴以發展的耶教，而不是後來以理性主義建基的科學。現行世上，幾乎所有宗教都保有原教主義的成份，唯耶教結核結得最為堅實（註一）。耶教在歷史上得勢的時期曾經是左右開弓的，即既排斥術數，又迫害科學，過程幾近整個千禧年，至近旬始和科學媾和，締結了政治婚姻。

術數缺乏組織，體制羸弱，所以難被列為統戰對象，乃處於敵我矛盾的方位。

基督教的護法、思想家奧古斯丁 (Aurelius Augustinus, 354-430) 堅決認為：「任何一種迷信或巫術，不管是黑色還是白色，都與惡魔聯繫和默契。」（節自沃夫剛 · 貝林格，Wolfgang Behringer 著《巫師與巫術，神秘的巫術與巫師搜捕》，Witches and Witch-Hunts: A Global History）

基於這個定調，歐洲自十三世紀，在政教合一的體制下，成立了宗教裁判所，（或稱異端裁判所，Inquisition，拉丁文：Inquisitio Haereticae Pravitatis Sanctum Officium），進行了前後連綿近十個世紀的「反異端」、「反巫」、「獵巫」的迫害行為，受害者廣及科學家、真假巫師、無辜平民，甚至教內的聖女貞德，為人類社會帶來近千年的痛苦，直至 2000 千禧年元旦，上屆的教宗保祿才為此等行為而向世人謝罪。

奧古斯丁認為：「凡是使用占卜、抽籤等巫術的符號和工具的非常力量都來自惡魔。」其信念理據，當溯源於《舊約聖經》中的《申命記》(Deuteronomy)，源於希伯來書第五部，這書後來成為《舊約聖經》的重要部分。申命的意思是對希伯來子民耳提面命的重申一次家門規矩，在信仰方面，不可做出牆紅杏的事，第十三章有這樣的提點：

"13-1 你們中間若有先知，或是作夢的起來，向你顯個神蹟奇事 13-2 對你說，我們去隨從你素來所不認識的別神，事奉他罷，他所顯的神蹟奇事，雖有應驗，13-3 你也不可聽那先知，或是那作夢之人的話，因為這是耶和華你們的神試驗你們，要知道你們是盡心、盡性、愛耶和華你們的神不是。"

另第十八章節中，有更多的教誨。

"18-9 你到了耶和華你神所賜之地，那些國民所行可憎惡的事，你不可學著行 18-10 你們中間不可有人使兒女經火，也不可有占卜的、觀兆的、用法術的、行邪術的，18-11 用迷術的，交鬼的，行巫術的，過陰的 18-12 凡行這些事的，都為耶和華所憎惡，因那些國民行這可憎惡的事，所以耶和華你的神將他們從你面前趕出。……

18-20 若有先知擅敢託我的名，說我所未曾吩咐他說的話，或是奉別神的名說話，那先知就必治死。"

以上章節，皆引自中文和合本《聖經》

《申命記》的寫作背景為公元前的舊約年代，是摩西五書之一 (註二)，是上帝透過摩西與以色列人訂立的建國基本法。其中最重要的戒規是不可以拜其他的神，因為只有耶和華才是真神，其他的都是假鬼。為了要區別出忠誠的身分，並且規劃出聖潔的生活模式，以色列人不得有其他異邦人的生活模式。

《申命記》是典型的神權管治憲法和律例。

上引第十八章二十節即提到，如果有誰膽敢扮先知，不管他是以上帝

的名義，還是奉別的神的名義，那耶和華必然治死他們。類似的狠話，如用石頭打死、用刀殺盡等，在《申命記》中的其他章節中俯拾即是，可見律令之嚴。

不過，在《舊約聖經》中，也出現過以賽亞、耶利米、以西結、但以理這些先知的書，還有十二小先知書（註三）。所以，耶教其實只容許在自己系統核准範圍內的先知執業，是專利事業。《申命記》還提到某些群眾擔心不知怎樣分辨真假先知，《申命記》第十八章二十二節答：「先知託耶和華的名說話，所說的若不成就，也無效驗，這就是耶和華所未曾吩咐的，是那先知擅自說的，你不要怕他。」

至於舊約中的四大十二小先知書，相信都是經過適當的釋法或司法覆核程序確定的了。

《申命記》中還有一些「惡法」，除了用石打死、用刀殺盡之外，還有「以命償命，以眼還眼，以牙還牙，以手還手，以腳還腳」一類（見於十九章廿一節），不過，經過人類幾千年的人道主義及法治精神的優良發展，很多已因不合時宜而廢止。唯有先知的專利權，則有如瘦耕的田地，無條件的得以連年續約。

其實，另起爐灶的先知行為，在人類歷史上便從來沒有停止過。譬如說，政局發展的預測、天氣預測、天災預測、經濟股市預測、心理及行為預測等，都以學術的名義進行。分別的是，耶教的先知不會有錯，學術的預測則承認有條件局限，並且接受誤差經驗作為改進的根基。

術數誤踏了宗教禁忌的地雷，皆因不圖學術正軌。術數的幼稚心態在於料事如神，常以活仙、半仙自居。站在這個耶教文化和科學文明媾和的世紀，體質羸弱的術數界，無疑是自找麻煩，處境也如豬八戒照鏡，裏外不是人。

註釋

註一：因信稱義

因信稱義 (The Doctrine of Salvation by Faith Alone) 是基督教基要派中的重要信仰基石之一。

基要派亦稱原教旨主義，或稱基要主義，其信仰核心包括：

1. 《聖經》絕對無誤 (Inerrancy of the Bible)。

2. 耶穌是由童貞女所生，並且具有神性 (The Virgin birth and deity of Jesus Christ)。

3. 只要信，便可以得救，亦即「因信稱義」(The Doctrine of Salvation by Faith Alone)。

4. 相信耶穌基督肉身復活 (The Bodily Resurrection of Jesus Christ)。

5. 相信耶穌基督會再臨 (The Bodily Second Coming of Jesus Christ)。

因信稱義的信念，在《新約聖經》中經常提及，最常引用的來自《羅馬書》第三章，第 24 至 26 節，第廿八章 31 節等。部分引錄如下：

「3:28 所以我們看定了，人稱義是因著信，不在乎遵行律法。」

「3:24 如今卻蒙神的恩典，因基督耶穌的救贖，就白白的稱義。」

「3:25 神設立耶穌作挽回祭，是憑著耶穌的血，藉著人的信，要顯明神的義。因為他用忍耐的心，寬容人先時所犯的罪。」

「3:26 好在今時顯明他的義，使人知道他自己為義，也稱信耶穌的人為義。」

「3:31 這樣，我們因信廢了律法麼，斷乎不是，更是堅固律法。」

因信稱義其實也是大部分其他宗教的信仰行為，即是先登記入會以示誠意，再談認識的深淺；亦即先上車，後補票。基督教的「稱義」即專指只要信，便即時得救。

註二：摩西五書

摩西五書即《創世紀》、《出埃及記》、《利末記》、《民數記》和《申命記》。

註三：十二小先知書

十二小先知書計有 1.《何西亞書》、2.《約珥書》、3.《阿摩司書》、4.《俄巴底亞書》、5.《約拿書》、6.《彌迦書》、7.《那鴻書》、8.《哈巴谷書》、9.《西雅書》、10.《哈該書》、11.《撒迦利亞書》和 12.《瑪拉基書》。

奧古斯丁認為，一切預言術都是邪魔外道，原文如下：

「因此，虔誠基督徒必須避開占星者及一切邪道預言者，尤其是當他們所說成真，以防他的靈魂因與邪魔媾合及糾纏於此等關係中而被導入歧途。」

原拉丁文及英文翻譯如下。

拉丁文

Quapropter bono christiano, sive mathematici, sive quilibet impie divinantium, maxime dicentes vera, cavendi sunt, ne consortio daemoniorum animam deceptam, pacto quodam societatis irretiant.

英譯

Hence, a devout Christian must avoid astrologers and all impious soothsayers, especially when they tell the truth, for fear of leading his soul into error by consorting with demons and entangling himself with the bonds of such association.

MODERN TRANSLATION BY
J.H. TAYLOR IN ANCIENT CHRISTIAN WRITERS (1982)

奧古斯丁

十九世紀法國畫家 Ary Scheffer 繪，奧古斯丁及其母親莫尼加像，Saint Augustin et Sainte Monique。母親是極力促使奧古斯丁信奉天主教的人。

三、術數只是鉛錫玩具兵

經濟預測的唯一功能是令占星學看得體面。

約翰 · 加爾布雷斯
加拿大裔美國經濟學家

The only function of economic forecasting is to make astrology look respectable.

JOHN KENNETH GALBRAITH (1908 - 2006)

我讀過一些新一輩的算命師寫的術數書，經常讀到他們責怪一些常上電視，倚靠電子媒體宣傳自己的算命師，説他們學淺，是庸師，誤人子弟，害人全家，相信都言重了。

我在香港傳媒中工作了近廿年，明白香港傳媒工作者的工作方式及所處的生態環境。我深知，相信很多人也明白，經常上電台、電視、報章、雜誌曝光的人，大多數情況底下，都不是行頭中最優秀的人（當然也不一定是最劣的），演員如是、歌手如是、作家如是、廚師如是、企業家如是、經濟分析員如是、學者如是。看不過眼的人，倒應該慶幸，自己可能屬於那少數優秀而真人不露相的一群。

社會的優質文化支撐力不足，媒介載體過盛和過剩，是二十世紀末以來的城市現象。媒介每日二十四小時的運作，工作者每秒鐘都要在線上生產，並且要面對市場主導的壓力，取材便不得不用流水作業的形式處理。約嘉賓做專題、做訪問，有時（其實很多時）還要考慮很多的邊際因素，包括被邀請者是否「年青貌美」、形象鮮嫩、言辭流暢兼鬼馬、有觀眾緣之類，當中還包括誰最能合作、能即時答允撥出時間，讓流程緊湊的製作人，可以即時順利生產出節目等，當中牽涉的，便又多了一層公關因素。

美國普普藝術家安地 · 華荷在 68 年一個瑞典畫展的場刊中説：「將來每人都會有十五分鐘的知名度。」到了 79 年，媒體在全世界都發展過盛，他在一個公眾場合説他已經厭倦了自己的名句，並且修訂了説法為：「十五分鐘內人人都可以知名。」

It's the place where my prediction from the sixties finally came true: "In the future everyone will be famous for fifteen minutes." I'm bored with that line. I never use it anymore. My new line is, "In fifteen minutes everybody will be famous."

ANDY WARHOL (1928 - 1987), AMERICAN ARTIST

我們大概可以將安地 · 華荷的名句轉套為：

「將來每個術數師都會有十五分鐘的知名度」，或者
「十五分鐘內個個術數師都可以知名」，又或者
「十五分鐘內人人都可以做術數師」

有甚麼人民，便有甚麼總統；同樣道理，有甚麼群眾，便有甚麼媒介內容，因為媒介工作者，無一不是曾經浸淫在群眾之中，並且都在大圍的社會教育制度下長大，然後才「拔尖」上調到媒體去的。一個地方的文化水平如何，可以從當地的媒體內容，鉅細無遺的反映出來。我至今仍然相信自己從旅遊得來的觀察，即某地的電視節目愈「悶」（香港標準而言），該地人民的文化水平普遍也愈高。以前去一轉倫敦，去一轉北京，我都有這樣的感覺和體驗。

術數大師對術數這門學問，又要守秘，又要擇賢而傳，又要天機不可洩漏，學術的通識從來便不普及，術界也從來沒有努力去將術數普及成水準較高的通識，面對傳播事業發達，資訊盛載量特大的今日媒體，製作人除了找你口中說的庸師之外，難道還要希望媒體製作人，每日三顧草廬的尋找那幾位「隱世高人」？況且每個算命師寫書，不論老嫩，都說別人是庸師，自己才是真訣的傳人，對於媒介製作人來說，這世界哪裏還會有庸師？

美國早一代的電台人、幽默家，筆者的老行尊佛烈特 · 亞倫在電台節目中挪揄電視節目膚淺，用了吃牛扒的食儀，幽了電視一默，他說：

「電視是一項新中介（即媒介）。它叫中介乃因它全煮不熟。」
"Television is a new medium. It's called a medium because nothing is well-done."

FRED ALLEN (1894 - 1956)
ON THE RADIO PROGRAM THE BIG SHOW
DEC. 17. 1950

佛烈特 • 亞倫的精句頗多，有些或許不能確實其出處，其中一句如下：

「模仿（贋品）是電視最忠誠的（表現）形式。」
"Imitation is the sincerest form of television."
「名人即一個人窮畢生精力求知名，然後戴墨鏡去避免別人認出。」
"A celebrity is a person who works hard all his life to become well known, then wears dark glasses to avoid being recognized."

那些少上電視的算命師，除了要安慰自己真的學術精湛並且真人不露相之外，大概仍要整理一下 mindset。我看術數不論正用還是誤用，還不致於「害人不淺」。人世間害人不淺的東西，輪也輪不到術數來排榜首。

我最近因為個人興趣，常搜集有關第二次世界大戰時期，美國開發核武器計劃的「曼哈頓項目」(Manhattan Project)的資料，可以拿來對比一下，不同的科目，治學的態度何以截然不同。

美國在第二次世界大戰後期，著力於核武器發展，計劃稱為「曼哈頓項目」，以打擊軸心國，參與研究發展的，皆為當代頂尖的物理學家。在接近試驗成功的階段，參與計劃工作的物理學家如羅伯特 • 奧本海默 (J.Robert Oppenheimer)、愛因斯坦 (Albert Einstein) 及其團隊成員，都意識到核武器的殺傷力會過於巨大，在發展的過程中，大家都經常處於心靈煎熬的狀態。最後，第一顆原子彈還是在 1945 年 7 月 16 日試爆成功。

1945 年 8 月 6 日，美國向日本廣島投擲了第一顆原子彈「小男孩」(Little Boy)，即時殺掉七萬人，受幅射影響而死的，延綿到 1999 年計數，達到二十萬人。第二顆炸長崎的叫「肥仔」(Fat Boy)，即時殺掉四萬人，受其生害的亦以數萬計。這些歷史事實，當不需再多描述。

原子彈殺人，已是人類歷史上不可逆轉的大悲劇。不過，凡事看看光明面，奧本海默領導的「曼哈頓項目」，參與的物理學家和技術人員，最高峰時愈十萬人之譜。後來，部分科學家發起了美國科學家聯合會 (The Federation of American Scientists, 簡稱 FAS)，致力於發展有益人類的科學工作，支持者、參與者，即包括了凡七十多位諾貝爾得獎人。

術數害人，相對於「小孩」和「肥仔」，固然望塵莫及；但說到對人類的建設性貢獻，也確乎微不足道。責怪庸師者，除了是眼紅或者偏執狂 (Paranoid)，妒忌別人出位兼且賺得盤滿缽滿之外，我看不出有何理由，要這麼義正詞嚴的對「庸師」口誅筆伐，而自己卻不跳舞。

戰後，西方一些前衛的知識分子開始憂慮科學會被人類誤用，對人類構成重大的殺傷威脅，又懷疑科學研究已偏離學術獨立的正軌，容易被有勢力的利益集團操縱，於是展開了反科學思潮。美國黑色幽默小說家庫爾特 · 馮內古特 (Kurt Vonnegut, Jr.) 便曾經這樣借星相學和手相學的軟掌，掌摑了被人類誤用的現代科學。

他說：

「如果政府將用於科學的金錢用於占星學和手相學，我們會安全得多。……只有迷信才有希望，如果你要成為文明的朋友，你要先成為真理的敵人，並要熱愛無傷大雅的連篇廢話。」

"We would be a lot safer if the Government would take its money out of science and put it into astrology and the reading of palms. Only in superstition is there hope. If you want to become a friend of civilization, then become an enemy of the truth and a fanatic for harmless balderdash."

KURT VONNEGUT JR.
"WHEN I WAS TWENTY-ONE."
WAMPETERS, FOMA AND GRANFALLONS (1974)

庫爾特 · 馮內古特是 Beatnik 一代的黑色幽默小說家。在五、六十年代，世界大戰剛過，大家經歷過驚天駭地的核爆，而美國經過珍珠港戰役之後，開始了全球征戰的新國策，繼韓戰之後，六十年代又開始打越戰。庫爾特 · 馮內古特的作品和言論，反映了當時盛行的反科學思潮、反戰思

潮，以及反建制思潮，認為科學和建制的失誤，危害社會便遠比占星術和手相學為大。

他說：

「關於占星術與手相學；它們都好，因為能令人活潑並且充滿可能性。他們最能夠表現出共產主義精神。因為每個人都有一個生日，並且幾乎所有人都有一隻手掌。」

"About astrology and palmistry: they are good because they make people vivid and full of possibilities. They are communism at its best. Everybody has a birthday and almost everybody has a palm. "

KURT VONNEGUT JR.
"WHEN I WAS TWENTY-ONE."
WAMPETERS, FOMA AND GRANFALLONS (1974)

庫爾特 · 馮內古特正言若反，借占星術與手相學指桑罵槐，並非抬舉占星術或手相學，相反，是將占星術和手相學這一類標籤為迷信的東西矮化，喻為無傷大雅。亦即如培根所說的，所謂預言，充其量只是爐邊閒話的好題材。

說對術數矮化，其實也無甚麼不公道之處。如果說術數害人，倒不如說是社會人士的質素低落害人。像庫爾特 · 馮內古特居住的美國，類似吉卜賽式的占星，心靈感應等卜算活動，在西岸、夏威夷一帶也相當活躍，但卻少有像我們社會那樣，過於強調擔心會有人借術數作惡。行術數者，個人主義味道較濃，少有組織和集體行為，不會成為「有組織的黑社會」，要數排行榜，掛宗教旗號的邪教，反而是社會的大大問題。

術數「前不巴村，後不著店」，關鍵在於大家如何認識術數，如何使用術數，「消費」術數，當中又關乎「消費者」的態度與及消費行為是否成熟。人民知識不足，質素低落，是弄虛作假的根源。千禧年的時候，有人當街兜售高價的千年蟲解藥，一樣有人上當。所以，行騙要借題發揮，甚麼題目都可以，只是術數最易給人順手牽羊。

我在書刊、雜誌、網上看過很多以科學立場批判術數的文章和論著，

他們的科學觀點、理論，我全部看得懂，看得明白，也沒有甚麼同意或不同意，因為他們對術數的認識，從文字中所見，全屬皮毛，不外是將一籃子被標籤為迷信的東西和項目，以集體坑屠的方式處理，既無任何細部剖析，也無真正的內行識見，行為便猶如向稻草人射靶，箭箭打中紅心，也不外滿足了本科的學術單邊主義，讓自我感覺良好而已。

術數既無組織性的活動行為，業者多個人發展，縱使個別術師行為並不高尚，但總比「一樓一鳳」等涉及有組織性的地下活動單純，大力打，便浪費彈藥，倒不如做好理性教育，使人能獨立思考，面對願者上釣的術數，便沒有「迫良為娼」的事。

如果你夠長命，有關個人尊嚴的品質因數蠕進了；首先，你會因從未做過的事而被責，後來，又會因從未有過的德行而受稱頌。

依薛多 · 費因斯坦 · 史東
美國調查報導新聞工作者

If you live long enough, the venerability factor creeps in; first, you get accused of things you never did, and later, credited for virtues you never had.

ISIDOR FEINSTEIN STONE (1907 - 1989)
AMERICAN INVESTIGATIVE JOURNALIST

術數是一門不完美的學科，作繭自斃源於設題的野心太大，又要解釋世界，又要洞悉未來，既要料事如神，又要反對宿命，令學理邏輯陷入即時矛盾；又說術數可以「趨吉避凶」，並試圖干預自然規律，但效果又成疑，又不恆一。治學的人，又未必有能力或恆心去梳理好一些逾期的學理矛盾，造成了左手打右手，右腳絆左腳，前言不對後語的說詞，但又結結巴巴的，妄想與其他學術強手或攀附、或抗辯，難怪腹背受敵，被打成裏外不是人的八怪相。

像庫爾特 · 馮內古特或者培根那樣將術數看成是「前不巴村，後不著店」的文娛康樂項目，已是對術數相當厚道的學人行為了。造成術數自絕於受人尊崇的學術世界，責任大部分來自術數界本身。

鉛錫玩具兵歌詞摘錄
One Tin Soldier (excerpt)
by Dennis Lambert & Brian Potter

Now they stood beside the treasure,
On the mountain, dark and red.
Turned the stone and looked beneath it...
"Peace on Earth" was all it said.

Go ahead and hate your neighbor,
Go ahead and cheat a friend.
Do it in the name of Heaven,
You can justify it in the end.
There won't be any trumpets blowing
Come the judgement day,
On the bloody morning after...
One tin soldier rides away.

多的山門，術故吹噓，而一些像樣一點的勸世文大概也欠奉。術數界基本上就是沒有糾察的三不管地域。

就算有都好細兜

香港在七十年代末也興起唱這首鉛錫玩具兵的歌。許冠傑、陳秋霞在 1977 年合唱過原英文版。網友記錄中還有露雲娜 (Rowena Cortes) 和賈思樂 (Louie Castro) 於 1978 年在無線電視的節目中演唱。不過，最 Q 的還要數以下兩個版本。

老朋友盧國沾兄填了中文歌詞，叫做「飲杯飲杯飲杯勝」，由薰妮和馮偉棠唱出，部分歌詞如下：

「命裏注定難以強求，我都知你暗傷憂，共妳以後難再碰頭，伴侶到底分了手。」

圈中的不文口痕友（不記得是否不文霑兄）把下面兩句改了，變成：

「命裏注定難以強求，我都知你暗傷憂，話你有又唔似有，就算有都好細兜。」

One Tin Soldier

由網友放到網上的「納粹」玩具兵圖。「納粹」是侵略者，玩具兵則只是「兒戲」，毫無殺傷力。

鉛錫玩具兵

One Tin Soldier 是七十年代流行一時的反戰歌曲，由 Dennis Lambert 和 Brian Potter 於六十年代末期寫成，原唱者為加拿大樂隊 The Original Caste，於 1969 年灌錄，於 1971 年由樂隊 Coven 重灌並成為電影 Billy Jack 主題曲，1972 年又由美國鄉村女歌手 Skeeter Davis 重錄風行。另外夫妻檔的 Sonny & Cher，反戰女神 Joan Baez 等歌手都唱。One Tin Soldier 變成了反戰歌曲的聖頌。

歌曲的故事說和平的山上人傳說藏有瑰寶，好戰的山谷人要來掠奪，流血過後，山上人全被屠殺，山谷人把藏洞打開，只見到「世界和平」(Peace on Earth) 幾個大字。

故事的題旨曖昧，處境荒謬，但在反戰的六、七十年代，也的確很能打動人心。喜歡研讀歌詞的讀者也許會問幾條問題：

1/ 既然傳聞中的寶藏只是「世界和平」幾隻字，為甚麼不早響，早傳？

2/ 為甚麼傳說中寶貴的東西，永遠都只是金銀珠寶？

3/ 歌詞中的 One Tin Soldier 指的是甚麼人？兩幫人在廝殺前後，執法者閃到哪裏去了 (One tin soldier rides away)？

山頭林立

術數山頭林立，家家都聲稱傳承了絕世之秘，有多少是堅的？多少是流的？筆者真的不知道。不過，經常出現的現象卻是，在別人還未上山來掠奪之前，自家人在山門之中便已經械鬥了。至於格鬥過後，能登堂入室者，是否就奪得了驚世秘笈還是無字天書不得而知，不過，以筆者觀察所得，很

戰爭與和平

圖為美國在八十年代中開始研製，更上一層樓的MX導彈，可攜帶多枚核彈頭，威力遠超於1945年投在廣島、長崎的原子彈達25倍。導彈別名「和平守護者」（Peacekeeper），屬於「座地型」的洲際導彈（intercontinental ballistic missile）。

下圖為四十年代的美國重型轟炸機（Boeing B-29 Superfortress），服役主要範圍在中國與太平洋之間，45年8月6日，B-29在廣島（Hiroshima）投下第一顆原子彈，三日後，投第二顆於長崎（Nagasaki）。人類科學進步，經常由戰爭軍事帶動，科技為和平生活帶來的舒適，揮不去戰爭殘酷恐懼的陰影。

原爆

日本廣島是人類第一個受原爆摧毀的城市。地平線上升起的亮光和蘑菇雲，自此成為了人類恐懼的「集體回憶」。但人的記憶並不太長久，很容易好了傷疤忘了痛，幸福的新一代大概便對原爆當作神話傳說。下圖為廣島經原爆後所攝一片頹垣敗瓦的景象。奇特的是，原爆威力強大，理應摧枯拉朽的把整個城市移平，不過，照中所見，仍有不少輪廓硬朗，骨幹分明而屹立不倒的建築物，可見日本人的房子沒有豆腐渣工程的現象。

泰坦二型

六十年代打後，核危機及全球陷入核子戰爭的恐懼，像陰霾般掛在天空，科學家預期核冬天有一日終會來臨。九十年代，這種憂慮逐漸緩和，代之而起的，反而是消費主義帶來資源大量消耗，造成全球受害的溫室效應。

和術數師不同，科學家不怕承認預測有錯，習術者則反。

圖為美國於冷戰時期生產的可攜核彈頭的泰坦二型飛彈，MK6 Titan II missile。

保爾・蒂貝茨

小保爾・沃菲爾德・蒂貝茨（Paul Warfield Tibbets, Jr., 1915年-2007年），美國空軍准將。1945年8月5日，他駕駛了序號為44-86292，以他母親「艾諾拉・蓋伊」（Enola Gay）的名字命名的B-29轟炸機，在日本廣島市上空投下了代號為「小男孩」的原子彈，造成了至少9萬人傷亡，最終導致大約26萬人至30萬人死亡。

蒂貝茨退役役後，曾在俄亥俄州哥倫布（Columbus, Ohio）的國際租機服務公司工作，1976年成為該公司總裁，1987年退休。並於2007年11月1日在哥倫布的家中逝世，終年92歲。

蒂貝茨在幾次的傳媒訪問中都表現了軍人對紀律任務遵守的本色，對於能夠完成任務感到自豪，行必要的惡，也安心無愧地睡得好覺。人生的抉擇難以舒適完美，能問心無愧，大概也是高壽善終的我對青春無悔。

圖為「艾諾拉・蓋伊」（Enola Gay）轟炸機，駕駛員保爾・蒂貝茨（Paul Tibbets）和簽名照片。

左圖為1945年8月6日星期一，明尼蘇達州報紙The Brainerd Daily Dispatch頭條標題「原子彈襲日」（Atom Bomb Hits Japs）。

四、醫卜的龜兔賽跑

他們妒忌我贏得的優異表現；那就讓他們妒忌我的苦幹、我的忠誠，以及我賴以贏得的方法學。

薩盧斯特
公元前羅馬歷史學家、政治家

They envy the distinction I have won; let them therefore, envy my toils, my honesty, and the methods by which I gained it.

SALLUST (86 BC - 34 BC)

妒忌乃靈魂的潰瘍。

蘇格拉底

Envy is the ulcer of the soul.

SOCRATES (469 BC - 399 BC)

中國人的文化基因當中有一種絕學情意結，即認為自己所學的東西舉世無雙，並且也不樂意見到它有一日，會二、四、八、十六的幾何級跳地變成普及化。以前的洗頭、補鞋、刺繡、泥水、造木、跌打、功夫，甚至醫術，全部都以「親疏有別」、「非賢不傳」的思維和心態閉門傳授，「絕學」便寧可失傳，也不願多隻香爐多隻鬼。

這樣的習俗，不管背後的理由是甚麼，是高貴還是愚昧，都與世界潮流背逆，與資訊透明化、學術資源公開傳播的主流價值相悖，最終也只會成為被遺棄在浩浩盪盪的歷史巨輪背後的孤兒，儘管我認為，術數只不過是書畫琴棋般無傷大雅。

美國耶魯大學醫學院院長路易司 · 湯瑪斯 (Lewis Thomas) 寫過很多雜文，都以人文學科做起點，闡釋科學與人類、社會的關係。他於 1983 年出版的文集《中夜冥思 — 聆馬勒第九交響曲》(Late Night Thoughts on Listening to Mahler's Ninth Symphony)，其中一篇標題「人文與科學」的文章談到，十九世紀末，以英國物理學家克爾文爵士 (Lord Kelvin) 為代表的主流思潮認為：「……除非能以精確的定量術語陳述，否則任何一種關於

自然的觀察都不值一顧。」

意思即是說，能夠稱得上科學的，便一定是可以量化的，甚至是可以以數字計算得到的。由於此學說成為了主流，遂引致其他學科的人，產生了一種叫做 Physics Envy(我譯作物理學崇拜) 的情意結，意思是，大家都希望自己所學的科目，「其學理能轉變為精確的科學，把任何他們所知的東西轉換成數字，因此成了揣測虛飾的方程式。」（路易司 • 湯瑪斯原句）

克爾文爵士卒於 1907 年，終其整個二十世紀，全新的物理學概念風起雲捲，對克爾文過份偏執的觀點當然有所修訂。不過，據路易司 • 湯瑪斯的觀察：「……一般人對科學的印象，似乎仍停留在十九世紀克爾文時代的群眾心態。」

路易司 • 湯瑪斯在「人文與科學」中所描述的現象，放諸術數界的生態環境中，也有很多一針到肉的地方。第一，術數界的「物理學崇拜」情結很重，打從清末民初開始，很多術數書，由八字到風水到近年盛行的斗數，都喜歡「數字化」，「科學化」，希望「其學理能轉變為精確的科學」，但由於牽強攀附，便「因此成了揣測虛飾的方程式。」

另外，企圖提升是一回事，有沒有相應的、適當的學術行為又是另一回事。二十世紀是一個資訊爆炸的世紀，學術資源公開化、透明化已經蔚為潮流。就現象看，術數界就算不致於逆其道而行，也確然趨步太慢。

我在新一代的作者中，仍然看見有些落後至少一個世紀的絕學心態。譬如說，部分仍然覺得術數會被人誤用，會被人用來謀財害命、騙財騙色，所以某些秘傳，便寧可失傳，或者只可閉門教私。有些作者又表示自己在某些領域要守秘，但又恐怕別人會以為他不懂，於是又聲稱關乎這方面的知識，他的弟子可以證明他懂之類。

這是一種不想表演，但又渴求掌聲的矛盾心態，也是對學術缺乏自信的行為和心理反映。

歷史上的術數書，大多簡短，斗數文獻，體量更加瘦削得可憐，這是中國術數文化的特色之一。西方在物理學、醫學及其他的學術領域上，都將經驗鉅細無遺地記錄、歸檔，留存了大量的文字和手稿之類，發展才致於壯大。

我祖父有次告訴我世上有兩種人：一是實幹者而另一是爭功者。他叫我加入第一組；那裏較少競爭。

甘地

My grandfather once told me that there were two kinds of people: those who do the work and those who take the credit. He told me to try to be in the first group; there was much less competition.

INDIRA GANDHI

不論中外，曾經有一段時期，醫、卜曾經同源，我們看一看「醫」流的心態發展，便明白「卜」流之被拋離而任由乾涸，是如何的應有此報。

約西元前 460 至 380 年，希臘一位醫生希波克拉底 (Hippocrates) 製訂了一份關乎醫生職業道德守則的誓言，後世稱之為《希波克拉底誓言》，筆者翻譯內容如下。

《希波克拉底誓言》

我以阿波羅醫師，亞斯克雷比奧斯，海吉亞，潘娜西亞之名起誓，並請諸神、諸女神見證，我將盡我能力及判斷，遵守此約。

授我醫藝者，我親敬如父母，與他共同生活，如有需要，與他分享資財；視他兒女如我兄弟；如欲學醫藝，我不問條件，分文不取而授之；並只向我兒，吾師之子，及應允遵守專業規則而入學的生徒，傳授和指導。

我將盡我所能及判斷，給我病人開出良方，並永不加害於人。

我不會應任何人要求，而開處致命藥方或給予指導，讓其死亡。

我亦不會讓女人使用子宮環，促使流產。

我將維護我生命的純潔和醫藝。

就算病人的病情明顯，我也不會割除結石，並將此手術交由這門醫藝的執業者、專家執行。

我造訪每一家人，都當以病人的福祉為理由，並摒除任何行惡的意圖，

及任何誘惑，尤其是關乎與女的，或與男的愛情慾樂，不論他們是自願還是屈從。

凡因我專業活動而得知的事，或與人的平常交涉，如有不應披露者，我將守秘永不揭露。

如我忠心誓守此約，我可安享人生並行我醫藝，終生受人尊敬。但若我背棄或破壞誓約，我將遭逢惡運。

希波克拉底是古希臘醫生，有醫學之父的稱號。有關他的資料甚少，後世流傳的《希波克拉底文集》，經後人考證，雖不一定是希波克拉底的親身著述，但也反映出早期的醫學理念。譬如說，盡量排除帶有迷信色彩的醫療方式，以確立醫療為一門理性學問；又倡導醫師們將醫療方法及新發現詳細紀錄，讓同代及後代沿用或參考。

這套醫師誓言是醫學道德準則，被醫務人員視為行業的光榮，在醫學院畢業典禮上、醫務人員入職儀式上宣讀凡十多二十個世紀，直至近代才稍作修改，以切合新時代。

誓言中，很多條目至今依然適用，這裏不再需要解釋。值得留意的是有關割除結石那一部分，誓言作者於二千年前，已經意識到分工和專業分流的重要性，並且不羞於將自己沒有把握的事務另託賢能，另外便是對病人私隱的維護，都是跨越時空的遠見。

其他範疇不說，單這兩方面，術數界便冒犯得不遺餘力。我見過一些術數師的名片，臚列出幾乎所有術數的門路，似乎一學上術數，便甚麼都懂。

早一兩代的中醫和算命師，都要顧客排排坐在無遮無擋的空間聽診和聽命，毫無私隱可言。至於術數師每年點評知名人士、歌星、明星的流年起伏，則一部分是你情我願，一部分則是積習難返。

《希波克拉底誓言》在不同的時代、不同的國家，或因文化的差異，或因宗教信仰的理由，都有修訂的版本，但關乎專業守則的精神卻大致上不變，近代更新過的版本，其中一個較有代表性的出自 1964 年，麻省 Tufts 大學醫學院院長 Dr. Louis Lasagna 的手筆，行文如下：

一九六四年，Dr. Louis Lasagna 版本誓章：

盡我能力和判斷，我起誓履行此約章：

我尊重我步其履後的前賢醫者得來不易的科學成就，並樂意一如己出的和後來者分享。

我將應用所有適用的方法，裨益病人，並避免墮入用醫過重或過虛的雙重陷阱。

我將謹記，醫療既是科學也是藝術，熱誠、體恤和諒解可高於外科醫生的手術刀和藥劑師的藥物。

我不會羞於說：我不懂，並不避向同業求援，以他人的技能去令病人康復。

我將尊重病人私隱，因恐防別人會知道而不向我披露他們的困難。關乎生與死的事情，我猶應小心處理。若我能救人一命，我應感激。但在我能力範圍內，亦可能奪人一命；這可敬畏的責任當以最大的謙遜和危機意識去面對。最重要的，我不能以上帝自居。

我將謹記我不是在處理一張體溫圖、一張癌病進度表，而是一個病了的人，他的病會影響個人的家庭及經濟的穩定。我的職責亦包括了這些相連問題，如我充分關懷病人。

我將隨時防止疾病，因預防勝於治療。

我將謹記我是社會一員，對我人類同儕懷有特殊的義務，不論是身心健全的還是老弱的。

如我不違背此約誓，我可安享人生及醫藝，有生之年受人尊敬，並於身後受人緬懷。讓我能經常履行維護我行業的優秀傳統，和讓我長享醫好尋求我協助的人的喜悅。

另外，由於納粹德國在第二次世界大戰期間，曾經有過使用藥物武器的惡行，日內瓦的世界醫療組織 (World Medical Association) 即曾經幾度修訂過醫療誓言，作為專業的精神綱領，筆者翻譯如下。

《日內瓦誓章》

我至誠起誓，願奉獻生命，為人類服務。
我全心全意敬重及感謝我的老師。
我將以良知及自尊執業。
我病人的健康是我的第一考慮前提。
我將尊重病人私隱，並及其身後。

我將全力維護醫療專業的榮譽及其高貴傳統。

我的同業是我的兄弟姊妹。

我不容以年齡、疾病或傷殘、信念（仰）、種族根源、性別、國籍、政治背景、民族、性取向，或社會地位考慮，妨礙我對病人履行職責。

我將維護對人類生命的最高尊重，即使自知置身險境，並且不以醫療知識做有違人道法則之事。

我至誠地，無拘束地及光榮地誓守此約。

與此同時，日內瓦宣言對知識產權的立場也發表了聲明，呼籲資訊、知識流通，反對知識壟斷，對於過分保護知識產權利益的條文，應該多拆牆鬆綁。

附錄
The Oath of Hippocrates of Kos, 5th century BC
《希波克拉底誓言》

I swear by Apollo the physician, by Aesculapius, Hygeia, and Panacea, and I take to witness all the gods, all the goddesses, to keep according to my ability and judgment the following oath:

To consider dear to me as my parents him who taught me this art;

To live in common with him and if necessary to share my goods with him;

To look upon his children as my own brothers, to teach them this art if they so desire without fee or written promise;

To impart to my sons and the sons of the master who taught me and to the disciples who have enrolled themselves and have agreed to the rules of the profession, but to these alone, the precepts and the instruction.

I will prescribe regimen for the good of my patients according to my ability and my judgment and never do harm to anyone.

To please no one will I prescribe a deadly drug, nor give advice which may cause his death. Nor will I give a woman a pessary to procure abortion. But I will preserve the purity of my life and my art.

I will not cut for stone, even for patients in whom the disease is manifest; I will leave this operation to be performed by specialists in this art.

In every house where I come I will enter only for the good of my patients, keeping myself far from all intentional ill-doing and all seduction, and especially from the pleasures of love with women or with men, be they free or slaves.

All that may come to my knowledge in the exercise of my profession or outside of my profession or in daily commerce with men, which ought not to be spread abroad, I will keep secret and never reveal.

If I keep this oath faithfully, may I enjoy my life and practice my art, respected by all men and in all times; but if I swerve from it or violate it, may the reverse be my lot.

A Modern Hippocratic Oath by Dr. Louis Lasagna （一九六四年，Dr. Louis Lasagna 版本誓章）

I swear to fulfill, to the best of my ability and judgment, this covenant:

I will respect the hard-won scientific gains of those physicians in whose steps I walk, and gladly share such knowledge as is mine with those who are to follow;

I will apply, for the benefit of the sick, all measures which are required, avoiding those twin traps of overtreatment and therapeutic nihilism.

I will remember that there is art to medicine as well as science, and that warmth, sympathy and understanding may outweigh the surgeon's knife or the chemist's drug.

I will not be ashamed to say "I know not", nor will I fail to call in my colleagues when the skills of another are needed for a patient's recovery.

I will respect the privacy of my patients, for their problems are not disclosed to me that the world may know. Most especially must I tread with care in matters of life and death. If it is given me to save a life, all thanks. But it may also be within my power to take a life; this awesome responsibility must be faced with great humbleness and awareness of my own frailty. Above all, I must not play at God.

I will remember that I do not treat a fever chart, a cancerous growth, but a sick human being, whose illness may affect the person's family and economic stability. My responsibility includes these related problems, if I am to care adequately for the sick.

I will prevent disease whenever I can, for prevention is preferable to cure.

I will remember that I remain a member of society, with special obligations to all my fellow human beings, those sound of mind and body, as well as the infirm.

If I do not violate this oath, may I enjoy life and art, respected while I live and remembered with affection hereafter. May I always act so as to preserve the finest traditions of my calling and may I long experience the joy of healing those who seek my help.

Declaration of Geneva of the World Medical Association (adopted 1948, amended 1966 and 1983)
《日內瓦誓章》

I solemnly pledge myself to consecrate my life to the service of humanity;

I will give my teachers the respect and gratitude which is their due;

I will practice my profession with conscience and dignity;

The health of my patient will be my first consideration;

I will respect the secrets which are confided in me, even after the patient has died;

I will maintain by all the means in my power, the honor and the noble traditions of the medical profession;

My colleagues will be my brothers;

I will not permit considerations of religion, nationality, race, party politics or social standing to intervene between my duty and my patient;

I will maintain the utmost respect for human life from its beginning even under threat and I will not use my medical knowledge contrary to the laws of humanity;

I make these promises solemnly, freely and upon my honor.

中西醫

筆者少年的時候習慣喝家母煲的藥湯，小病的時候喝涼茶，對苦口的中藥很習慣。長大後，身體有較大的問題，都找西醫治療，取其效率及可靠的醫療設備和標準。西方的醫學發展得比我們好，原因很多，除了是西方人的學術文字記錄做得精細之外，還有幾項特質是我們缺乏的。一是探索和犧牲的精神，對於自己學得的和發見的東西，不會私藏或只授予所好的人，而能視發表創見為個人榮譽。另外便是使命感，將創見和發見推廣於人，意圖令世界變得更美好。這些特質，個人便認為與宗教信仰的文化背景有莫大的關聯。再下來，便是管理和規範的能力，有訂立客觀標準的訴求，使行業不論在道德上還是技術上，都可達至規範化。

右圖為東漢時期的石刻浮雕，所繪內容疑似描述戰國時期的神醫「扁鵲行醫圖」。相傳扁鵲人頭鳥身，用針行醫，後面是一排輪候的病人，那是我們對上古醫術的浪漫回憶。右下圖為古希臘醫學之父希波克拉底（Hippocrates）像。本頁下圖為古手術用床，下左圖為希波克拉底宣言，建立醫療道德守則，具宗教使命和信念的色彩。

第三部分
術數叢談

part 3
scattered thoughts on
chinese astrology

我們不妨與星座（占星學）嬉玩，占星學是可堪嬉玩
的。

D.H. 羅倫斯

We need not feel ashamed of flirting with the zodiac.
The zodiac is well worth flirting with.

D. H. LAWRENCE

愚人的腦袋將哲理消化變造愚見，科學變造迷信，以及藝術變造學究。

蕭伯納，愛爾蘭劇作家

A fool's brain digests philosophy into folly, science into superstition, and art into pedantry.

GEORGE BERNARD SHAW (1856 - 1950)
IRISH AUTHOR

赫爾曼・凱澤林伯爵（德裔哲學家）說得真確，美國最大的迷信是信仰事實。

約翰・根特，美國作家

Count Hermann Keyserling once said truly that the greatest American superstition was belief in facts.

JOHN GUNTHER (1901 - 1970)
AMERICAN JOURNALIST, AUTHOR

一、迷信遠比想像複雜

朋友問：為甚麼我學術數，卻又對術數諸多戲謔？我答：為甚麼不可以？如果其他嚴肅的科目如佛爺、榮格的精神科，都容許自嘲的幽默，術數為甚麼總要不苟言笑？

自古以來，術數的體態，都有很多很可笑的地方，唯習者經常欠缺自嘲能力，能在體系中自省者便更少。我常閱讀術數書，那與我經常閱讀其他科目，如園藝、木工、養魚、咖啡、紅酒、音樂、水彩、粉彩、電玩等無甚分別。學術數是因為它有趣，僅此而已。至於那些義正辭嚴，說術數導人迷信的外行人，又或者那些經常責怪上電視的算命師是庸師，是誤人子弟者的內行人，我相信，他們都太抬舉了術數。

有一年，有一位演藝界的經理人對我說，有兩位後生的算命師很「恨」（即恨不得）上電視，要她做經理人，問我意見如何？我說我怎知道，這是妳的商業決定。除了是商業決定之外，我相信還可能是一個從事演藝工作的決定。如每個人，不論左右正反，都能夠退一步這樣想，世界便容得下海闊天空。

對於常在電子媒介上曝光的術士，行外人說他們宣揚迷信，行內人說他們不學無術，貽誤蒼生，我想都太言重了。老實說，群眾看這些電視節目，憑那一分鐘三十秒的時間，可以得到甚麼，能迷到甚麼？大家都不外想娛樂娛樂罷了。至於有些人認為，凡上得電視的都是「高人」，那只是他們一廂情願的天真想法，it's their problem, not mine ！

岑逸飛兄有次在電台節目中問筆者，紫微斗數是否迷信？我答：這世界根本便不應該有所謂迷信與不迷信的問題。如果我們的教育做得好，每個人都能夠培養出獨立的思考能力和人格，對於甚麼事情都有一定的理性判斷能力，並且能夠為自己的判斷和選擇負上責任，那根本便產不出一個「迷信」與「不迷信」的問題，只有選擇與不選擇的問題。大力推行「反迷信」，只反映社會對自己的文化信心不足。再者，甚麼項目「迷信」，甚麼項目「不迷信」，便不是由幾個「權威」人士插上幾個標籤說了算。

「媒介即訊息」，此為傳播理論祖師爺麥克盧漢（Herbert Marshall McLuhan, 1911-1980) 的格言（註）。不過，訊息便只是訊息而已，它本身還不直接介入是非對錯的判斷，這一層工夫，最終還是要交由群眾自己去消化。

傳播媒介愈發達，需要盛載的訊息量便愈要增大，而對於群眾的理性認知能力，要求便愈高。真正成熟的城市，市民、觀眾都能夠培養出摘取訊息和分辨訊息的能力，如果每條訊息都這麼容易令人上腦的話，那只反映出這個社會的文化水平不會高到哪裏，也不配享有資訊發達的上層建築。

人要求言論自由以補回他們甚少使用的思想自由。

祈克果，丹麥思想家

People demand freedom of speech as a compensation for the freedom of thought which they seldom use.

SOREN KIERKEGAARD(1813 - 1855)
DANISH PHILOSOPHER

宗教自由、言論自由、出版自由的代價，是我們要容忍大量的垃圾。

羅伯特．H．傑克遜
美國司法部長

The price of freedom of religion, or of speech, or of the press, is that we must put up with a good deal of rubbish.

ROBERT JACKSON(1892 - 1954)
UNITED STATES ATTORNEY GENERAL

算命師上電視，商業決定而已。

對於「迷信」，常人往往便只是認識了一條標籤，多於真正理解。我在電視上看過一個訪問名人的清談節目，主持人鄭裕玲小姐訪問前立法局議員、社會知名人士朱幼麟先生，當中談到一些人生問題。鄭主持問朱先生：如果你遇到困難解決不了的時候，你會怎樣做（大意）？朱先生答：我會求觀音。反應敏捷的鄭小姐即時追問：那你覺得自己是否很迷信？

我當時心裏起了一個問題，假如朱先生的答案是：我有困難解決不了的時候，我會祈禱。我懷疑主持人會否追問他是否很迷信。

鄭小姐聰明、美麗，辦事勤奮、認真、精明，腦筋轉得快，有江湖地位並且富有，她幾乎就是香港精神和香港價值的活樣板，而她衝口而出的一句，「你覺得你自己是否很迷信？」，也正好成為了香港人文化水平的 Freudian Slip，也是香港聰明人思維能力的 parapraxia。

我們都習慣了將一些概念以標籤來學、來讀，就像「現代城市人」在超級市場買冰鮮魚柳、買凍肉一樣，憑標籤買，但就從來不曾真正見過一頭牛、一隻羊、一尾豬，對鱒魚、鮭魚的盧山真面目，便可能更加陌生。

迷信一詞要比一個單純的標籤複雜，也比一個簡單的定義描述，如「盲目的相信」、「執迷的信念」、「不理性」、「不科學」等多維而立體。有時它會很政治化，可以用來打擊對手，是政治不正確的代名詞。譬如說，我先佔據了相信科學的高地，相對地，閣下便是迷信。「科學」一詞，更經常被人徵用成為打擊「迷信」的天敵。

近世紀，科學的門檻本來定得很高，傳統上，幾乎只有物理學才可以稱得上科學，而科學會籍，便只有物理學家才有資格持有。後來，科學的門面擴充了，引進了生物、醫療等應用科學的名目，那都是合理的擴張。再後，科學加強了宣傳和推廣，大展鴻圖，惠及普通會員、附屬會員及邊際會員層，大眾化到只要你「相信」科學，便可以入會，那便幾乎等於耶教的「因信稱義」，而科學卡拉 OK 的年代也正式開展。

我在前輩演員張瑛演出的一部粵語長片中，便聽過「現在科學昌明，

哪裏還會有鬼呀」這樣一句精警對白。筆者當然「信」科學，也託賴從未遇過「見鬼」這回事，但我著實搞不清楚，上述兩句之間有甚麼邏輯關係，但我相信，對白這樣寫，對大多數人來說，都是理所當然的。我近年從廣告媒體上接觸得到的精句，是不論賣牙膏、面膜、瘦身療程、奶粉、「排毒」，都會加上一句「我信科學」、「有科學根據」一類的旁白，儘管缺少幽默感的科學界，在背後還是母嫌子醜的說它們只是胡圖科學（Voodoo Science）。

科學進步的同時，也沾雜了大量的民粹主義色彩，如同卵相生，如影隨形。

我在媒介及演藝界的朋友很多都是對科學因信稱義的現代城市人。有些朋友笑我習術數為迷信行為，並且強調他們是信科學的。不過，我相信，他們大概也只是相信「科技」而已，部分甚至等而下之，將相信科技產品，等同相信科學，表徵是手機型號更新得最快。

科學一般與唯物主義搭鉤，而與唯心主義相對抗衡。不過，將科學相信到近乎信仰，本身便是唯心主義行為。筆者從來就「不相信」科學，唯有「不相信」科學，才真正對得起科學精神。科學的特性是不斷的「錯」，並且不斷修訂。明乎此，我們便不會因為托勒密、哥白尼、開普勒、牛頓等人的理論被否定、推翻，而將他們驅逐出科學的殿堂，也不因此而減低對他們的尊崇景仰。

我不會為信仰（念）而死，因為我可能會錯。

羅素，英國數學、哲學家

I would never die for my beliefs because I might be wrong.

BERTRAND RUSSELL(1872‐1970)
BRITISH AUTHOR, MATHEMATICIAN, & PHILOSOPHER

我們對科學的認識，大概仍長期停留在 1919 年的五四運動前後，這種近一百年前形成的定見，便像百年老舖一樣，自始便從未更新過。西方知

識界於戰後曾經非常憂慮科學被誤用、濫用，甚至對科學投過不信任票。社會及科學理論家卡爾 · 巴柏（Karl Popper）提出了證實、證偽的科學檢定標尺，影響了好一代的知識分子科學觀。到了八十年代，庫恩（Thomas Kuhn）的範式理論，挑戰了科學的狹隘取徑，也大膽地搖幌了「科學」近大半個世紀以來，以「劃一的福音」（Uniformity of gospel）姿態而傲視一切的霸權，為我們開闊了科學概念，擴大了認識科學的視野。但我們，尤其是哲思普遍貧瘠的香港人，對科學概念的認識，大致上便仍然文風不動地停留在「德先生」、「賽先生」時代的水平，並且經常拿著一張過期已久的授權令，順手牽羊地借「科學」罵人迷信。

我說迷信一詞還充滿政治性一點也不錯。

我小學的時候，便聽老師講過孫中山先生少年時代勇闖北帝廟，將神像的手臂拗斷，然後叫村民不要迷信的故事。幾年前，我坐巴士的時候，在車內的電視頻道上，看到一個宗教團體拍了一套孫中山先生的傳記片，當中又重演了一次這個故事。

大師悔少作，偉人少年時做過一些魯莽的事，大家理解過便可以了，你拿他的小學作文出來再「貼一次堂」，不知是何居心？孫中山先生推翻了清政府，豐功偉績無可置疑，他後來信了基督教是他的個人選擇，但他福為民開的三民主義，包括民族、民權、民生的綱領，發展下去，要不要包括宗教信仰自由？

（民族主義是凝聚國民向心的一種手段，很多國家都不怯於訴諸本國歷史神話、帶宗教特性的民俗文化，以突顯其民族身分，並引為民族法統與存續的依據。如日本的天皇神話，希臘的諸神文化，北歐的神話文化等莫不如是。）

只要孫中山先生後來的革命事業不是一日忙足二十五小時，他大概還會想到，如果有個莽漢闖入了一座天主教堂，打爛一些聖人的像，說孫先生同一番說話，孫先生的三民主義應該怎樣處理？拍孫中山先生傳的團體可能認為他們的宗教不設「偶像」（聖像），所以便以本位立論，如是這樣，製作者便無異將孫先生綁上了黨同伐異的宗教宗派戰車。

大多數人，不相信某事皆因盲信了另一種事。

利希滕貝格

德國十八世紀物理學家、哲學家

With most men, unbelief in one thing springs from blind belief in another.

GEORG CHRISTOPH LICHTENBERG

對於迷信這個名詞，撇開宗教政治動機不說，很多人的而且確仍然停留在百年前的五四式思維上。我以書畫琴棋心態學玩術數多年，在平日與朋友的交往中，極少主動提及。因為朋友中，很多都是「不學巫術」的人，只要一提及，科學的道德高地必然先被人佔領，雖然他們對「科學」的認識，不一定比我多。我有幾個同輩朋友想找我算算命，要向媽媽拿自己的出生時辰資料，卻被高齡母親大罵其迷信，罵得狗血淋頭，可見五四運動推行的「德先生」、「賽先生」，在我們今日的文化面貌當中，的確仍是徐娘半老。

我在七十年代末讀余光中先生的《逍遙遊》文集，看他「下五四的半旗」，使我啟發良多。任由我這個文藝青年對轟轟烈烈的大時代精神有多麼嚮往景仰，最遲到了八十年代末期，也不得不在依依不捨的心情底下，為年久失修的「德先生」、「賽先生」蓋旗致哀。

我讀來自民主政制老祖的英國人查爾斯．狄更斯（Charles Dickens）寫的《雙城記》(A Tale of Two Cities)，便體驗到，遠在十九世紀（《雙城記》於 1859 年出版），英國人便清醒地察覺，法國的一場民主革命，可以是「最好的時刻，也是最壞的時刻」；鐘擺也隨時由極端的一邊，搖到另一邊的極端。我讀李約瑟的中國科技史、文集，或威廉．詹姆斯（William James）的《宗教經驗種種》(The Varieties of Religious Experience: A Study in Human Nature) 等書，便明白源自西方的德先生和賽先生，面貌並非單點、單線、單面，那些因信稱義的民粹科學會員便應該明白，科學不等如排毒、牙膏、護膚和纖體。

香港人喜歡送兒女去補習社，考試時喜歡 tip 題目，答 Model

Answer，上電視時最好答「我祈禱」，而忌諱說我信觀音，以免卻麻煩。有時我想，香港式思維、無知和「迷信」，究竟誰最可笑？

筆者對迷信所下的定義，不在乎形，不在乎勢，而在乎人生的態度，在乎思維及智力活動的活躍還是死寂。迷信不在乎聖像還是偶像，不在乎真神還是假鬼；迷信無常形，無常勢，迷信既寄居於種種形形，也寄居於潮流權勢；迷信是將觀念停留在某一個歷史時空，怠惰於某一個思想階段，寂滅於某一個理解層次，就像急凍凝固了的凍肉一樣，固執而難以消融，缺乏更新的意欲，了無生氣。

潮流中人習慣將迷信與科學兩個名詞視為對立，並且毫不猶豫地認知了迷信是錯的，科學是對的；人總喜歡認同自己是對的，別人永遠是錯的，沒有人喜歡承認自己是錯的，別人才是對的，因此，在選擇立場時，必然會選擇站在科學的招牌底下，所以，科學的陣形便常常滿座，迷信的陣形便經常空無一人，所謂打倒迷信，便變得子虛烏有。

不過，科學陣形中有很多冒牌而又不自覺的人，就像 AI（人工智能，artificial intelligence）複製出來的機械人，只有由程式編排出來的知性，不能自覺於自己的身分，但卻能 Camouflage 地為自己的行為披上科學的迷彩。

傳統上，迷信寄居在低下層次的巫術上，寄居在蒙昧和不理解的認識上，寄居在愚莽的行為上，也寄居在毫無優越教化能力的宗教活動中。今日的迷信擴大了覆蓋領域，也寄居在匪夷所思、穿鑿附會的科學說上，寄居在閃爍眩目的科技產品上，並且更常寄居在科技的消費品上。

人們鞠躬又禱告
給他們塑製的霓虹上帝

賽門與葛芬柯
沉默的聲音歌詞 ·1966 年

And the people bowed and prayed
To the neon god they made.

SOUND OF SILENCE. 1966
SIMON & GARFUNKEL

　　筆者相信，做好理性的基礎教育，這世界便沒有迷信還是不迷信這回事，有思想能力的人，都可以用理性、智慧去分辨訊息，去選擇自己的精神活動，並且為自己的行為負責，不會危害社會，做出敵視社會的行為。

　　西方文化一方面發展理性和科學，一方面將神話、「迷信」一類，昇華為浪漫主義、文學或人類學科目，都無需要「身水身汗」的去打倒迷信。只有我們的文化這樣命苦、自卑，總要被子嫌母醜的受到批判、擊倒、銷毀，到西方開始研究我們的《易》學、《孫子》之類，我們便又再如喪家之犬般撲向垃圾堆填區中，徒手挖掘那些棄掉了的「珍寶」。

德先生和賽先生

1919 年 5 月 4 日發生的五四運動，起因於第一次世界大戰後，在巴黎和會中，列強將中國主權肆意踐踏，把德國戰前在山東省霸佔的權益，私相授受地轉讓給日本，引起中國北京青年學生的激憤，乃呼喚起廣大群眾、包括市民、工商人士等階層，聯袂參與示威遊行、請願、罷課、罷工，以對抗政府無能。五四運動同時亦掀起提倡新文化、新文學的改革，重點在語文的口語化，以增加溝通能力。又積極學習西方的民主和科學思潮，以圖強國，將民主和科學，稱為德先生（Democracy）和賽先生（Science）。圖為北京大學的遊行隊伍。

北帝廟

圖為香港長洲的一座北帝廟，攝於 1930 年代。類似的民間廟宇，在今日的社會思潮底下，反而有保育價值，可以成為旅遊景點，可以成為人類學、民俗學的研究文物。現代人尊重宗教自由、個人選擇，至於是否「迷信」，除了是見仁見智的問題之外，能否容得下「迷信」，還反映了社會對自己文化的自信程度。

孫文

孫文（1866年11月12日—1925年3月12日），字逸仙，是近代中國民主革命家，1911年，推倒滿清政府，建立中華民國，並提倡三民主義，包括民族、民權、民生的建國綱領。孫中山先生曾活躍於香港，受教育、習醫和受洗成為基督教徒。受洗時署名取自《大學》語句中之「苟日新，日日新，又日新」。故又稱孫日新先生。

孫先生少年時代，在鄉間折斷北帝廟神像手臂的故事，我們唸小學時便聽老師轉述，並常被用作「反迷信」的經典教材。

《古騰堡星系》(The Gutenberg Galaxy)

《古騰堡星系》於1962年面世，幾近半個世紀，我們才見完整的中文譯本，麥克魯漢是媒體理論的先知和巨人，他提出了「地球村」的觀念，預視了電子化時代的來臨。書的主題環繞活版印刷對整個人類的影響，並以西方活版印刷的發明者古騰堡定名。《古騰堡星系》便理解為，人類的知識經印刷而傳播、累積、堆疊而閃耀，彷如銀河系上密密麻麻的星群。麥克魯漢於1980年大除夕，在網絡時代來臨之前身故。《古騰堡星系》旁徵博引，以歷史、文化、藝術、科學等多方面透析人在知識廣泛傳播年代的深層變化，書中文字和觀點，彷如一大串的超連結。《斗數卷》隨這種意念來寫，對於守舊的習術者來說，便較難適應。

註：麥克盧漢

麥克盧漢（Herbert Marshall McLuhan, 1911-1980），加拿大教育家、哲學家，近代傳媒理論先驅，「媒介即訊息」是他發明的名句，是媒介工作者必聞的名言，意思是說，媒體的形式，比其內容及意義重要，他在 1967 年，與設計師 Quentin Fiore 合作出版的作品，便定名為「媒介即訊息」，英文為 The Medium is the Message，不過，排版時遇上手民之誤，將 Message 誤植為 Massage，麥克盧漢校對時，覺得 Massage 語帶相關、效果特殊，於是便將錯就錯、錯有錯著的任由 The Medium is the Massage 刊行，親身示範了一次「媒介即訊息」的應用。The Medium is the Massage 便變成了「媒介即按摩」，還暗藏玩了一個拆字遊戲，將 The Medium is the Massage 演繹成「媒介即群眾的年代」。圖為「媒介即按摩」書影。

二、陰陽術數，廢之可乎？一

我不信占星學，我屬人馬座而我們都持懷疑態度。

亞瑟 · 查理斯 · 克拉克
英國科幻小説家、發明家

I don't believe in astrology; I'm a Sagitarian and we're skeptical.

ARTHUR C CLARK
BRITISH SCIENCE-FICTION AUTHOR, INVENTOR

科學家卡爾 · 薩根 (Carl Sagan) 和理察 · 特科 (Richard Turco) 合著的《無人想像的道路：核冬天與軍備競賽的終結》（A Path Where No Man Thought—Nuclear Winter and the end of the Arms Race），其中引述了一段有關希臘神諭的故事。

作者説，太陽神阿波羅除了管陽光之外，還管預言，並且有系統地將預言能力傳給人，他制訂了神諭 (Oracles)，並設壇解諭，其中最著名的神壇有德爾斐 (Delphi)。

來求神諭的有里底亞 (Lydia) 國王克羅伊索斯（Croesus，生於公元前616 年 - 公元前 546 年），是里底亞最後一代君主，他的領地約於今日土耳其區域。國王克羅伊索斯富有，他發明了幣值，並且率先用合金鑄幣。在西方文化史上，克羅伊索斯、Croesus 便是金融和財富的代稱。

克羅伊索斯野心勃勃，不安於現成狀況。根據史學之父希羅多德（Herodotus）的《歷史》(The Histories) 一書記載，克羅伊索斯認為自己應該攻打波斯。

他向德爾斐神壇發問：如果克羅伊索斯向波斯開戰，將如何？(What will happen if Croesus makes war on Persia ?) 德爾斐神壇的靈媒當場回答：他會摧毀一個強大的帝國 (He will destroy a mighty empire)。克羅伊索斯想，

神與我們同在了，並且認為那是大舉進攻波斯的好時機。

克羅伊索斯揮軍攻打波斯，沒想卻全軍盡墨，被波斯王朝俘擄了，他本來要被處極刑的，但波斯王塞流斯（Cyrus）有好生之德，饒了克羅伊索斯，著他在朝中當個下人，任人使喚，後來又歸還其財富。

戰敗的克羅伊索斯想，我求神諭的時候，付足了獻禮，何以德爾斐神壇如此對我？於是，又再遣人去問德爾斐，何以對我如此？

根據希羅多德的《歷史》記載，對神諭的理解，有以下的回應：

「太陽神阿波羅的預言說，如果克羅伊索斯向波斯開戰，他會摧毀一個強大王朝。遇到這樣說法，如果有人提醒他，他便應該遣人再問一次，所指的，究竟是他的還是塞流斯的王朝。但克羅伊索斯不明所指，也沒再提問。所以，他只能夠怨自己。」

"The Prophecy given by Apollo ran that if Croesus made war upon Persia, he would destroy a mighty empire. Now in the face of that, if he had been well advised, he should have sent and inquired again, whether it was his own empire or that of Cyrus that was spoken of. But Croesus did not understand what was said, nor did he make question again. And so he has no one to blame but himself."

這段引述，一箭數雕的講了好幾種事情。

克羅伊索斯這位富甲一方而又剛愎自用的末代皇帝，除了被後世喻為金融和財富的化身之外，也被喻為富貴如浮雲的代表。用在股市、金融行情上，克羅伊索斯便譬喻好市一朝爆破，令一些富甲一方的人，一夜之間墮入困境愁城。

卡爾·薩根說神諭這種玩意，最喜玩弄左右逢源，模稜兩可是其強項。究竟是刻意如此，還是無心之失，大家便不容易確定。根據希臘神話記載，

守德爾斐神壇的靈媒，是一位叫做皮提亞（Pythia）的女祭師。傳統上，女祭師的身分是一位不識字的年輕處女，她吐露出來的神諭，要透過中間人傳譯，才可轉化成為人聽得懂的語言，占問過程，便有如我們熟悉的中國扶乩。

　　希臘是一個極度尊崇知識和文化的國家，但同時也「滿天神佛」，而說神諭者，又竟然是一名「文盲」的少女。筆者的理解是，人類除了要追求理性知識之外，心靈上也同時存有一個追求直覺及「感性」的精神空間，據此，即容易認為，愈少「理性知識」羈絆的人，發揮直覺的能力便會愈強。所以，在世界各地的神諭、占卜活動當中，執祭師禮者，或掌靈媒身分者，便往往是教育程度不高，甚至是目不識丁的人。而不論是達官貴人，還是「有識之士」，都不介意「問道於盲」，原因便是，他們認為自己的理性知識倒是有了，但仍然好像有一個直覺、直觀的「感性」空間，相當荒蕪，如果自己無能力填滿，便只好假手於人了。

　　這種一般稱為巫術的現象，英國的波蘭裔人類學家，布朗尼斯勞 · 馬凌諾斯基（Bronislaw Malinowski, 1884-1942）說得最透徹。馬凌諾斯基在1944年輯成的《文化論》（The Scientific Theory of Culture）一書中有「巫術」一篇，談到巫術的存在，是人類文化中的必然現象，有很準確和獨到的見解。我引錄我國社會學家和人類學家費孝通先生的譯著，與大家分享。

　　「無論有多少知識和科學能幫助人滿足他的需要，它們總是有限度的。人事中有一片廣大的領域，非科學所能用武之地。它不能消除疾病和朽腐，它不能抵抗死亡，它不能有效地增加人和環境間的和諧，它更不能確立人和人間的良好關係。這領域永久是在科學支配之外，它是屬于宗教的範圍。現在我們是要討論這領域了。不論已經昌明的或尚屬原始的科學，它并不能完全支配機遇，消滅意外，及預測自然事變中偶然的遭遇。它亦不能使人類的工作都適合于實際的需要及得到可靠的成效。在這領域中欲發生一種具有實用目的的特殊儀式活動，在人類學中綜稱作『巫術』。」

　　馬凌諾斯基在《文化論》談巫術的篇幅很長，見解精闢的語句很多，筆者不能全抄，只能「斷章取義」的再錄幾句，原述則可參考費考通譯，馬凌諾斯基著的《文化論》，第十七、十八章。

「巫術的形式可以千變萬化，東漂西蕩，但是它是到處都存在的。」

「在一切有效的結果中，知識和技術都得到所應得的重視。只有那些靠不住的、大部分見不到的效果，那些一般歸于運命、歸于機遇、歸于僥倖的事，初民才想用巫術來控制。」

馬凌諾斯基還引用了夫累塞（James Frazer，一譯費雷澤，1854-1942，英國劍橋人類學先驅，畢生力著有《金枝：巫術與宗教研究》，The Golden Bough: a Study in Magic and Religion）的觀察和總結：

「科學的及巫術的宇宙觀是相近的……若我們分析種種交感巫術……我們會見到……它們都是兩個思想基律的誤用。這兩大基律就是根據相似性的聯想及根據時空中接觸性的聯想。這兩大基律應用得正確就得到科學，誤用了就得到巫術，所以巫術是科學的庶出姊妹。」

換句話說，不論初民，還是現代人，對於「有效的」科學固然尊重，但也毫無選擇地，要以「巫術」來填補剩餘的空間。那情況就像一隻名牌手袋，在店舖展出的時候，總是要用紙皮，閒置塑料等物填滿內容，使其飽滿見形，到有用家使用的時候，便可以放入實用的私人物品一樣。

嚴格來說，科學能解釋的條目愈多，巫術生存的空間便相對愈少。問題是，科學會否真的有絕對能力，霸佔整個解釋的市場。在人類的文化史上，這種此消彼長的現象顯而易見，但同樣地，像馬凌諾斯基所說的：「……那些靠不住的、大部分見不到的效果，那些一般歸于運命，歸于機遇，歸于僥倖的事」，都仍然長期地讓「巫術」提供了生存空間。

在電影的製作，或者某些創作的過程當中，作者經常會先擬訂一個工作名號，叫做 working title，到作品完成的時候，便會構思另一個更合適、更圓滿的名號。如果真的找不到一個更好的選擇，工作名號便會順利過渡到正式名號的身分。巫術與科學的互動關係，也大致如此。所以，以費雷澤觀察所得，巫術便是科學的庶出姊妹。

讀卡爾 · 薩根的書不會悶，原因是他不會本位主義地只談他的科學，他是一位理性主義者多於純粹是一位科學家。他的著作，喜歡用希臘神話、宗教經典，甚至詩詞歌賦來做引言，用人文學科的語調入題，所以很容易

吸納科際間的讀者。他在克羅伊索斯的故事中，談到里底亞這位剛愎自用的國王，聽取神諭的時候，由於過分自我中心，以至摘取了錯誤的信息，做錯了決策，最終連王朝都輸掉了。

卡爾・薩根認為，神諭是否模稜兩可，是否只是一種詭辯尚屬次要，重要的是，發問者還有沒有發問的智慧？有沒有放棄了理性的立場？

克羅伊索斯在決策之前祈求神諭，無疑是將直覺的權利交到神廟和靈媒的手裏，問題是，與此同時，他有沒有放棄了理性的立場，和使用理性的權利。於克羅伊索斯的情況來說，他便應該至少再問一次，將被摧毀的王朝，所指的，究竟是他的還是塞流斯的王朝？

類此的例子在中國的術數史上也時常出現，其中一個相當流行的故事出於民國軍閥時代。國共內戰時期，陳濟棠將軍因長期駐守廣東，故有「南粵王」或「南天王」的稱號。期間，陳濟棠因不滿南京國民政府，便想藉著自己的軍力而威脅中央。陳信道教，其兄陳維周亦習術人士，喜扶乩，占問所得，為「機不可失」四字，陳於是即時通電作反，動員二百架飛機北上。誰料所有機師一早已被人收買，放出去的飛機，無一回頭，是為「機不可失」。此為克羅伊索斯的東方版本。

依卡爾・薩根的說法，那便是發問者還有沒有發問的智慧，和放棄理性立場的問題。相傳刻在德爾斐的阿波羅神廟上，有三句箴言，其中一句便叫做「認識自己」，也即是「自知之明」，原來要「認識自己」和保持「自知之明」這種理性的清醒，是何等困難的事。

關乎發問者還有沒有發問的智慧，和使用理性權利這些問題上，我們還有一些引為笑談的批命句式，叫做「父在母先亡」，如能夠問清楚究竟是「父在，母先亡」，還是「父，在母先亡」，神諭要左右逢源，模稜兩可，不論是刻意如此，還是無心之失，便較容易釐清。

筆者便認為，巫術、神諭、算命活動也許被人視為「迷信」，但更關鍵處，在於一個人會不會在這些活動中，也同時保持理性思維，是否仍然能夠保持發問智慧問題的能力。從逆向而思，中國人長期沉醉於唯心活動，而不發展科學與理性文化，即於思維上嚴重失衡，那才會導至類似五四運

動的產生，試圖猛力地將鐘擺由一邊搖到另外一邊的極端。

至於術數界長久處於低檔次的存活生態，原因是習術數的人，長期不積極培養較精明高檔的消費者，而自己也甘於長作皮媞亞 (Pythia)，做一個不識字的年輕處女。「迷信」活動與理性思維，驟聽起來似乎難以共存，但筆者卻認為，前者只是代表一種開放的、保持前路視野寬闊的態度，你說它是一種「姑妄聽之」的態度也無不可，而保持理性思維，則有如馬凌諾斯基所說：「在一切有效的結果中，知識和技術都得到所應得的重視。」

精神病是沒有能力容納歧義。

佛洛依德

Neurosis is the inability to tolerate ambiguity.

SIGMUND FREUD (1856 - 1939)

皮提亞

太陽神廟德爾斐神壇中的女祭師皮提亞（Pythia）揭示神諭圖。相傳德爾斐的女祭師為一不識字的童女，所揭示的神諭非一般人能懂，要透過第三者傳譯，說起來便是一種靈媒的角色。後人猜測，皮提亞座下的地質有一裂蓬，讓特殊氣體透出，令祭師進入某種迷幻的精神狀態，從而能人所不能地道出神諭，宗教界則指那是地心裏的魔鬼作祟，所以視神諭活動為異教徒所為，是與邪道結合的表現。

有趣的是，據聞科學家卡爾・薩根有吸食大麻的喜好，說可以激活思考和增加寫作靈感。

機不可失

人的聯想帶有很強烈的偏執和選擇性。如果眼前見到一部飛機，而又看見「機不可失」四個字，那便容易令人聯想到飛機。但當某人一心只等待一個機會，並且將這期望不斷擴大的時候，一看見「機不可失」四字，便會將自己的期望及回應，心無二志的搭建成必然契合。到發現捉錯用神的時候，便已經是滿盤皆落索的光景。

預言經常帶有兩可或多可的特性，但又不至於離題萬丈，超出到難以自圓其說的範圍。到事實揭曉的時候，原來前言與後事又可以出奇地吻合。說明了某些規律，非人力能充分掌握，此為命運之原意。

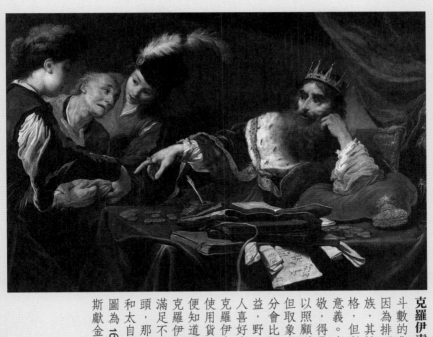

克羅伊索斯

斗數的焦點在於有系統地排列的十四主星，而其中的紫微星因為排頭，所以便瞩目。紫微取象為帝星，這人種屬於少數族，其性格也特殊。總體來說，紫微代表了一些領袖型的性格，但所謂領袖，也得因應文化背景的不同，而得出不同的意義。今日我們說一個人有領導才華，我們會期望他受人尊敬，得豐厚的酬勞，那是因為他有超卓的能力，肯承擔，可以照顧別人，為群體創造利益。

但取象帝星的紫微顯然不太覆蓋這些內涵。歷史上的帝皇部分會比較聰明，但共同點則大多數行霸，為的是家天下的利益，野心也大，亦容易剛愎自用，故此亦容易選擇性地隨個人喜好來理解問題。

克羅伊索斯（Croesus）的故事有趣的地方是，他懂得發明或使用貨幣。如果我們對近年的貨幣寬鬆政策有深刻的體驗，便知道掌權者如何利用權力優勢，來掌控及支配財富。克羅伊索斯創造了幣值，用合金鑄幣，是財富的化身，但仍滿足不了他無窮無盡的侵奪欲望，於是興起了攻打波斯的念頭，那是一種和命運對賭的欲念。克羅伊索斯顯然過於自信和太自我中心，才會誤讀預測，令自己陷入萬劫不復的境地。

圖為 1629 年，Claude Vignon 的油畫，描繪百姓向克羅伊索斯獻金。

三、陰陽術數，廢之可乎？二

科學沒有宗教便跛，宗教沒有科學便盲。

愛因斯坦

Science without religion is lame, religion without science is blind.

ALBERT EINSTEIN
"SCIENCE, PHILOSOPHY AND RELIGION: A SYMPOSIUM", 1941

「科學沒有宗教便跛，宗教沒有科學便盲」。這是愛因斯坦為科學、宗教兩瓣似乎長期天剋地沖的科目作出的解和名句，我的生活經驗告訴我，純粹學科學、信科學的人多數「死牛一邊頸」，極端表現便是性情涼薄；純學文藝或唯心的人，思路則常「花間柳巷」，極端表現便是精神恍惚，兩者都容易變成精神偏枯的人。

卡爾 · 薩根（Carl Sagan）和理察 · 特科（Richard Turco）合著的《無人想像的道路：核冬天與軍備競賽的終結》（A Path Where No Man Thought—Nuclear Winter and the end of the Arms Race），談的是核冬天的研究。老實說，我能夠看得懂的沒有幾章（全書 22 章，近 500 頁），不過，在我看得懂的僅有頁數中，我們看得見，像薩根、特科這些上世紀一流的科學家，從事的也是一種預言的工作，只不過，他們用的工具和方法，便和神諭或術數師大大不同，另外還有態度、層次、修養和識見的差異。

書本開宗明義說，科學的預言不一定準確，有時甚至經常失誤。譬如說，科學家便曾經預測殺蟲藥會滅絕海洋生物，世界糧荒將會是上世紀八十年代的標記，超音波飛機會戮穿臭氧層，這些出自嚴謹科學家的預言，今時今日看起來，便只屬杞人憂天的言論。

換句話說，薩根和特科寫這部有關核冬天的預測，也便無可避免地可能要面對同樣的處境，不過，這不能構成他們不預測的理由。負責任的科學家，依然有責任根據資料和理據，為可能發生的危機作出分析，提供理

解和可能的解決方法。另一方面，也需要社會的決策者，懂得發出智慧的問題，並當以智慧，去摘取適當的信息。事實上，薩根等人的核冬天研究計劃，自 90 年出版了這部《無人想像的道路》之後，也偃旗息鼓，而時代也適當地回應了他們的開放胸懷。

第二次世界大戰以日本廣島、長崎的兩枚原子彈劃上句號，至六十年代，由美國和蘇聯主導的冷戰及核危機年代，令世界上很多國家陷入核驚恐的心理狀態當中。一些科學家開始評估核戰爭可能帶來的危險，並試圖預測大規模核戰爭所可能帶來的氣候效應。當中最著名的「TTAPS」研究小組於 1983 年，由理察 · 特科、布賴恩 · 圖恩、托馬斯 · 阿克曼、詹姆斯 · 波拉克和卡爾 · 薩根（R.P. Turco, O.B. Toon, T.P. Ackerman, J.B. Pollack, and Carl Sagan）五位科學家組成，TTAPS 便是他們各人姓氏首字母的拼寫。

TTAPS 參考了火星的沙塵暴致冷效應，觸發靈感而設計出一個地球大氣層的二維簡化模型，用以計算核冬天效應。實驗結果認為，全面的核戰，可能導致內陸地區的溫度降至零下攝氏 40 度。TTAPS 的研究成果發表以後，很有一些科學家表示了質疑，有些認為言過其實，有些基於道德理由，認為危言聳聽，只會令社會不安。美國的氫彈之父愛德華 · 泰勒認為，核冬天的效應微不足道，諸如此類。1990 年，TTAPS 小組修訂了看法，表明全面核戰爭的後果，可能比 1983 年所想的為輕，但整體上仍不排除核冬天的可能性。91 年蘇聯解體，冷戰時代結束，核威脅暫時放下了警報，研究便沒有再進一步發展，現在也少人再提核冬天。

換句話說，科學的研究計劃、科學家的預言、科學家提出的解決方案，都可以容納失敗、接受失敗和承認失敗，並且認為那是常態，是理所當然的事。反觀術數便缺乏這種情懷。不論是 "He will destroy a mighty empire"，是「機不可失」，還是「父在母先亡」，與其說是模稜兩可，不如說術數總是希望左右逢源，要自己永遠雙贏，是輸打贏要的心態。

我由八十年代至今，也算讀過很多港、台術數名家的作品，部分名家常寫雜文體的專集，內容多說他們行術的故事，其中一個公式橋段，有如

下的起承轉合。

　　某人或某夫婦發生了事情，他們知道我了得，便千辛萬苦地託人來找我。我應他們之邀（有時可能還要勉為其難地），或替他們算命，或為他們看風水。經我查察之後，便道出了一些他們尚未啟齒的問題，令他們大吃一驚，不由不對我心悅誠服。然後我指導他們應該怎做怎作，之後，揮一揮衣袖，我走了。幾個月後，某人或某夫婦便因為事情擺平了，親身的來到我館子或舍下向我道謝。

　　這套寫作段式，幾乎便是這些書集的標準格式，分別只是主題或各有不同，較流行的題目便包括增財、旺商、生育、治病、小兒學習、夫婦感情、官非、升職幾項。有時候，變調的戲軌便是，某人聽了我的指導之後，並沒有確實落實執行，後果當然是嗚呼、嗟乎及為時已晚矣！

　　印象中的希臘神諭，通常只向當事人昭示一種未來的境況，而比較少兼辦解救策略提供者的角色，但有時也間接地、有限度地指示出解決的方向。譬如在特洛伊戰事中，神諭會說，斯巴達聯軍少了一個阿奇里斯，取下特洛城的勝利便無望。至於實際上應該怎樣執行，還是交由參與的人實際地去籌謀。這是感性尊重理性，也是感性和理性兩權分立、分工合作的表現。類此的行事方式，在我們中國的一些古舊武俠小説、民間故事中，或者還可以找到。譬如説慈母病重了，仙人教孝子要找到天山雪蓮才可以救母，至於艱辛的過程，便是一場理性和毅力的考驗。

　　不過，近世的術士風格，便似乎不惜一切地將「術數消費者」、「趨吉避凶」的渴求者，統統褫奪發揮理性的功能。這種現象，便只能説是詭道的表現，企圖將大眾「使貪使愚」。

　　《唐太宗李衛公問對》一書，相傳為唐代李靖所著，是中國古代兵書，北宋神宗元豐年間，被稱為「武經七書」之一。當中載太宗問李靖有關陰陽術數，廢之可乎？茲引該部分作結。

　　太宗曰：「陰陽術數，廢之可乎？」
　　靖曰：「不可。兵者，詭道也。託之以陰陽術數，則使貪使愚，茲不可廢也。」

太宗曰：「卿嘗言：『天官、時日，明將不法，闇將拘之。』廢亦宜然！」

靖曰：「昔紂以甲子日亡，武王以甲子日興；天官時日，甲子一也。殷亂周治，興亡異焉。又宋武帝以往亡日起兵，軍吏以為不可，帝曰：『我往彼亡。』果克之。由此言之，可廢明矣。然而田單為燕所圍，單命一人為神，拜而祠之，神言：『燕可破』，單於是以火牛出擊燕，大破之。此是兵家詭道，天官、時日亦猶此也。」

太宗曰：「田單托神怪而破燕，太公焚蓍龜而滅紂，二事相反，何也？」

靖曰：「其機一也，或逆而取之，或順而行之是也。昔太公佐武王，至牧野，遇雷雨，旗鼓毀折，散宜生欲卜吉而後行，此則因軍中疑懼，必假卜以問神焉。太公以為腐草枯骨無足問，且以臣伐君，豈可再乎？然觀散宜生發機於前，太公成機於後，逆順雖異，其理致則同。臣前所謂術數不可廢者，蓋存其機於未萌也。及其成功，在人事而已矣。」

四、論無知

我是那種認為科學有超常美麗的人。科學家在他的實驗室中不單是個技工，他還是一個小孩在自然景象面前有如被神仙故事吸引。

居里夫人
波蘭裔法籍女物理學家、放射化學家
兩度得諾貝爾桂冠

I am among those who think that science has great beauty. A scientist in his laboratory is not only a technician: he is also a child placed before natural phenomena which impress him like a fairy tale.

MARIA SALOMEA SKŁODOWSKA CURIE(1867 - 1934)
POLISH-FRENCH PHYSICIST AND CHEMIST
TWICE-HONORED NOBEL LAUREATE

最近，我在報章上讀到胡總書記提出了要樹立社會主義的榮辱觀，鼓勵推行人民的道德教育，並且譜成了「八榮八恥」的提要，協助人民提高德育水平。對於推行人民德育，筆者一向贊成，也實在雀躍，並且認為甚合香港推行。茲將「八榮八恥」引錄如下：

（一）以熱愛祖國為榮 以危害祖國為恥
（二）以服務人民為榮 以背離人民為恥
（三）以崇尚科學為榮 以愚昧無知為恥
（四）以辛勤勞動為榮 以好逸惡勞為恥
（五）以團結互助為榮 以損人利己為恥
（六）以誠實守信為榮 以見利忘義為恥
（七）以遵紀守法為榮 以違法亂紀為恥
（八）以艱苦奮鬥為榮 以驕奢淫逸為恥

「八榮八恥」以對偶的句法寫出，很易記。只是筆者認為，單寫上句已經足夠，因為能夠做得出下句的人，本身一定已經是個無恥之徒，還怎麼會知恥呢。

說起危害祖國、背離人民、好逸惡勞、損人利己、見利忘義、違法亂紀、驕奢淫逸七類罪行，一可以憑法律制裁，二可以用良心管束，唯第三項，「以愚昧無知為恥」，卻最難對號入座。

以崇尚科學為榮不難，我身邊許多朋友，大都不學巫術，並且經常聲稱：我信科學。崇尚科學者，當不在少數。尤其是香港人認為自己的教育福利完善，要多找一個愚昧無知者，幾難。

不過，人類歷史上倒真有幾個出了名是無知的人。

我只知道我一無所知。

蘇格拉底

All I know is That I know Nothing.

SOCRATES

第一個是希臘人蘇格拉底，他經常對人說，他最引以為榮的，是「我只知道我一無所知」。這個無知的人，卻不自量力的去教學生，教出了一個柏拉圖，一個色諾芬，最後亦因此而惡貫滿盈，被雅典人民法庭控訴他教壞後生、態度傲慢，卒之判了死刑，並判以飲毒堇告終。他的「我只知道我一無所知」，遂成了千古絕句。

如果我望得遠皆因能站在你巨人的肩上。

致羅伯特 · 虎克（英國物理學家）書

If I have seen further it is by standing on ye shoulders of Giants

LETTER TO ROBERT HOOKE (5 FEBRUARY 1675)

我不知道我於世界面前像個甚麼，於我，我便像個小孩在海邊耍玩，徘徊於偶爾尋得一顆光滑小石或一片美麗非凡的貝殼之間，而真理的大海

則如從未發掘般躺在我的前面。

蘇格蘭物理學家・布魯斯德
記牛頓生平

I do not know what I may appear to the world, but to myself I seem to have been only like a boy playing on the sea-shore, and diverting myself in now and then finding a smoother pebble or a prettier shell than ordinary, whilst the great ocean of truth lay all undiscovered before me.

MEMOIRS OF THE LIFE. WRITINGS. AND DISCOVERIES
OF SIR ISAAC NEWTON (1855)
BY SIR DAVID BREWSTER (VOLUME II. CH.27)

另一個無知的人是艾薩克・牛頓（Isaac Newton），他說他經常到海邊遊盪，拾幾塊貝殼及石頭，對世界也是一無所知的。又說他如果要看得遠些，便要站在巨人的肩頭上。可見他除了無知之外，還眼光短小，要借人肩膊墊底攀高。當然，他下半生花了大量時間，寫下了幾十萬字的煉金術及末日預言手稿，這些更加是他愚昧無知和迷信的確鑿罪證了。

歷史上應該還有好幾個無知的人的，但總的來說，應該也為數不多，只不過筆者一時之間記不起來了。

有時，扮無知也是一種策略性的行為。美國在 1850 年代出現過一個無知黨，背景是因為新教徒恐怕來自愛爾蘭的天主教徒移民大量湧入，會分薄新教徒的政治勢力，於是發起了政黨運動，他們表面的正式名號稱為美國黨 American Party，私底下則涉及很多秘密活動，而黨員之間則會嚴守秘密。任何外界人士問及其黨有甚麼活動，黨員都會千篇一律回答，I Know Nothing，即「我乜都唔知」，所以又稱「無知運動」，Know Nothing Movement。

發見的最大蔽障並非無知，而是學見的錯覺。

丹尼爾・布爾斯廷
美國歷史學家、博物學家和前國會圖書館館長

The greatest obstacle to discovery is not ignorance - it is the illusion of knowledge.

DANIEL J. BOORSTIN (1914 -2004)

據布爾斯廷觀察，要發現新事物、新觀點、新角度等，無知並非阻障，有時可能還是一種動力。最大的阻障，其實是學見的錯覺，通俗的描述，便叫做自以為是。所以，智慧和警覺的蘇格拉底和牛頓，便將自己心智的引擎，恆常地調校於「無知」的檔次，以虛納任何可能的發現。

學見的錯覺有時為虐比無知大甚。

筆者的《斗數卷》出了兩卷，期間倒有幾名讀者來郵，希望筆者能夠為他們定盤。既要求筆者定盤，那便可以理解為，他們對自己起出的命盤有所懷疑，覺得總不對頭，也算不準，認為可能阿媽記錯了他的出生時辰，所以便來求助。我看過其中幾個，根據來郵的三言兩語，也可以相信，全部盤都沒有起錯，相信只是讀盤人理解錯了。

其中一個是廉貞、天相坐子，乙年生，逆走，現行申宮紫微、天府大運，甲干化，流運事業宮見齊祿權科會。他郵中告訴筆者，剛入這大運，便因參加了一個飲食集團做加盟店，而集團經營不善，令他血本無歸，幾至破產。他大概認為，自己所走的大運，既有紫微、天府，事業宮又祿權科會，並且一大粒祿坐在其中，如此鼎盛陣容，怎會下場如此。我憑這點，便不假思索回覆，盤沒有錯，詳情並請參考《斗數卷‧卷二》之「星曜本義」談天相一章。

在談天相的時候，我說了兩個人物的故事，一為明朝初年丞相胡惟庸，二為前世紀德國首相卑斯麥。如果我們讀歷史，便知道君權神授，臣權君授的道理。胡惟庸冤死慘烈，卑斯麥黯然下台，皆因自己太盛氣凌人，與「天相」的居次身分不符，令「父母宮」不成關照。所以，天相命格的人，所走大運，自宮陣容愈鼎盛，父母宮愈弱，自己便「死」得愈慘。

我們的知識障是，「祿權科會」便叫做三奇嘉會，被許為人間極品。我的理解是，祿權科有如「三飛」子彈，給你是要來殺賊的，而不是要來上電視節目「歡樂今宵」擺甫士的；又有如三隻滅火筒，是要來救火的，

而不是專誠當做室內設計的。

另外一則説自己開出的命盤，七殺在申宮，左看右看，自己都不屬於橫眉怒目那種人，並且眼細。我看盤中七殺見祿，便答命盤應沒開錯，並請看「星曜本義」有關七殺一章。

大概一般斗數的認知皆認為，七殺如猛虎跳河，便當威武得鞭鞭有力。但我卻見過動物園和馬戲團的老虎，喜歡吃飼虎人餵飼的常餐，也聽命於兩大馴獸師的鞭令，溫馴得有如大貓，這便是七殺朝斗的意思。

這兩位讀者並沒有回應我的意見，如果不是欣然接受，便可能要花一點時候，重新組織一次自己的認知系統，到時或有新的發見，便再以高明教我。

在此順筆向幾位讀者致歉，筆者天大懶人，能力有限，效率奇低，對屈指可數的來郵，也只能寥寥數語簡覆，並且經常只能有拖冇欠。我只能在未來的幾卷，盡量覆蓋來詢，集體回應。再鞠躬。

於此也順道歌頌一下天下間最偉大的母親，她們十月懷胎，眠乾睡濕，含辛茹苦的養育我們，平日可以「奄尖腥悶」地把芝麻綠豆的事情都嚕嚕囌囌得清清楚楚，你便不要以為她那十級陣痛，可以令她神志不清到弄錯、記錯你的出生時辰。

筆者近十多年的閱盤經驗發現，阿媽幾乎永遠是對的！

回主題，關乎知與不知，有知還是無知，倒是我國的孔夫子説話有藝術，他老氣橫秋的教訓學生，

子曰：「由！誨汝知之乎！知之為知之，不知為不知，是知也。」

《論語 · 為政篇》

那麼，那些知之、不知的一大堆，究竟是知還是不知？是真知還是假知？是有知還是無知？如果知又是知，不知又是知，怪不得我們身邊這麼

難找無知的人。

人一生中只需無知加上信心，便必然成功。

馬克吐溫

All you need in this life is ignorance and confidence; then success is sure.

MARK TWAIN (1835 - 1910)
LETTER TO MRS FOOTE. DEC. 2. 1887

赤裸的想像力

科學除了要有努力探索，認真研究的嚴謹精神之外，還需要有豐富的想像力和創作力去推動。如果我們穿越了時空，以現代人的認識去問牛頓先生：根據你的理論，我們是否可以製造出人造衛星，GPS定位之類？牛先生大概也會問，人造衛星是甚麼？偉大的理論，大概仍要豐富的想像力和開創力，前仆後繼的去實踐、發展和施用。

上圖為十八世紀英國詩人、畫家，威廉‧布萊克 (William Blake, 1757—1827) 所畫的《牛頓圖》(Newton, 1795)。布萊克筆下的牛頓，有希臘神話中（或基督教）的神聖形象，對於天文、幾何的知識，有神聖的熱愛和追求欲望。

不甘於昧

希臘人喜歡論辯和探討道理，有些學者批評，這種過分的追求，有時會過分執著於理論，而輕忽了生活的實踐。但希臘文化還是影響了西方的整體文化發展，以科學、理性和對學術研究的執著譜寫了西方文化的主流。那是與中國的儒家文化大異其趣的一種面貌。

蘇格拉底因「妖言惑眾、教壞後生」，被雅典法庭判以飲毒酒伏法。圖為十八世紀法國畫家，雅克·路易·大衛《Jacques-Louis David, 1748-1825）畫作《蘇格拉底之死》（The Death of Socrates）。

五、剖腹產子能不能算？

傷害正義最詭詐的方法包括刻意地用謬論去維護它。

尼采

The most perfidious way of harming a cause consists of defending it deliberately with faulty arguments.

FRIEDRICH NIETZSCHE (1844 - 1900)
THE GAY SCIENCE, SECTION 191

在八十年代，我初學算命的時期，也是剖腹產子技術及風尚方興未艾的時候。當時有一輪辯論文章，討論了人工產子是否違反天意、會否令算命不準等問題。

這問題擾擾攘攘了好一陣子，後來便無疾而終了，大概控辯兩方都漸漸醒覺，意識到設題無聊，根本便不應該引入辯論程序，徒然浪費了公眾資源。事件也反映了與案者的學識水平一般，更遑論哲學和科學的修養。再辯論下去，只會更易露醜而已。

時光荏苒，轉瞬廿多年，剖腹產子已蔚為時尚，甚至已成為大眾普遍接受的生產模式，原因各異，計有以下幾項；

（一）減低女性生育或難產的痛苦。
（二）保持性徵及性器官美觀及耐用狀態。
（三）減低由於遲婚生育而帶來的潛在風險。
（四）方便安排醫生、假期、家人照顧等程序編排。
（五）健康理由。
（六）擇日、擇時辰產子的意願。

九十年代中期，第一批的剖腹產子已屆長成，我應朋友之邀，為他們的剖產公子千金算命，依然是按本子辦事的照算如儀，效果並無兩樣。

　　我讀過很多術數的辯論課題，當中很多都思路糾纏，邏輯前後矛盾，部分原因是習術者，有很大部分的人都文化水平不足。這種身分的人，在古代傳統的士大夫社會，便只能夠長期處於低下階層，「乃役於人」。文化水平低下的人，稍得習術之後，本來是役於人者，發現術數竟能令自己得以「役人」，倘若缺乏修養，的確可以令人由自卑變成自大。

　　說擇時產子干擾天命和自然規律，很多時便是由自卑變成自大的心態表現。在人類的歷史行程上，干擾自然規律，用心用力最勤的，莫過於科學探索者、殖民拓荒者、大冒險家、軍事野心家、經濟主義掛帥者等等。說到尾，整整一部人類文化發展史，就是一部人類「干擾天命」和克服自然規律的紀錄。反而術數師，除了一部分會漫山遍野，跑來跑去的「尋龍點穴」之外，大部分都只會「屁股指揮嘴巴」的「坐而論道」。

　　術數師教人「趨吉避凶」，於心態上，其出發點便是企圖「干擾天命和自然規律」，對於擇時產子，卻又選擇性的將其定性為違反自然規律，的確前後矛盾、精神分裂。依筆者經驗，擇時產子，往往反而體驗出天命，表現出自然有其選擇的規律，有時絕非任由人的「主觀能動性」可以轉移。這種規律，同樣也規範了上說的科學探索者、殖民拓荒者、大冒險家、軍事野心家和經濟主義掛帥者。

　　我曾經為一名準母親擇時，我看過了她的斗數盤，並且對她說，她應該會早產。遇到這種情況，你可以怎麼辦？你可不可以叫她向醫生說，請求醫生為她安排比預產期早兩個月的剖產安排？

　　事實上，大多數的產期，不論擇時不擇時剖產，最後拍板的，依然是老天在話事，絕對不是算命師能夠說了算的。譬如說，香港很多私人醫生，都是和醫院預先安排好一年中的使用量和使用期的，如果你的私人醫生甲君，在某醫院的預留時間是早上八時至十時，那麼，你認為最有擇時的話事權的，應該是算命師還是你的家庭醫生？很多醫生還是科學會的信徒，你說要擇時產子，有些會直斥荒謬，有些會跟你虛與蛇委，到時到候，總可以迂迴曲折、峰迴路轉的排到了他預留的院期接產。一個「信科學」的人，

總不能因為你「迷信」，而誤了他打十八洞高球的約會。

就算你大富貴，可以用大量的金錢確立話事權，令醫生聽你指點，不過，變數還是多得很。譬如說，你擇好了時間，偏偏醫生遇上了交通大阻塞，誤了院期。又或者，手術房的上一個手術項目比原先所想的用時更長，誤了你的期。又或者忽然有重傷者送來，徵用了你的醫生和時間，還有其他想像以外的各種原因，都屢見不鮮。還有，在送院途中已急不及待地順產的又如何。

我具體的經驗是，有一天下午，我如常地在一家相熟的茶餐廳，正準備享受每天一頓的鮮鯇魚片粥加炸油條的時候，準母親的親人打電話來，說母親穿了羊水，即將生產，足足比預產期早了兩個月。她的親人問，由這一刻開始，相信還有四、五個小時的間隙，究竟早一個時辰好，還是等下一個好？

My God ! 你認為「好時辰」會像公共巴士一樣，每十五分鐘開出一班？

算命師經常都喜歡小題大做，對天命呀、自然規律呀、道德呀一類，牙牙學語的上綱上線地亂扯一通。就算大肚婆妊娠狀況一切正常，醫生說她八月十五便是預產期了，然後來叫你擇日擇時，你以為你有幾大的選擇空間？如果說，三個月後有個好時辰，將來可以做總統的，你叫大肚婆等三個月成不成？

江湖算命幼稚的地方便是，凡事經自己沾上一手的，都會因我而乾坤大挪移。江湖上流傳一個故事，說前美國總統列根叔叔及其夫人都很信占星，當然也信風水。他以前買屋，便特地找過香港的名風水師相過宅。後來，終列根一任，美國成功地將蘇聯這個共產主義國家解體了，追本溯源，蘇聯的國祚，便應該將其中一筆賬，算到香港的風水師頭上來。

擇時產子，是父母對子女期望的一種表達方式。筆者比較幸運，受朋友所託，便從未遇過甚麼非分的要求，一般走不出希望孩子身體健康，可以多點讀書的興趣這一類範圍上。這些期望，就算是「干擾天命」，也只算是一種「善逆」，算是「第二種忠誠」。希望世界上多一個健康的人，減輕社會醫療體系的負擔，希望多一個儒雅的市民，令社會的人口質素提

高，這些意願，在人在天，大概也找不到甚麼要反對的理由。並且，從祿命學角度說，要滿足上述期望，技術上也比較易辦。

譬如說，斗數的文昌、文曲，是跟時辰安星的，要取得昌曲配上適合的主星，略作調校便可，不過，昌曲只以儒雅做起點，真正要學問出色，還是要加上眾多因素的契合。至於體質，對術數掌握得熟練的算命師，也可以在那有限的預產期內，避重就輕的選出一個相對較好的時間。至於算命師的功夫是否真正熟練，那則是另一項要斟酌的問題。至於要望子成蓋茨或者「超人」的，便可能要求媽媽能有安胎幾十年或幾百年的能力了。

算命師為人擇時，當中便應該隱含了順天的考慮，明明是中等人家身分，為人擇出來的時辰命盤，卻是父母為國家權貴，為巴菲特級富豪，那麼，那條故事應該怎樣串連？所以，筆者便由始至終認為，為朋友擇時產子，依然不可能偏離情理；而算命師身分，也只能謙虛地廁身為以前在街邊為不識字的人代寫申請文書的「寫信佬」，為銀行裏代人填表申請抽籤購買新股票的職員，為博彩投注站中為人填寫彩票的代寫服務員，至於主家的申請是否批核，彩票是否中獎，便當有更高的旨意。

我相信天主不會給我難以處理的事情。我只希望祂不要對我這麼信任。

德蘭修女

I know God will not give me anything I can't handle. I just wish that He didn't trust me so much.

MOTHER TERESA

在上古的年代，祭師便集醫、巫、史等於一身，西方如此，我國也如此。《易經》第五十七卦，巽為風中有九二爻辭謂：「巽在床下，用史巫紛若，吉無咎。」說的便是巫史一家。今日的醫、史已經脫離巫的身分而自立，不過，巫身者，企圖參與社會多項事務的意欲，依然是餘情未了。

我在八十年代末曾參與過電視台工作，那時候，七運旺術士，電視台有一些節目，每周邀請多位術數師上電視預測股市走勢，各抒己見。每星期揭曉，總是有人測中，有人測不中。測中的會受人注意，或自己藉勢宣傳，

測不中的，下次再來，總會有中的一次。

後來，我因為電台工作而學識了賽馬博彩遊戲，我看報紙的馬經版，每次每場賽事，不同的名家，有不同的心水推薦，如果你每個名家的推薦都讀，便發覺所有馬匹的名字都有人提供。我當時便想，假如我是馬經版的老總，如果有一個賽馬日，馬評家交來的心水推薦，幾一式一樣的只得那幾隻熱門馬，我當毫不猶豫地，請當中幾位馬評家回去再寫一份多點其他的選擇來，否則，萬一不幸賽事爆冷，我明天的馬經版版頭，還怎可以用紅圈標示出我的馬經版又有大量中彩？

不過，部分普羅大眾從八十年代起，便的確有一個術數師懂預測股市走勢的印象，而部分術數師也凝固了這份印象，將它變成了意識，每年頭總要參與預測一次。有些術數師今年中了，求財者聞風而至，但下一年預測卻滑鐵盧，令大家失望，過分追捧者便輸得很慘。

術界長時期自視過高，設題太多，野心太大，如果沒有足夠的涵養去支持，思辯起一些較哲學性的問題，便更容易錯漏百出，並且經常鬧笑話。筆者年少時習文學，便覺得文學「博大精深」，幾可掩蓋世界上任何其他科目的價值，這種本科本位主義的想法，後來回想，便覺幼稚得可愛。五四散文家梁遇春寫過「文學與人生」一題，當中引述過波蘭裔英國小說家約瑟夫 · 康拉德（Joseph Conrad）的文章說：

「文學的創造不過是人類動作的一部分，若使文學家不完全承認別的更顯明的動作的地位，他的著作是沒有價值的。這個條件，文學家—特別在年輕時節—很常忘記，而傾向于將文學創造算做比人類一切別的創作的東西都高明，一大堆詩文有時固然可以發出神聖的光芒，但是在人類各種努力的總和中佔不得甚麼特別重要的位置。」

這種能夠跨越本科本位主義的謙虛和胸襟，確實令人心悅誠服。我們如果將引述文字中的文學兩字，改套上術數一詞，便可以如下寫：

「術數不過是人類動作的一部分，若使術數家不完全承認別的更顯明的動作的地位，他的著作是沒有價值的。這個條件，術數家—特別在年輕時節—很常忘記，而傾向于將術數創造算做比人類一切別的創作的東西都

高明，一大堆術數有時固然可以發出神聖的光芒，但是在人類各種努力的總和中佔不得甚麼特別重要的位置。」

如果術數界能得這種僵人的謙虛和胸襟，其地位便當不止於此。

附錄康拉德原文：

"And yet literary creation being only one of the legitimate forms of human activity has no value but on the condition of not excluding the fullest recognition of all the more distinct forms of action. This condition is sometimes forgotten by the man of letters, who often, especially in his youth, is inclined to lay a claim of exclusive superiority for his own amongst all the other tasks of the human mind. The mass of verse and prose may glimmer here and there with the glow of a divine spark, but in the sum of human effort it has no special importance."

NOTES ON LIFE AND LETTERS
BY JOSEPH CONRAD

約瑟夫・康拉德（Joseph Conrad）

術數師幾乎自我稱許能醫百病，可以幫人改運，可以助人致富，甚至嬰兒的一生成敗，只要術數師一插手，便要令天地乾坤逆轉而行，違反自然規律。筆者經常訕笑風水師、算命師只是騙頭黨（香港以前出現過一些專替著人肩膊頭討錢的小無賴），文雅的描述便叫做搭順風車，都是乘別人的佳運而抽水揩油的巨人肩膊上的小矮人。在八十年代，香港所有的風水師都必然是大師，因為那年代遍地黃金，香港人任何時候都可以在街上踢到、檢拾得到，那個時候，你說哪個風水師會因不學無術而失手？

能夠有康拉德的胸懷者，便更如鳳毛麟角！

圖為小說家約瑟夫・康拉德（Joseph Conrad）像

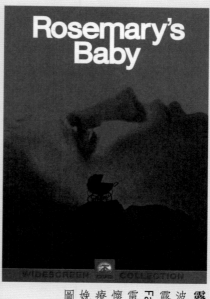

露絲瑪利的嬰兒

波蘭斯基 (Roman Polanski) 1968 年的驚慄經典電影作品，露絲瑪利的嬰兒，港譯「魔鬼怪嬰」，由美雅花露 (Mia Farrow) 飾演懷孕的母親。電影描述女性對生育的恐懼，當中牽涉宗教的恐怖意念，對懷孕的母親構成嚴重的精神壓力，及致於崩潰狀態。近年醫療技術進步，設備改善，令女性生育風險大大減輕，無痛分娩、剖產，令擇時產子變得普及和 user friendly。圖為當年的電影宣傳海報，用於再發行的光碟封面上。

克林姆：希望之二

奧地利象徵主義畫家古斯塔夫·克林姆 (Gustav Klimt, 1862 – 1918) 於 1907-08 年的畫作，「希望之二」(Hope 2)。描寫女性對生育充滿憧憬。

六、八字相同的人，命運難道也一樣嗎？

《伊利亞德》的作者一是荷馬，如非荷馬，便是另一同名的人。

赫胥黎，英國作家

The author of the Iliad is either Homer or, if not Homer, somebody else of the same name.

ALDOUS HUXLEY (1894 - 1963)
ENGLISH WRITER

為何你總要像其他人一樣要與人不同？

瑟伯爾
美國作家、漫畫家

Why do you have to be a nonconformist like everybody else?

JAMES THURBER (1894 - 1961)
US AUTHOR, CARTOONIST, HUMORIST, & SATIRIST

八字相同的人，命運難道也一樣嗎？這條問題，通常都是外行人問內行人，門外漢向習術數的門內漢踢館提出的。

筆者淺陋，在看過的回應文章中，幾乎清一色的都是招架守勢，並且盤根鬆散，馬步游移。以下是一些類型答案。

其一是：同八字的人，命運也不會一樣的，譬如說，父母的教養啦，祖上的福德啦，後天的努力等啦，所以，同一八字的人，沒有兩個人是相同的。

父母的教養、祖上的福德、後天的努力等，都是光明閃耀的人類德性和價值，筆者絕對無否定的意思，不過，用這些外緣的理由來答一條這樣

尖銳的問題，顯然未曾對準核心，而只是咦咦哦哦，顧左右而言他。內行人語氣狐疑，難怪外行人輕蔑。

設想一個學術數的人，有幸在一個小時裏，同時接了十個八個八字相同的命盤去算，根據「沒有相同」的思維，這位幸運的（還是倒霉？）算命師，究竟要怎麼辦？如果又福德、又祖上、又後天、又甚麼的要説出十個不同版本，你以為自己是「金牌編劇」？筆者忍不住要問，此人學藝三十年，所習何事？如果命運的方向可隨意再劃，任意可改，命理又如何歸納總結經驗，系統又何所依據！

另一種答案稍為高明，打圓場得來還算有點説服力。

故事是這樣説的，做小沙彌討飯出身的朱元璋做了皇帝之後，害怕與他有同樣八字的人會奪他的皇位，於是便下令緝捕和殺戮和他八字相同的人。殺到冷靜的時候，朱元璋抓了其中一個即將行刑的受害者，問他是做甚麼職業的，受害人答，他是養蜂的。朱皇帝問他養了幾窩，蜂農説十三窩，朱元璋乃喜道：真巧，你蜂皇管十三窩蜂，我管十三州郡的天下，還不是命運相同嗎？朱皇帝頓然釋懷之後，便將要殺的人都放了。

這個故事是否真實，筆者不知道，不過卻説出了一個要點，即算命所算的，於八字相同的人來説，只是算出一個大同、類同而已。命理學整體上較確定的成就，亦在於算出大同；對於性格類同的型態、運勢、趨向等，都比較有一定把握。至於推算細部細節，套用股市的術語，便屬於各家各派的個別發展，各門各路的個別表現，要推算得極微細，技術上很難，要加上很多八字以外的插件和工具，縱偶得，亦必然掛一而漏萬。

不過，推細至微的技術雖然困難，局限也大，但仍難阻好此道者繼續找尋、探索，這種努力，便一如奧運一百公尺短跑，明知 0 秒不可能，卻不阻向九秒九、九秒八，九秒⋯⋯的方向突破。

不過，筆者仍然覺得這兩種答案，未能積極進取地回應那些踢館者的

無禮和無知。我的答案分兩種，一種是哈哈，另一種則態度較為認真積極，前者回敬踢館者，後者回應朋友的垂詢。

哈哈的答案有以下的格式。

1st movement

噢，你真聰明，這問題我幾十年前唸小學的時候，老師教我們不要迷信時已經提過，想不到你還記得，我學了幾十年術數，想不到現在才給你點醒。

2nd movement

我偶爾會追問，八字相同的人，每個人的命運都不一樣，你是否研究過？每當我這樣問的時候，對方通常都會先愕一愕然，經驗告訴我，那些認為每個人的命運都不相同的人，十居其十都只是想當然、道聽途說而已，這種信念，其實亦只等同一種信仰，是一種受薰陶、受教育（唉）而培育出來的想法，亦即人云亦云。他們的下一句回應多數是：有甚麼理由呀，沒有理由的，完全沒有科學根據！

3rd movement

我的壓軸句是：果然是不學無術！當對方剛猶豫我這話是否有挑釁成份的時候，我會補充一句，無是巫術的巫，然後大家便可以哈哈哈哈……

我們都習慣說一些政治正確的話，以訶諛積習難返的民粹思想模式，譬如說，一般人都喜歡用沒有科學根據這條句子去挑剔人，也害怕別人說自己的看法沒有科學根據，其實兩者都只反映出文化水平低落，辯理能力疲弱。筆者一生人做過很多沒有科學根據的事，在未搞清楚究竟是先有雞還是先有蛋這個問題之前，便吃掉了無數的雞和蛋。八字沒有科學根據，你奈我如何？習術數的人，從來便沒有人敢對一條「八字相同的人，命運難道也一樣嗎？」的問題說一聲，WHY NOT？

眾生憧憧而傲慢，現代人多受了個人主義的教育，便容易將一個自我漲大。如朱元璋者，最終總算弄通了一點道理，原來天大地大，還是可以容納得下幾個「皇帝」的。長期受到個人主義教育長大的人，心胸便狹窄到容不下幾個與自己八字相同的命格。如果你說，八字個個不同，命運個個不一樣，那麼大家聽起來，便會感覺良好得多，政治正確得多。基於這種民粹式的誤想，一般智慧的習術者，便潛意識的認為，命盤如果組合愈

多，便愈符合命運各有不同的民粹科學心理訴求，並且悉心的將命盤組合，朝六十三億之數的方向僭建。

這種不辨理性，而刻意訶諛民粹個人主義心理的想法，最能用在消費商品的推銷策略上，並且行之有效。譬如說，這一隻牌子的服裝或者香水，最能夠突顯出你的個人品味，令你有與眾不同的感覺。客觀的事實是，這一季的產品，總共生產了十萬套、百萬套，為甚麼你總要像千千萬萬的其他人一樣，這麼執著於要與人不同？

有些生產商促銷產品，懂得將這種個人主義心理玩弄得更巧，譬如說，只賣幾千件產品，然後將售價抬得超高，每件產品印上了序號 (serial number)，於是，同日同時出廠的產品，便都有個別不同的、專屬八字了。

我在電台任職的時候，見過很多的藝人，要歸類，不外乎發越的、中游的、半浮半沉的和失落的幾類。有些新入行的無知少年，剛愎自用，情緒乖異，我們不用看他們的八字或命盤，也知道他們要碰壁然後殞落是遲早的事。到後來，有些人傻了，要吃精神科藥物，有些自毀，有些沉淪，是哪一個版本，不外是技術枝節而已。

我在音樂媒介工作的一段時間，有很多機會留連於風月場所。我很多時會問起風塵中人的身世、背景，以廣識見。我不無詫異地發現，她們的一般背景、流入風塵的理由和經歷，竟何其相似。

2002 年，是香港經濟及社會氣氛都愁雲慘霧的一年，一些朋友、朋友的朋友、朋友的朋友的朋友來訪我的陋室，他們的問題，幾乎全部不用看命盤，也可執其脈絡，大家的際遇何等相像。每次我說，你煩惱的感情問題，並非你個人專有，我也曾有過婚姻失敗的經驗，老天虧欠的，才不只你一個；對那些失業的、背著負資產的朋友，我回應我自己經濟不景也有好幾年了，你的境況可能還要比我好些。我還可以輕鬆地生活，你比我好，一時的緊迫，沒有甚麼大不了的事。

有些人聽完之後，心中舒了一口氣，步伐比來時較輕鬆的走了。另外一些還未想得開的，可能還要滿懷心事的過一段日子，天曉得。那三幾年，我最快樂的，莫過於自甘墮落，安然地躺在最底層，墊高那些心緒不靈，

坐立不安的朋友，讓他們體會出比上不足，比下有餘的安慰。

　　大概人最希望的是，富貴的時候，最好便是自己獨一無二，落魄的時候，多幾個八字相同的人便倒也不妨。那三幾年，我有把自己看成是「麥田捕手」的感覺。

　　小提琴和中提琴的分別在於中提琴燒得較久。

維托 · 埔柱
幽默作家、藝人及世界級鋼琴家

The difference between a violin and a viola is that a viola burns longer.

VICTOR BORGE (1909 - 2000)
HUMORIST, ENTERTAINER AND WORLD-CLASS PIANIST

　　我常認為，人生到了四十多歲的關口，只要對生命的感覺不太遲鈍，便總應該有能力總結出人生的一些道理，掌握到人生的一些律動、型式、法則和趨向。要不要算命反而其次，身心壯健的人行山，要不要拿手杖？有則可用，無亦何妨。

　　只要我們的思想空間不會被太多的過期概念堵塞，稍有迴旋的餘地，便不難察覺，某些人、某些事情，總好像有一點似曾相識的感覺；而這些人、這些事，又總是隱約而又曖昧地依循著一些含蓄的規律、一時難察的形式、時序等，稍加改裝地重演和出現眼前。這種現象，不屬於個別例子，而是相當普遍現象。不過，我們對生命的感觸，一般在成熟階段之後，才因人和事的頻密接觸，而懂得歸納資料，辨識出 pattern。由二十多歲出來社會做事之後，有些人經歷過兩三期的周律，另外一些人少些，另外一些人多些，總的來說，不論個人是成功還是失敗，風光還是暗滯，還是平平無奇，最遲也應「五十而知天命」。

　　老子洞察人情的智慧，可說是曠古爍今。《道德經》第五十六章有「挫其銳，解其紛，和其光，同其塵，是謂玄同」句，重點便考人是否對人生貌似繽紛的外貌仍能保有敏銳的觸覺，能辨識出人生某些寬鬆而又含蓄的規律，並且能否「和其光，同其塵」。若能達於玄同，便不會介懷於一個

專利的八字。

　　無奈眾生執意太銳，思亂且紛，民粹樂於認為，人生的自由自主，便一如到蘭桂坊上的餐廳進餐，召伙計來即可任意點菜，殊不知餐牌上來去不外那幾款，與鄰座所吃者差無幾！那打保齡球的人總覺得自己佔了一條獨一無二的球道，自己每發一球都獨特優美，不想想這條球道早兩個小時有人用過，早兩日有人用過，都剛好打出 168 總分。而自己每打一球，也不外重重複複的打向那十幾個木樽，如果打球不失，也總是走不出那三尺軌道。

　　在美國，經群體壓力，有了選擇自由，但卻無甚麼可選。

彼德 · 烏斯丁諾夫
英國電影演員、小說家

In America, through pressure of conformity, there is freedom of choice, but nothing to choose from.

PETER USTINOV (1921 - 2004)
ACADEMY AWARD-WINNING ENGLISH ACTOR
WRITER. DRAMATIST AND RACONTEUR

　　人類正因為有太多相同，才可以建成共同體制，訂立大眾接受的道德規範。有些人的命運，在某段短時期內，可與另外一個同類型命運的人惺惺相惜，有些則相似的時段較長，也有兩個分隔天涯海角的人，原來一生走勢大同小異，起落形態近似。如果你認為不應相信世上有這些現象，也不接受有人命運會相同，那大概是你的 Ego 在起排斥作用，自尊脆弱容易受損，那倒真的可惜。

　　所以，我執太銳的人多剛愎，能「和其光，同其塵」的人則多謙厚。

　　老子《道德經》第十六章：
　　「致虛極，守靜篤。萬物並作，吾以觀復。夫物芸芸，各復歸其根。歸根曰靜，靜曰復命。復命曰常，知常曰明。不知常，妄作凶。知常容，容乃公。公乃全，全乃天。天乃道，道乃久，沒身不殆。」

以下是我的實際經驗。

當今朋友之中，我算過兩個天府在亥宮坐命的男命盤、兩個天府在亥宮坐命的女命盤、兩個太陽在午宮的女命盤，和不知幾多個天同、太陰在午宮的女命盤，他們起出來的星曜鋪排都有近似的地方。這些命盤，出生年月日的八字全部不同（在斗數中，就算不同八字，也經常有機會排出類近的命盤）。這些命盤的主人，大多數都在我替他們解盤前素未謀面。有幾個人來到的時候，我懶到索性將前一個類似命盤的故事複述一次，包括性格描述，運勢的大約，還有部分自然主義式的細節勾劃，另外小異的地方則相應的修訂。

事後這些命盤主人向轉介來見的朋友說，準到得人驚。筆者無意在此吹噓術數的驚艷（經驗而已），我只不過想說，人的命運有大雷同者，可能只是人生常態，只是 Part of life，只是我們成長時，各方的教育都禁止我們這樣想，並且視之為異見思維，「共用八字」便被認為侵犯了自我的尊嚴，對於命運的律動，我們便寧可視而不見。

有人或許還要死辯，沒有兩個人的命運會是一樣的，起碼你說的同八字的兩個人，昨晚所吃的，一個是菠菜，一個是小白菜，今天兩人拉矢，也各有軟硬。那麼，我真的不介意你再發展多五百萬組命盤，以表其細。

至於那些不容天下有相同八字的人，或知有相同八字但對命運不肯兼容的人，其心態也不外是「……甘其食，美其服，安其居，樂其俗。鄰國相望，雞犬之聲相聞，民至老死，不相往來」的小國寡民心態而已。（老子《道德經》第八十章）

帝君多疑

明太祖朱元璋，明朝開國皇帝，出身寒微。他幼時曾為地主放牛，至正四年（1344年），淮北大旱，朱元璋的父、母、兄先後去世，乃入皇覺寺當行童。後因荒年寺租難收，寺主遣散眾僧，朱元璋便只好離鄉而成為了遊方僧。

猜疑心極重的朱元璋得天下後，為保皇室權力，不惜大誅功臣，其中刑獄最烈者，有殺戮宰相胡惟庸一案。至於捕殺同一八字的人，相信只是傳說中的故事。

聖經故事中，希律王聽得東方三博士說有耶穌這位王者生，即大舉捕殺城內兩歲以下男嬰。故事和戲軌，便頗有雷同之處。

去聖去王

筆者雖然沒有特定的宗教信仰，但對個別宗教的價值觀還算有點認識，並且略受其影響和感召，當中以耶教的基督精神印象較深。耶穌以帝皇身分降臨，然其職掌卻是愛和犧牲，行為平易近人，奠定了人類的普世及終極價值。儘管後來具體制形態的教會在歷史上行為多所失誤，甚至為人類帶來了沉痛的悲劇，但上述的普世及終極價值始終後繼有人，施行持續。

上圖為英國畫家約翰·艾佛雷特·米萊（John Everett Millais, 1829 - 1896）的畫作《基督在父母家中》（Christ in the House of His Parents），是 1850 年作品，發表後引起了極大的爭議，原因是米萊將教會中傳統保守的基督神形象畫得過分寫實和人性化。非議的焦點在於畫的背景設於滿地木屑、毫不高貴的現場環境，把聖母瑪利亞畫得很醜，像個醉婦，小童時期的耶穌畫得像個由貧民窟嬉玩回來的頑童，這些嚴苛的批評，很多還是出自大文豪狄更斯 Charles Dickens, 1812 - 1870 之手。

不過，英國人畢竟還是懂得尊重藝術和創意的民族，為了緩和爭議，和保護藝術創作免遭不測，維多利亞女皇（Queen Victoria）要求將畫作送去白金漢宮（Buckingham Palace），讓她可以私下審閱。

畫中還有很多聖經故事的喻意描述，熟悉的讀者可以玩玩看圖找答案的遊戲。

七、斗數和子平誰大？

今日的程式設計是一項競賽，由軟件工程師竭力構造更大及更佳的「傻瓜都識用」程式，對奕上天（宇宙）試圖生產更大及更甚的傻瓜。至今，老天仍在贏。

力奇 · 庫克
美國作家

Programming today is a race between software engineers striving to build bigger and better idiot-proof programs, and the Universe trying to produce bigger and better idiots. So far, the Universe is winning.

THE WIZARDRY COMPILED
RICK COOK
US WRITER

任何聰明笨伯都能將事情搞大、搞複雜、搞橫。要有天才的觸覺，及大量勇氣，才懂逆向而行。

舒馬赫
英國經濟學家、統計學家

Any intelligent fool can make things bigger, more complex, and more violent. It takes a touch of genius -- and a lot of courage -- to move in the opposite direction.

E. F. SCHUMACHER (1911 - 1977)
BRITISH ECONOMIC THINKER, STATISTICIAN AND ECONOMIST

術數界最常見的一項爭拗是，紫微斗數和子平八字誰優。其中一個論點包括，那一門術數能夠開出較多的命盤組合，那一門術數便應該勝出了。好像「鬥大」便是優劣的判斷準則。

如果說斗數和子平的命盤組合誰多，我可以搶答，四柱八字較多，甚至多出好多。數字是這樣計出來的。

　　紫微斗數起盤，在年用干支，在月則只用一至十二月，於日是數日子，於時則用 12 個時辰，所以，斗數盤的四組基數不外是

　　（一）干支有 60 個組合，

　　（二）月數 12，

　　（三）日數 29-30，

　　（四）時辰數為 12。

　　這四項基數，便管死了紫微斗數的基本組合，所以，就算斗數再加多一百顆、二百顆雜曜，只要這四組起星的基數不變，始終也只能夠起出同等量值的命盤。

　　其計法即簡單如下：

　　60×12×30×12=259,200。

　　如果用最原始、最笨蛋的數手指方法來算，以一個花甲子 60 年計，由 1924 年 2 月 5 日（即甲子年正月初一）起，數手指數到 1984 年 2 月 1 日（即癸亥年最後一日的十二月三十日）止，總共便是 60 年，合共 21,911 日，化作 262,932 個時辰。一個時辰生產出一個命盤，所以，一條死數便是 262,932 個命盤，清清楚楚。

　　其他方法計算出來的數字，便全是紙上談兵。

　　不過，這 262,932 個命盤，仍然可以容許一些變數空間。一個是男順女逆的變數，即可以將 262,932 乘 2，變成 525,864，如果再加一個變數，即容納坊間流行的「天、地、人」盤起法，則又會變成 525,864×2+525,864×10/12=1,489,948。為甚麼要將一組 ×2 加另一組乘以 10/12 呢？因為天、地、人盤中，除了 525,864 個天盤外，還可以用福德宮做命宮再起一個命盤，即 525,864×2；另一個則用身宮做命宮再起一盤，但由於子午時生人是命身同宮的，和天盤重疊了身分，所以要撤走兩個時辰，變成 10/12，三者相加得出 1,489,948 的數字，是組合的極限。

事實上，地盤和人盤一般在算斗數時極少用到，筆者幸運，為朋友算斗數，十多年來都不用，所以，525,864 個組合，算是老老實實的數字了。

子平八字又怎樣計算？

如果八字照樣取上例的六十年循環來計算，則 262,932 個時辰也同時管死了 262,932 個組合，一個也不能多，一個也不能少，如果加上男順女逆起例，也是 525,864 個組合。

不過，八字不同的地方，是它的日柱用干支排列，而非像斗數般單純用手指數日曆上的日數。八字用太陽曆的年系統，用六十干支來循環計日，但一年有 365 日多，所以便不能夠以六十循環來盡除，於是便出現一個六十甲子年完了，但日子的干支，卻未能同步完成它的六十循環周期，引至歲差歲歲累積，並且餘音未了的帶進下一個六十年的周期，造成了年與日參差而令組合增加的現象。

仍照前例說，1924 年即甲子年的正月初一，日干支為甲寅，60 年後，1984 年的甲子年正月初一日卻是丙寅，參差了 12 日，於是便出現每個月都有十多日和上個六十甲子相同的四柱，亦同時有十多日與上個六十甲子四柱不同的現象。這種參差出來的組合，便要等更大的公倍數去擺平。

所以，我可以肯定，八字的組合一定超過 525,864，所超者並且不在少數。

我不是數學內行，不過以下的計算方法大概可以接受，如有差錯，還請高明教我。

八字的四組基數是
（一）年柱干支共 60 個，
（二）月柱雖然也用干支，但卻有規律限制，一個年柱天干，只固定組合 12 個干支，有如投注賽馬的一串十二注式一樣，所以基數也只是 12，
（三）日柱干支，是 60 數的循環，
（四）時柱干支，12 數。

整合的數式當為 60×12×60×12=518,400 個組合，如加上男順女逆變化，便是 518,400×2=1,036,800。比斗數多出近一倍。

接著的問題是，斗數與八字比較，是否組合的數字愈大，該門術數的精準度愈高？筆者其實沒有答案。

我曾經造訪過一個有關地球人口的網站，站上有一個計數器，計算即時的地球人口。那個計數器根據一些全球生育與死亡的數字資料統計，演繹即時的地球人口狀況，人口數字這一秒加，下一秒減，計數器便這樣加加減減的前進。總的來說，全球人口現時在六十三億上下徘徊。

我想，如果有門術數告訴你，它能開出的命盤組合有六十三億之多，那麼，你認為該門術數是優還是劣？

術數長期處於「九流」位置，原因泰半是習術者的治學能力疲乏，科際學問和識見不足，所以長久未能登大雅之堂，並且被顯學摒棄於學術殿堂門外，做其流浪孤兒；任憑有心人積極攀附現代科學的裙腳，術數仍少見地位攀升，反而演出笑柄纍纍。

地球上大多數的人文學科，都希望能夠從千絲萬縷的人類文化活動中，找出一些

「歷史演進背後所隱藏的『律動』(RHYTHMS)、『型式』(PATTERNS)、『法則』(LAWS) 或『趨向』(TRENDS)」

卡爾・巴柏著
《開放社會及其敵人》，中譯修訂版序
「卡爾・巴柏的細部社會工程學說」
莊文瑞・桂冠圖書公司

朝這方面努力的，有從事經濟、股市分析的華爾街分析員，學的經濟學便如此取向，分析病人行為的心理學家如此取向；歷史學家、社會學家，及政治學家都以相類的方法用力，企圖在錯縱複雜的人類文化局面當中，仔細找尋出背後的「律動」、「型式」、「法則」，以及「趨向」，從而歸納出一個學理系統，用以分析現象，預測未來，如可能，並會提出對應

未來的可行方案，以作參考。

廣義來說，這些人文學科的學者，個個都努力地，做著分析及預言的工作，反而術數師打正旗號的預言工作變得異類，並且只是支流選擇。

心理學家將人類心理、性格、行為，分成幾十種，甚至收細至十幾種類型，在這些大條目下，再做細部的闡述，有些人嫌十幾種太多，從古宗教中抽取概念，再簡約成為「九型人格」，開創了學派，也衍生出很多流行書。

設想，在家庭問題較多的天水圍社區的社會工作者，唸心理學的時候，要學足六十三億條面貌各自不同的案例才可以登場，那他要到甚麼時候才可畢業？又，他怎可憑經驗系統，去處理第六十三億〇一條的家庭個案？

以簡御繁

以簡御繁，是人文科學努力的重要方向之一。問題是，太簡失於粗疏，太繁則有如彎軀出於多乘，無法駕馭。在太簡與太繁的中間，當有一個較適合的落點，這也是大多數人文學科的努力所在。

放之於術數系統，由第一天開始，我們的工作便應從一到六十三億的組合中間，找尋最適當的組合數值，去駕馭對人類命運繽紛四呈狀態的理解。這種找尋與摸索，我們不必急於求成，也不介意最終可能沒有定數，一如那人口網站的地球人口計算機一樣，在不斷的加加減減中辯證地前進。

我不想武斷說斗數與子平誰優，但鬥大便絕非標尺。

筆者學過子平，但較長於斗數；要比較兩者倒可不必，那是蘋果和橙的問題，之外還有一個使用者的操控駕馭和使用能力的問題，令比較更加困難。歷史上，大凡兩門競爭性的學問強弱懸殊，高下立見者，則其一必被迅速淘汰，成為歷史陳跡；凡兩門並存者，則多是各有高下，並能互補長短。等的可能只是「收購」、「合併」式的融合。

「鬥大」、「鬥多」組合的思路無疑很不成熟，是玩撲克或者只是小

孩玩彈子遊戲的思維風格。以我這個懶人本性,斗數有二十五萬個命盤組合已嫌太多,如果可以的話,能夠減到二萬五千個,甚至二千五百個便更舒服。

　　我奇怪的是,很多學八字的術師,一方面強調子平組合數目龐大,誤讀為等如精細,另一方面,又喜歡在傳媒中,興致勃勃地宣傳十二生肖一類簡如快餐的命理,這種左手打右手,左腳絆右腳的精神分裂現象,在術數界中俯拾即是;反對宿命論、趨吉避凶論,反對人有命運相同論,全部都是自相矛盾,自我踐踏的思維產品。

義，並且有很強烈的視覺資訊，這些特性，足以有能力減省去掉頗多盤數，而適量地變成一套內容豐富而紮實緊湊（compact）的術數形式。

筆者不會搞所謂子平斗數合參這條題目，只反映了對斗數體系不認識，經常參錯；搞不好，還反映了對本科的認識不夠，沒有信心，才想互參。不過，斗數和子平在很多起星上的概念是互通的，如有篇幅，筆者可在來卷談談兩者互通的問題，而非互參。

性格決定命運

全世界大概有 63 億人口（近說已近 70 億了），雖說人人各有不同面貌和命運，但雷同者，亦不知凡幾。

我在《斗數卷》卷四的《星象原型》「卷四自序」中記述：「人的某些基本特性，經歷了人類幾千年的歷史，都沒有怎樣改變，並且可以很容易用一種二元分法，把深淺程度不同的內容囊括起來。譬如說，善良與邪惡、正義與歪刺、慷慨與吝嗇、高貴與卑鄙、忍讓與掠奪、堅毅與懦弱、仁慈與殘酷、安樂與貪婪、熱誠與冷漠、真誠與虛妄等。從這些基本的人性元素，我們演化出各式各樣的情緒、行為和生存狀態，故有愛欲惡憎、有喜怒哀樂、有恩怨情仇、有富貴窮通、有悲歡離合。」

正因「雷同者，亦不知凡幾」，歸納經驗以推算人的命運，才變成有可能。

圖為利瑪竇 (Matteo Ricci, 1552-1610) 來華，為中國帶來西方科學觀時期所製之中國及世界地圖 (Map from China, 1602)。

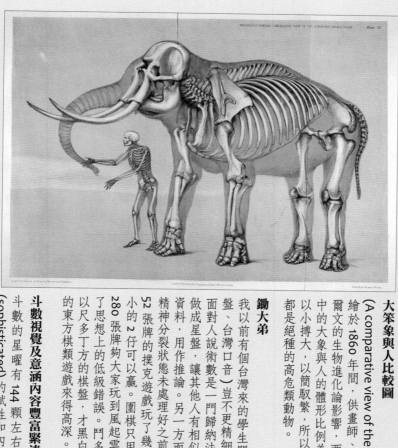

大笨象與人比較圖

(A comparative view of the human and animal frame)

繪於 1860 年間，供畫師、生物學家等參考，當時還未有達爾文的生物進化論影響，西方已有豐富的解剖圖畫文獻。圖中的大象與人的體形比例差異很大，但人為萬物之靈，懂得以小搏大，以簡馭繁，所以大型的哺乳類動物如恐龍、大象，都是絕種的高危類動物。

鋤大弟

我以前有個台灣來的學生問：如果「一人有一個面盤」（命盤、台灣口音）豈不更精細？ Oh My God ？搞術數的人一方面對人說術數是一門歸納法，歸納出不同類人的一些經驗，讓其他人有相似星象者，便根據歸納出來的經驗資料，用作推論。另一方面，又幻想盤數愈多愈好。在這種精神分裂狀態未處理好之前，的確很難討論下去。

52 張牌的撲克遊戲玩了幾百年，至少我知道玩鋤大弟，最小的 2 仔可以贏。圍棋只用黑、白子各 180 顆，還有麻將那 280 張牌夠大家玩到風起雲湧，鬥多等於精細的想法顯然犯了思想上的低級錯誤。鬥多鬥大的思維，當然不會明白，何以尺多丁方的棋盤，才黑白兩色的圍棋，竟然要比其他所有的東方棋類遊戲來得高深。

斗數視覺及意涵內容豐富緊湊

斗數的星曜有 144 顆左右，每顆都裝嵌了較豐富和複雜 (sophisticated) 的賦性和內容描述，加上複雜的運作形式，因宮位連合和動態的組合變化而智能地衍生出動態變化的意

八、算命師和精神科醫生

我一直往外尋找力量和自信，但它從裏而發。它一直都在那裏。

安娜 · 佛洛依德
心理學家，佛洛依德之女兒

I was always looking outside myself for strength and confidence, but it comes from within. It is there all the time.

ANNA FREUD(1895 - 1982)
AUSTRIAN PSYCHOANALYST & PSYCHOLOGIST
DAUGHTER OF SIGMUND FREUD

佛洛依德是精神分析學之父。它沒有母親。

葛瑞爾
基進女性主義者

Freud is the father of psychoanalysis. It has no mother.

O MAGAZINE, SEPTEMBER 2002
GERMAINE GREER
AUSTRALIAN-BORN ACADEMIC WRITER, BROADCASTER, FEMINIST

　　我的朋友説：西方人有些甚麼看不開的事情，便去看精神科醫生；中國人有甚麼解決不了的事，便去看算命師。似乎，我們的算命師，確能當上心理醫生的角色。

　　不過，我看兩者之間，還是有很大分別的。譬如説，在心理醫生的診症室裏，多數的時候，都是病人在説話，醫生在聽。結賬時，診金明碼實價，並且可以以時間量計。

　　在算命館，多數的時候都是算命師在説話，聽命的人在錄音、抄寫。

相金以前是先惠，現在則先後不一。算命的時間長短，多數以模糊邏輯計算（Fuzzy Logic），金額有時明碼實價，有時則採用能者多付形式。

兩者相同的地方，就是兩者都沒有甚麼售後保證。就算算命師的說話被錄了音，也從來沒有人會拿他說過的話，告到去消費者委員會，說貨不對辦。看心理醫生的人既然是自說自話，所以，就連可以呈堂作證的錄音也不會有。

心理醫生要經過學院的研習、考試過關才可以執業；至於算命師，在我知道的人堆中，有些有名的，不外學了幾個月便可以執業兼上電視。有些著術數書的作者火氣盛，正義感強，對這些電視名師口誅筆伐，說庸師誤人，毀人一生。

心理醫生被病人告的例子不常見，但份屬近親的外科手術醫生則沒有那麼幸運。我們在報章上，經常見到病人告醫生的案件，即「庸醫害人」的事件較多，醫管局背上黑鍋的情況較為嚴重。可見術數行頭內，罵人庸師害人的人，言過其實。

香港人的人生態度其實很寬容，譬如說，曾特首時代的「強政勵治」，整體沒有甚麼政績可言，但卻可以民望高企，現在他的民望插水，大家也仍然很包容，反正也為害不大。多上電視的算命師，不論學識水平如何，效果滿不滿意，我們也應該相信，他們既然拋頭露面了，相信也會珍惜羽毛，不至於明目張膽，騙財騙色之餘還要謀財害命。找電視名師算命，便可能更加安全。

算命師和精神科醫生份屬不同專業，不論思維方式還是治療方法，都大異其趣。不過，說到修養和器量，我還是覺得精神病學家有幽默感。精神病學家喜歡自嘲，算命家喜歡自詡，那是基本上的分別。以下是一束「處境」案例及行頭高見。

心理學處境

（一）心理學是一門教躺在臥榻上的人用兩腳站起來的藝術。（佛洛依德）

Psychiatry is the art of teaching people how to stand on their own two feet while reclining on couches. (Sigmund Freud)

（二）有時一支雪茄就只是一支雪茄。（佛洛依德）

Sometimes a cigar is just a cigar. (Sigmund Freud)

（三）如果說某種心理狀況是無法醫治的或者無法復原的，那似乎是形容我們的無知狀態，多於形容病人的狀態。（米爾敦 · 洛奇赤，1918-1988，美國密芝根州大學心理學教授）

To say that a particular psychiatric condition is incurable or irreversible is to say more about the state of our ignorance than about the state of the patient. (Milton Rokeach,1918-1988. Professor of psychology at Michigan State University.)

（四）生命本身仍是最有效的治療師。（霍妮 1885-1952，挪威精神分析學家，屬於新佛洛依德派）

Life itself still remains a very effective therapist. (Karen Horney,1885-1952, Norwegian Dutch neo-Freudian psychoanalyst)

（五）神經病患者是建築空中之城的人，精神病患者是住了進去的人。而精神科醫生則是那個收租的人。（Jerome Lawrence Schwartz，美國劇作家）

A neurotic is a man who builds a castle in the air & psychotic is a man who lives in it And a psychiatrist is a man who collects the rent. (Jerome Lawrence Schwartz, American playwright)

另外還有一些來歷不明的笑話。

（A）有個人被狂徒襲擊倒臥血泊中，兩個精神科醫生經過，其中一個說，趕快，我們要馬上找到那個兇徒，他急需要援助！

（B）要幾多個精神科醫生才可以更換到一個燈泡？一個就可以，但要

那個燈泡真心想換才成。

算命學處境

（一）某些精神科醫生會讓病人躺在舒適的臥榻或靠椅上就診，以舒緩神經。算命師很少讓客人躺下，除非心懷不軌要看「全相」。

（二）佛洛依德的精神學說常被批評有太多的性徵聯想，所以要返樸歸真，講些平常人的說話。算命師說的，字字都是玄機，沒有雪茄就是雪茄這樣便宜的事。

（三）美國人的文化只有二百多年，無知是必然的；我們的老祖宗，在《易經》年代，已經將宇宙的奧秘無所不包的寫下來了。

算命師則鼓勵客人年年看流年，轉風水，如年中有甚麼問題，都應該尋求專業援助，不要自己胡來。

（五）美國的精神科界別比較落後，仍然停留在地產型經濟的思維階段。香港的術數界已經從地產型經濟，轉型到將風水、法器、書刊以專利產品形式經營，並以電子媒介促銷的高增值型經濟。

另外還有那些來歷不明的笑話。

（A）看見有人倒臥於血泊中，一個算命師即時致電報館的相熟記者說，陰年、陰月、陰日、陰時，大凶；另一個致電電台節目說，如果有積德的話，應該可以避過。（不過我相信他們還是會報警的。）

（B）要幾多個算命師才可以換到一個燈泡？一個就可以了，其他的都是庸師！

一時俊彥

攝於校園，難得的一張照片，前排由左至右，為佛洛依德（Sigmund Freud），斯坦利‧霍爾（Stanley Hall），榮格（C. G. Jung），後排順次為亞伯拉罕‧布里爾（Abraham A. Brill），歐內斯特‧鍾斯（Ernest Jones），桑德爾‧費倫茨（Sandor Ferenczi），皆為二十世紀著名精神科專家，斯坦利‧霍爾為克拉克大學（Clark University）之首屆主席，亦為美國心理學會（American Psychological Association）創辦人。佛洛依德（Sigmund Freud）和榮格（C.G.Jung）本為師徒，後決裂。

臥榻經典設計

這是佛洛依德心理學派用的臥榻經典設計。心理病人舒適的躺在臥榻上，醫生則坐在後面，病人看不見醫生，可以更鬆馳地剖白心聲。算命師說話比客人多，所以不建議在算命館中設床。

另近年江湖術士多了一些新花式玩意，叫做性活動轉運，如果算命館見這項設備，客人便應謹慎，多些了解算命形式，是否會涉及轉運療程。

祝你好運。

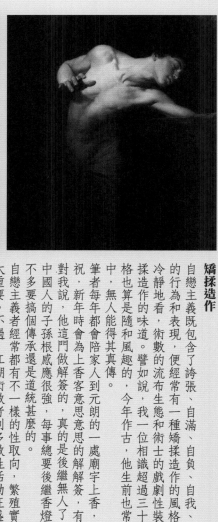

矯揉造作

自戀主義既包含了誇張、自滿、自負、自我、自私等內容，其外在的行為和表現，便經常有一種矯揉造作的風格。如果我們抽離地、冷靜地看，術數的流布生態和術士的戲劇性裝扮和行為，便很有矯揉造作的味道。譬如說，我一位相識超過三十年的術數師，人的性格也算是隨和風趣的，今年作古，他生前也常說，桃李滿門的弟子中，無人能得其真傳。

筆者每年都會陪家人到元朗的一處廟宇上香，那裏有個頗友善的廟祝，新年時會為上香客意思意思的解解簽，他這門做解簽，真的是後繼無人了。中國人的子孫根感應很強，每事總要後繼香燈，就連倒夜香的都差不多要搞個傳承還是道統甚麼的。自戀主義者經常都有不一樣的性取向，繁殖實質後裔的考慮大概不太重要。不過，江湖術數者則多數性活動旺盛，卻會非常自覺其術絕後難繼，大概也是一種天然的心理平衡現象。

上右圖為匈牙利畫家久洛（Benczúr Gyula, 1844-1920），於1881年所繪的《那西賽斯圖》（Narcissus, 1881），描寫自戀者的矯揉造作神態。上左圖則為意大利畫家米開朗基羅‧梅里西‧達‧卡拉瓦喬（Michelangelo Merisi da Caravaggio, 1571-1610）所繪的《那西賽斯圖》。西方畫壇畫自戀者，倒是代有才人出的。

自戀主義 (Narcissism)

自詡和自戀是一詞的兩面，自戀的典故源自希臘神話，說一個叫那西賽斯 (Narcissus) 的美貌青年，愛上了自己在湖中的倒影，對回聲女神厄科 (Echo) 的愛不聞不問，少年最後變成了一朵那西賽斯，即後來水仙花的名字。

自戀主義 (Narcissism)，即自戀，或自戀狂，最早由心理學家佛洛依德 (Sigmund Freud) 構成而使用，後來發展成為精神病理學，並且以專著闡述。自戀一詞，一般帶有貶義，代表誇張、自滿、自負、自我或自私，嚴重者可以變成病態，或者會有嚴重人格分裂的表現。

上圖為約翰·威廉·沃特豪斯 (John William Waterhouse, 1849-1917)，英國新古典主義與拉斐爾前派畫家。以用鮮明色彩和神秘的畫風描繪古典神話與傳說中的女性人物而聞名於世。

九、無門無派、不群不黨

所有行頭都陰謀漁肉外行人。

諷刺劇 ·《醫生的兩難》
蕭伯納
愛爾蘭劇作家及社會主義者

All professions are conspiracies against the laity.

THE DOCTOR'S DILEMMA (1906) ACT 1
GEORGE BERNARD SHAW
IRISH DRAMATIST & SOCIALIST (1856-1950)

　　我逛書店的時候，看過一張術數班招生的廣告，其中特別強調「無門無派，不群不黨」。我看了有些奇怪，很多術數班招生，總要拿個門派的名目來照照，有些人還會整理出一個傳承表，將自己的學派淵源，上溯到唐朝，直追風水祖師爺楊筠松，如果自己剛巧姓楊，那便再添幾分說服力了。

　　一些上電視媒介多了的術師，闖出了名堂，於是便用自己的江湖大號來照，是否要再加點傳承的魅力，則視乎個人喜好，那算是末節。至於「無門無派，不群不黨」，大概是為了抗衡以上所說的江湖現象，而另闢蹊徑。

　　不過，「無門無派，不群不黨」，始終不是一個好策略，並且常常「前不巴村，後不著店」，是兩頭不到岸的標記，對於開班招生來說，並非甚麼賣點。

　　筆者讀書算有點年資，在文化界算是混得一點心得，所以，在這方面，可敢發表點看法。

　　七十年代的香港沒有今天的富裕物質，但精神食糧卻相當豐富，當年有一份雜誌介紹了一組超現實主義的畫，使我第一次接觸到達利（Salvador

Dali）的畫作，順籐摸瓜，我們追溯到布烈東（André Breton）的超現實主義宣言，摸著石頭過河，又揪出一大束的牽連，包括超現實主義和共產主義、無政府主義的離離合合關係，當中還有和佛洛依德潛意識心理學的關係。由超現實主義，到學看文藝復興的畫風、洛可可畫風，由古典主義到寫實主義、自然主義、印象派、抽象畫、現代主義，莫不是靠認門牌，敲門叩派的摸出個頭緒來的。

　　唸書的人，學問不從學派入手，便很難學得通脈絡、說得通道理。學社會學的人，不能不涉獵一下法蘭克福學派，學經濟學的人不會不知道費老的支加哥學派，還有包辦音樂、物理、經濟的奧地利、維也納學派。戰國時期，十家九流，其實亦即山頭林立，我們稱之為百家爭鳴，幾時強調過「無門無派，不群不黨」的？習拳的，學的是白眉還是詠春？武林派別中，誰是武當，誰是少林，都清清楚楚，就像住屋的門牌一樣，郵差容易識別，便不會派錯信，也確保住戶不會收錯信。

　　「無門無派，不群不黨」，看去固然很有清流味道，很有高風亮節的風格，但卻未必對搞學術有利，有時還會搭錯、搭亂線路。「無門無派，不群不黨」的人通常也強調集大成，認為不管黑貓、白貓，能捉老鼠的便是好貓，這種民粹風格的想法，的確很容易入腦。

　　我有一些朋友加入了一種教會，這些教派標榜集大成，即是將古今中外各大宗教共冶一爐，炒成一碟，認為所有宗教不外都是導人向善的，能夠各樣取其精華的教派，必然是精品莫屬。有時候，我真羨慕這些朋友的「赤子之心」，可以如此率真信教。反觀愚魯的筆者，做了大半世人，花了不少氣力，還是搞不通或佛教、或道教、或伊斯蘭教、或耶教的一丁點兒皮毛，能不羨慕有些人可以將中外文化上下五千年，用一根禾草輕輕紮起。

　　我做媒介工作的時候，便經常對外行人說，農曆新年上演的賀歲電影，幾乎全部都必然是爛戲爛片，為甚麼？因為賀歲電影都喜歡集大成，大堆頭的請眾多明星來演，而實際的效果是，很多明星都只是跑過場，毫無表

現。製作人,由監製、導演、編劇到演員,都清楚默契地知道,這次製作,是一年一度的紅封包和提款工程,所以大家也只能夠期望一項大眾娛樂,是不求創意,更不求藝術價值的純商業製作。

唱片行業中,產品有分歌星的個人專輯和精選唱片。毫無疑問,歌星的精選唱片多數都容易比個人專輯賣得好。行內人都明白,一般買精選唱片的人,都是欣賞能力較低的人,他們只聽上榜歌曲,看流行榜選曲,至於歌手的個人專輯,整體構思如何,風格如何,意念何在,便較沒有欣賞耐性。所以,精選集,亦即曾被催谷上榜的歌曲集,便是純商業發行的產物,也是唱片公司人員追營業額,年尾出花紅的財神。至於你在店舖中買到的一張雜錦精選,又有 Elton John,又有孫燕姿,又有 Norah Jones,又有周杰倫,又見張學友和郭富城,還有大長今和濱崎步,那百分百還是一張盜版 CD。

任何學術,能集大成固好,但如果不從逐門逐派入手,而只是東併西湊,便想要做集大成者,可沒有這樣便宜的事。

那麼,風水上的郭景純、楊筠松、蔣大鴻,斗數上的陳希夷,是何門何派?答案是沒有門派,不過,在他們身後,便有門派了。

魯迅說,世上本無路,走的人多了,也便成了路。

那麼,我可不可以做一代宗師?那當然可以。

我做音樂工作的時候,便聽過很多經理人推薦旗下的新晉時說,我這位新秀,唱得比張學友還好,樣子也好過張學友,張學友可以紅,他便更加沒有理由不紅了。我也聽過一些讀書不成的人說,超人李也沒有讀過甚麼書,也可以成為國際巨富;還有,我們的特首說,讀書不成,也可以做特首的。

筆者器量少,沒有這種大志,所以不成材,但我卻喜歡跟紅頂白,用白鴿犀利眼看人,所以夠膽開個盤口和那些經理人對賭,一賠一萬,十年內弄不出另一個張學友,也夠膽和那些發超人夢的小子對賭,一賠一百萬。我的數口是,如果你夢境成真,我恭喜及巴結你還來不及,到時你也未必

拘泥這小小數目；如果方圓之內，多幾個這些發白日夢的人跟我對賭，那我可真的發達了！

在現代音樂的歷史中，的確也出現過一些無師無門無派的奇才，其中一位叫做阿諾 · 荀貝格（Arnold Schönberg, 1874-1951），是一位奧地利的作曲家，他開拓了音樂的表現主義風格，首創十二音作曲法（twelve-tone system，也稱無調音樂），音樂史上說他沒有受過什麼音樂的專業訓練，乃全憑自己的天賦和自學而成。他的表現主義風格，後來還影響到二十世紀中後期，整整一代人的前衛音樂、實驗音樂和電子音樂。

後來我便知道，這種難得的表現，怎樣說也不是純粹由石頭爆出來的，他年輕時在朋友指導下學過小提琴，之後又自修大提琴演奏，到投身作曲時，還是要先模仿十九世紀末德奧浪漫派作曲家的風格，能成「一家之言」，也是後話。

荀貝格的主要作品：

《升華之夜》(Verklärte Nacht,1899 年)
《古雷之歌》(Gurrelieder,1910 年 -1911 年)
《五首鋼琴曲》(1923 年)
《月光下的皮埃羅》(Pierrot Lunaire,1912 年)
《鋼琴組曲》(Piano Suite,1923 年)
《五首管弦樂曲》(Five Orchestral Pieces,1909 年)
《期待》(Erwartung,1909 年)
《鋼琴協奏曲》(Piano Concerto,1942 年)
《華沙的倖存者》(Survivor from Warsaw,1947 年)
《摩西與亞倫》(Moses und Aron,1951 年)

一代宗師

電影題材經常鬧雙胞胎、多胞胎等，前陣子鬧的是詠春拳的葉問事蹟。我本來買了王家衛的《一代宗師》光碟來看，怎知每次都止於十分鐘，要看完的確要考耐性。《一代宗師》的英文譯名叫做 "The Grandmasters"，可逆向轉譯為《大宗師》，很有意思。「一代宗師」這款稱讚人的成語原來魔鬼藏在細節，如果硬譯，便會變成 "one-generation masters"。

術士勇於試圖開宗立萬，創辦山林，苟止於一代還是能夠延續流播，除了要視乎實質和內容之外，大概還要看點時空機緣。葉問的故事大概也描述了這種現象。

莊子稱大宗師為真人（俗化便說高人）：

「何謂真人？古之真人，不逆寡，不雄成，不謨士。若然者，過而弗悔，當而不自得也。」

《莊子・內篇・大宗師第六》

秋生是多年朋友，近日聚舊聊聊，知我看不完《一代宗師》，遂自薦《終極一戰》。我觀後感覺愉悅，電影節奏徐疾有致，人物感情和動作場面節制有度，頗能勾起香港人對往昔舊人事、舊價值的美好緬懷與回憶。導演邱禮濤、編劇李敏皆舊友，都從香港黃金年代起活躍至今，已晉跨代境界矣。

阿諾・荀貝格 (Arnold Schoenberg)

荀貝格於現代音樂史上屬於橫空出世的人物，基本上不屬於任何傳統正統音樂派別，但追本溯源，還是曾經宗主於浪漫派作曲家，然後才自建名目。

開宗立萬

有識見的人都不避諱開宗立派，將一家之學宏揚，以澤披來者。少林是中國名門正派，廣受歡迎，並且成為強烈的中國文化身分標記。上圖為《少林武功、點穴秘笈》書影。

十、術數的絕學情意結

只有自己才聽到聲音不是好現象，就算在魔法世界裏。

羅琳・哈利波特作者

Hearing voices no one else can hear isn't a good sign, even in the wizarding world.

J. K. Rowling
HARRY POTTER AND THE CHAMBER OF SECRETS. 1999

如果你將秘密昭示予風，你不要怪罪風將它們昭示予樹。

紀伯倫
黎巴嫩詩人

If you reveal your secrets to the wind you should not blame the wind for revealing them to the trees.

KAHLIL GIBRAN (1883 - 1931)
LEBANESE ARTIST & POET IN US

習術數的人喜歡守秘，雖大師亦難在器度上有所突破。在形象上，大眾視「識天機」者苟非凡品，而大師亦喜樂享其成，沉醉廝磨於迷離仙境般情調中。

風水學的祖師爺之中，有一位叫蔣大鴻的人物，是明末清初人，他「看不過眼」當世「偽書」橫行，當時有一部風水書叫做《平砂玉尺經》流行，當中提到一個「四大水口」的理論，蔣祖師爺認為理論不正確，於是寫了《平砂玉尺辨偽》，駁斥三合派的四大水口理論，在「辨四大水口」一文，其中說到：

「特以天心所秘，非人勿傳，故不敢筆之於書，聊因俗本，微露一端，任有夙慧者死心自悟。」

他的意思是說，這個關乎天心（天心為風水術語，不熟悉的讀者，權宜將其解作上天也可）的秘密，不可以隨隨便便的傳給別人，所以便不敢將這些秘密寫成書本。但現在因為某些俗人寫了些俗不可耐的東西，於是我就露其一點，讓有慧根的人，絞盡他娘的腦汁去領悟吧！

學風水的朋友，很多都讀過蔣大鴻的著作，知道蔣公的論述及著作也算豐富，似乎也不只是露了一小點，但他老人家既然說只是「微露一端」，那麼，我們便真的不知道他還有多少點未露了。

不過，以筆者愚見，人類的知識、文化，在歷史中煙消雲散者不知凡幾，說可惜可以，說不可惜也可以。說可惜，那只是想當然，消失的是寶藏還是垃圾，大家可還不知道。說不可惜也無甚麼不妥，窮慣了的人，想像不出朱門酒肉臭的奢華，長於深宮的，也不容易知道民間疾苦。

人類歷史上，掉失了一兩件古玩，是常有的事，也是沒有甚麼大不了的事，從好處看，可能還會養活多一班考古訓詁之類的學者。

我經常相信，學術便有如罐頭食品一樣，是有最佳食用期限的，能及時食用，經過人體消化、排洩，回歸到大自然，便可以盡早進入有機再生的循環；封在罐裏，過了期，便棄不足惜。

現代學者認為，知識如果只是人傳人的傳授，那只會像傳遞一桶水一樣，愈傳愈少（有時甚至會像沙士瘟疫般自動湮歿），唯有靠後學不斷領悟和「發現」，知識體系才會豐富壯大。所以，筆者學術數，從不熱衷於找尋秘本，也不唸口訣（其中一個因素是記性太差），以前跟亭老學斗數、風水、河洛時所抄的筆記，至今也無一剩存（原因是太懶散大意而散佚）。所以，蔣大鴻說的「任有夙慧者死心自悟」語，未嘗不是切合這種大勢的超時空智慧。

蔣大鴻傳授門徒的律例很嚴，又要擇賢，又要弟子嚴守秘密，不得妄傳。他在「辯偽文」中説：

「然天律有禁，不得妄傳。苟非忠信廉潔之人，未許與聞一二也。丹陽張孝廉仲馨、丹徒駱孝廉士鵬、山陰呂文學相烈、會稽姜公子垚、武陵胡公子泰徵、淄川畢解元世持，昔以文章行業相師，因得略聞梗概。此諸君子，或丹穴鳳雛，或青春鶚薦，皆自置甚高，不可一世。蓋求其道以庇本根，非狹其術以為壟斷，故能三緘其口，不漏片言，庶幾不負僕之講求爾。若夫中人以下，走四方求衣食者，僕初未嘗不憐之，然欲冒禁而傳真道則未敢許也。」

這種既要守秘，但又沉不住氣要露兩點的心性，在明、清兩代的社會背景底下出現，我們其實可以理解，但這種罵人庸師、責人淺見的術士風格，加上「天機不可洩漏」的絕學情意結，影響了後世幾百年，則至今仍未見衰靡。

筆者無聊，經常在那些清貨傾銷的圖書特賣場處買五元、十元一本的閒書，其中不乏一些因滯銷而積存的術數書籍，也大概即是蔣大鴻所説的「偽書」，但那些書的作者，亦一樣在罵其他術數師庸師俗見、害人不淺。

我們很難想像，朋友中有習醫的兒、女，有唸工科物理的子姪，會在他們的博士論文中左一句庸醫誤人，右一句無良工程師害人不淺，滲水寫入一大堆「大義凜然」的説話，儘管不論醫科還是工科，也可能一樣有很多衣冠禽獸、斯文敗類。

如果人人著書，都説自己的學説是真理，別人都是庸師，久而久之，則天下著書者，一是全部都是明師，一是全部都是庸師。

在著作中「胡鬧」（胡罵），似乎已經是習術數者著書的風格特色之一。

我在傳媒工作的時候，見這種「胡鬧」的風格，最容易在那些二、三流艷星之間出現。譬如説，某女艷星會批評另一位女艷星表演得不夠出色，身材不夠自己的標青。娛樂記者於是問女星，甚麼時候妳會示人性感。那女星便説，噢，如果有好的導演、好的劇本、好的攝影師，那我是會考慮的。

不過，就算我接拍，我也不會露三點，最多只會露兩點，有些惜肉如金的，更會強調自己只會以性感示人（輕紗掩映之類），讓觀眾留有更多的想像空間，諸如此類。

「天機不可洩漏」是術士常用的機關語，他們的宗主及天庭上的律例如何我們不得而知，但我們很難想像，這些既不想表演，但又想得到掌聲，又要做婊子，又想立「貞節牌坊」的矛盾心態，在這個講求知識傳播、資訊開放的現代社會，竟然還可以被時代接受。術數界長久與普世的主流學術不融，不單是因為科際之間的差異，而是因為業界的行為異端，自絕於人世。

連一些較後生的術數師都有這種習性。有些在「微露一端」之餘，還會強調其術如神，又恐別人不信，於是又強調，他身邊的朋友可以證明，他的學生可以證明之類。這種語氣，的確比小孩子更可愛。

筆者於 03 年，應大學同窗之邀，教幾個朋友紫微斗數，不覺三年，其中有些同學已經掌握了一些推算技巧，並且能為親友讀盤，成為生活情趣的一部分。我有時會打趣問，學懂了之後，有沒有發現自己的頭上多了頂光環？在中環的銀行大廈間行走，有沒有飄飄欲仙的感覺？

筆者時常強調，學術數只是書畫琴棋眾多項目中的一種，是我們由小學到中學甚至到大學，在正規的學堂上，難以編入正常課程的一項自編課外活動而已。能夠從術數的方法，分析出一點人的才情，預測到人生的一部分走勢，可能一直以來，都只是人生的一部分，It's only part of life，只不過，我們從來都未嘗好好的系統化地整理。有些人稍有心得，便以神仙高人自居，難怪經常招來自取其辱的質問。

人具有有限的預測能力，便一如他有有限的記憶力一樣。

筆者在朋友、同學聚會的時候，也被人問過一些語帶嘲諷的問題，譬如說：你可不可以告訴我，明天六合彩的中獎號碼？我的答案也很針鋒相對：那麼，你記不記得上兩個星期六合彩的六個號碼？類此的問題，習術數的人時有被問的機會，你可以說問問題的人很無聊、很無知，但不得不承認，這些問題同時也很到肉。誰叫你們的祖師爺，不是得仙人指點，就

是承觀音報夢，還有祖師爺悟了三十年，才參透得一條「不可洩漏」的天機（其實也有可能是效率奇低，如果早點參透 Team work 一條，可能便事半功倍）。

現代習術數者喜歡受人稱許為大師，街坊一點的，便把自己稱為生神仙、小神仙一類，較膽小的，便稱自己為半仙，諸如此類。

據聞邵雍在文集中說「任人謗我是神仙」，能夠將別人歌頌自己的說話謙貶為誹謗，可見哲人的修為，的確比歷史上其他習術者高出多線。

術數之為學，在封建體制的環境下，長期處於封閉狀態，一般人便以為要有仙骨、仙質、仙品才可以學成，實在也只是故弄虛玄。如果這個知識領域一早可以開放，相信這個一度與醫術、天文學同源的學科，地位當不至於像今日的遠遠落後於大市。

學術數其實不難，我的同學在業餘上課，每星期一次，每次最多不過兩個小時，一年下來，已經略懂玩意兒。我問同學，學斗數難還是學鋼琴難？我其實不需要聽答案，因為答案的意義不大，答甚麼答案都可以。譬如說，我自己便認為學他很難，我至今還是離不開彈幾個和弦、幾段 Scales 的階段。我的一位富貴朋友，十歲前已經懂彈古典結他，他今時已年近花甲，結他的世界對他來說，仍然有無限創意和開發空間。不論學結他還是學術數，可以短期學識，也可以研究足一世。

所以，我便常提醒同學，學八級鋼琴要多久？每天要練琴幾多個小時？我們唸大學的時候，晚上由宿舍望去紐魯詩樓，中間屬於建築系的樓層，每晚都燈火通明達旦，那裏的建築系同學，幾乎每晚都要通宵做 Project，交功課，還要抵受可能因不合格而中途被裁退的壓力，如是者經歷足五年的地獄式訓練才可以畢業。還有唸醫科的、學工程的同學，莫不要經過如此這般的，年復一年的全職磨練。

有些人拿著十元一本的絕學秘笈（周星馳電影「功夫」的一幕），學一年半載便識行識走的術數，算得上老幾？

Playing Scales

瑞典畫家和室內設計師，卡爾‧拉森（Carl Larsson, 1853-1919 年）的水彩畫，《指法練習》（Playing Scales），是畫家的「家居系列」名畫之一。筆者認為，學斗數可以像其他文娛科目一樣，可以循序漸進學習，也像書畫琴棋一樣，只是一項文娛康樂活動。

絃與慧根

一般人會說，學術數的人要有慧根。其實，慧根只是眩目之詞，筆者中學時考過一次物理科考試，成績只得六分，自此便知道自己沒有甚麼物理學慧根，後來學彈結他、鋼琴，來來去去也只能彈幾組和弦，相信也沒有甚麼慧根。圖中的魯特琴（Reinassance Lute），線條幽美雅緻，是文藝復興時代的流行樂器，今日如要學習，師資難求，樂器稀少，所遇困難，便不止於所謂慧根一題而已。

十一、泛道德主義的夢魘

德行即為自刑。

安奈林・貝文
英國工黨政治家、社會主義者

Virtue is its own punishment.

ANEURIN BEVAN (1897 - 1960)
ALSO KNOWN AS NYE BEVAN
WELSH LABOUR POLITICIAN, SOCIALIST

沒有缺點的人的問題是一般情況下你可以肯定他們必有一些相當令人煩厭的德行。

伊莉莎白・泰勒
英國女演員

The problem with people who have no vices is that generally you can be pretty sure they're going to have some pretty annoying virtues.

ELIZABETH TAYLOR (1932 - 2011)
TWO-TIME ACADEMY AWARD-WINNING BRITISH-AMERICAN ACTRESS

十七世紀中葉，英國的新教徒大舉移居北美東岸地域，他們對宗教道德的執著，使他們成為思想上、意識上極端保守的宗教狂熱者，並且對他們認為異端的行為，迫害絕不手軟。

1690 年代，艾薩斯郡（Essex County）的沙龍鎮（Salem City）發生了一起「審判女巫」事件，可說是歐洲大陸連綿近十個世紀的「捕殺女巫」歷史在新大陸的延續。沙龍鎮的審判女巫事件株連甚眾，單此事件計算，便有廿多人因被懷疑施行巫術而受冤審虐殺。這是西方宗教史上一件重要事項。

在新英倫區域，「捕殺女巫」的活動，很多時都被新教徒中不同

的勢力，利用來做打擊對手的手段。同時期，美國作家霍桑（Nathaniel Hawthorne）的著名小說《紅字》（Scarlet Letter），反映了這段時期，清教徒社會的「存天理、滅人欲」的虛偽荒謬現象。

但是，和我們的處理方法不同，西方人對自己的創傷經驗，比較懂得以幽默的方法處理。譬如說，這個才四萬多人居住的小鎮，便懂得利用「捕殺女巫」的家醜，變成旅遊觀光的賣點，發展旅遊業。沙龍小鎮上的警車不避忌的用上了巫婆的肖像做徽章。鎮內的一所公立學校，也不諱言與「巫術」掛鉤，叫做 Witchcraft Heights Elementary School。沙龍鎮高校的籃球隊叫做「巫婆」（The Witches），以前用來行刑問吊的加羅斯小丘（Gallows Hill），現在便拿來做體育場。

西洋人的萬聖節和我們的盂蘭節，都是鬼門關大開的日子，但處理風格便大相徑庭。沙龍鎮用得上巫婆來做警章，便不怕再打萬聖節的主意，大賣萬聖節做主題的精品。

筆者常說，能夠幽默豁達地面對宿命歷史的人，心靈才可稱得上真正自由。

聰明人找別人開玩笑；諷刺家找世界開玩笑；幽默家自嘲。

索皮爾
美國幽默家及漫畫家

The wit makes fun of other persons; the satirist makes fun of the world; the humorist makes fun of himself.

JAMES THURBER (1894 - 1961).
U.S. HUMORIST AND CARTOONIST.
IN EDWARD R. MURROW TELEVISION INTERVIEW

我國文豪林語堂先生一生注力於國人的幽默修養，所以世人給他幽默

大師的雅號。筆者對林先生敬仰，但不得不認為，林先生太過謙謙君子，修養素雅，幽默起來，便不夠抵死去盡。幽默不一定要含蓄，它可以聰明、尖銳、自嘲、抵死兼而有之，它不怕拿別人來開玩笑，也不像諷刺家般刻薄銳利，也因能自嘲而表現信心。它倒像廚藝般講究火候，味道要恰到好處。

美國著名學者、評論家孟福的心得認為，生命中既然有這麼多的荒謬現象，我們也不妨用一種帶荒謬的思維去對待，以幽默來維護自己。我用今日的理解，重新演繹孟福的金句，便可以用負負得正來形容，以absurdities 的態度對待 absurdities，將壞事變成好事。

Humor is our way of defending ourselves from life's absurdities by thinking absurdly about them.

LEWIS MUMFORD (1895 - 1990)

英國小說家毛姆稱，如你能笑面對人，你便不會動怒，也教對方學會容忍。那便是我們說的雞脾打人牙骹軟，怒拳不打笑面人的民間智慧。毛姆用了 laugh at them 的措詞，語帶雙關。

我們的文化，如果能夠多點幽默感，心靈便會多點寬鬆，少點偽道德。如果術數文化能夠多點幽默感，便不會有這麼多死結式的教條，多一點健康良性的流播，更不需要如此強調反對宿命、趨吉避凶，甚至無必要打倒迷信。

You are not angry with people when you laugh at them. Humor teaches them tolerance.

W. SOMERSET MAUGHAM (1874 - 1965)

無疑，蔣大鴻所處的年代，也是中國式「清教徒」猖獗的年代。明朝的士大夫喜歡談心性，談的境界愈談愈高。程頤說，婦人「餓死事小，失節事大」，所以，整個理學便有一個「存天理、滅人欲」的最高命題。不過，我們知道的明朝，實際上並不代表品格特別高尚的朝代。明朝的開國皇帝以多疑、善妒、濫殺功臣著名，繼而是酷吏刑法苛刻，宦官專權，黨爭激烈。在倫理道德上，官妓、宿娼等慾樂風氣甚盛。後世稱明朝為假道學時代，

便因此由來。

蔣大鴻所處的年代尤其不幸，既值明末清初亂世，又擺脫不了宋明理學一路來那種清教徒式德訓標準的影響，蔣公要「擇賢而傳」的道德掛帥思維方式，是不難理解的，此其一。

蔣平階生逢亂世，據聞也是反清復明志士，交友擇徒，要小心謹慎，相信也是恰當的；如稍一不慎，招來「無間道」、「二五仔」一類的人物，無疑引狼入室，容易令自己及家人陷入「沙龍巫婆冤案」一類的凶境。謹慎乃人之常情，此其二。

術數長期被豢養於深宮，為帝皇家所壟斷，造成了私傳的習性和心態，影響了蔣大鴻等人的慎防意識，這也是可以理解的，此其三。

筆者奇怪的是，這些窒礙性的客觀環境，自封建皇朝倒塌後，早應被拆掉近一頭大半個世紀了，尤其是港、台兩地，不論寫文字，還是說思想的空間都相當寬鬆，為甚麼現今後生一代的術數師，意識上卻依然守住四百多年前，萬曆時期的德性？

Regulation Uniform Shoulder Patch　　　　**Small Patch**

巫史大綱

中外的文化多同源現象。上古時期的女祭司師或從巫的女性頗多，中國人的祖先女媧便是巫者的身分，西方的命運三女神大概也是這種類別，巫師身分由女性過渡到男性大概是後起之事。中國上古歷史中，巫和政的關係相當密切，較成熟的政治體制建立之後，巫者身分在官員架構中依然佔有重要位置，經歷朝代變換愈久，官品也愈來愈低，終至排解於正常官制之外。時至今日，談巫者便止於電視上的下午茶閒談節目中。

巫婆警章

上圖為沙龍鎮的警察徽章，一款稍大，繡於制服肩上，也可稱肩章。一款較小。兩款皆以巫婆為像，繡上 1626，以歷史上的不名譽事件為訓，標示歷史未曾忘記。也反映了中國人和美國人在忌諱事情上的不同處理手法。

道德主義多殘酷

道德主義者標榜正直、高尚的品德，用嚴苛的標尺去衡量、裁決對手，並且將殘酷手段合理化，表現出專權、獨裁的特性，歷史上很多慘劇因此而起。

正面面對歷史，可以將創傷悲痛酵化成為寶貴的經驗，並且賦予新的生命力。

上圖為馬特森（T.H. Matteson）畫作 Examination of a Witch（1853），寫十七世紀，沙龍鎮的宗教裁判團「檢驗」女巫圖。馬特森是十九世紀美國畫家，畫作多宗教題材。對於禮教和宗教的偏激現象多所反映。

十二、Pain for Pleasure or Stockholm Syndrome

康健的人不施虐於人，通常受虐者會變成施虐者。

榮格 · 瑞士心理學家

The healthy man does not torture others - generally it is the tortured who turn into torturers.

CARL JUNG (1875 - 1961)
SWISS PSYCHIATRIST, FOUNDER OF ANALYTICAL PSYCHOLOGY

　　近代心理學界有一個新的名詞，叫做「斯德哥爾摩症候群」（Stockholm Syndrome），事典出於 1973 年，8 日 23 日至 28 日期間，兩名歹徒闖入了瑞典首都斯德哥爾摩的一家銀行行劫，並且挾持了四名銀行職員做人質達131 小時。期間，人質逐漸對綁匪產生同情，繼而認同，甚至崇拜，卒之衍生出認為自己應該和綁匪休戚與共，命運唇齒相依的心理。

　　斯德哥爾摩銀行劫案之後，人質中的一名女職員克麗斯蒸汀 (Christian)，竟然愛上了綁匪歐陸森 (Olsson)，後來並且與他訂婚。

　　有關斯德哥爾摩症候群的解釋，我原封不動的抄錄了維基百科的資源如下：

　　「據心理學者的研究，情感上會依賴他人且容易受感動的人，若遇到類似的狀況，很容易產生斯德哥爾摩症候群。

　　斯德哥爾摩症候群，通常有下列幾項特徵：

　　人質必須有真正感到綁匪（加害者）威脅到自己的存活。
　　在遭挾持過程中，人質必須體認出綁匪（加害者）可能略施小惠的舉動。
　　除了綁匪的單一看法之外，人質必須與所有其他觀點隔離（通常得不

到外界的訊息）。

　　人質必須相信，要脫逃是不可能的。

　　而通常斯德哥爾摩症候群會經歷以下四大歷程：

1，　恐懼：因為突如其來的脅迫與威嚇導致現況改變。
2，　害怕：籠罩在不安的環境中，身心皆受威脅。
3，　同情：和挾持者長期相處體認到對方不得已行為，且並未受到「直
　　　　　接」傷害。
4，　幫助：給予挾持者無形幫助如配合，不逃脫，安撫等；或有形幫
　　　　　助如協助逃脫，向法官說情，一起逃亡等。」

　　歷凡數百年，術數傳授的思維和心態其實頗接近「斯德哥爾摩症候
群」。

　　「天機不可洩漏」和生逢亂世，都有如加害者威脅到自己的存活，一
個來自「天」，一個來自周圍實實在在的客觀環境。

　　術師學得「絕學」，對應於「人質必須體認出綁匪（加害者）可能略
施小惠的舉動」。

　　術師認為這種傳授方法，是至高無上的、單一的、絕對的真理，對應
於「除了綁匪的單一看法之外，人質必須與所有其他觀點隔離（通常得不
到外界的訊息）」。並且相信這種真理的權威，需千百世，也是「要脫逃
是不可能的」。

　　至於下接的四點，已經無須再演繹下去了。

　　「天機不可洩漏」、「擇賢而傳」這些「斯德哥爾摩症候群」影響了
術數界數百年，最遲上一個世紀便應該及早治癒更新的，豈料廿一世紀的
新一輩算命師，卻還是情不自禁的戀上了綁匪。這種心態，也如一個坐了
大牢二十年的人，放了監之後，吸不慣自由的空氣，並且心繫牢房的想要
回去渡其餘生一樣。

　　稍有現代思維能力的人都知道，知識傳授，很難預設或附加一個道德標準的。所謂「擇賢」，那個賢的標準便很主觀。每一位老師都可能有一條自己認為是「賢」的標準，水準參差不齊的情況下，誰才是最賢、真賢？這種擇徒方法，其實成事不足，敗事有餘。

　　如果以「餓死事小，失節事大」的道德主義掛帥去作為至高無上的、凌駕於一切的篩選條件，則所選者便不一定是能人，學術能否讓其承先啟後便大成疑問。縱使老師真的有幸，找得賢能俱備的繼承者，也不保證不會有判斷錯誤的情況。

　　我們在武俠小說、武俠電影中經常見到這種情節，高風亮節的武林一代宗師，將一生悟得的絕技教出了兩個得意門生，豈料第二門徒後來變得心術不正，奸淫擄掠，殺人放火，無惡不作，而大徒弟則大義凜然，頂天立地，奈何師弟的武功很強，也狠。於是，大師兄便要再苦練武功，而一生人的重大任務，便是要手刃不肖同門，替天行道，畢生絕技，所用如此。

　　如果不昧於事實，我們當知道美國的耶魯、哈佛，不會要求考生先進行道德、品格檢查，才准予申請入學。我們的北大、清華，也不會先觀察你的德行三年，然後才決定你是否取錄。全世界的醫生、藥劑師，絕大部分都能遵照專業守則辦事，心術不正而騙財騙色的醫生，或歪邪製毒的藥劑師，便當在少數。

　　唯有術數界，愈高調擇賢，反而便愈品流複雜。

　　孔子在二千年前說：「有教無類」，原典出於《論語》的衛靈公第十五篇末，屬碎言式格言，沒有詳細的演繹，所以，後世便有較多的詮釋空間。

　　通俗多跟歷史學家錢穆說：「人有差別，如貴賤、貧富、智愚、善惡之類。惟就教育言，則當因材施教，掖而進之，感而化之，作而成之，不復有類。」

　　另梁代皇侃的《論語集解義疏》則言：「人乃有貴賤，同宜資教，不可以其種類庶鄙而不教之也。教之則善，本無類也。」

　　兩者的演繹，都殊途同歸，對於有教無類的理解，我們今日的共識也無大歧義。

　　在「衛靈公」篇中，其他談及傳播教化的思維頗多，談到擇人而授，便說：「可與言而不與之言，失人；不可與言而與之言，失言。知者不失人，亦不失言。」

　　談到個人修養，便說：「躬自厚，而薄責於人，則遠怨矣！」

　　談到群黨，便說：「道不同，不相為謀。」「君子矜而不爭，群而不黨。」「君子不以言舉人，不以人廢言。」

　　幾千年前，原本是活潑、開放的教育理念和做人原則，到了偽道德主義氾濫的明代，便變成了僵死的道德主義教條，影響了好幾個朝代了。奇怪的是，術數仍喜演清裝的殭屍，死抱殘缺不放；怪不得習術者那麼好古嗜奇，喜搜掘祕訣祕藏，而不願向前看，走開放主義路線、現代化路線，和國際接軌。

像與不像

我們的儒家教化給人的印象是一板一眼，循規蹈矩，不過這可能是後來被社會及政治制度凌虐後的僵化後果。孔子提倡有教無類，便是頗為自由活潑的教育理念，如果能夠健康發展，我們的創意文化可能會發展得更好。讀書人和搞藝術的人，如要在元、明、清幾代自由發揮，的確要很小心，否則動輒得咎。不過，創意是人之本性，能有機緣充分而美麗地發揮出來，便要在歷史上留名。

明末清初有位畫家陳洪綬，據傳有此逸聞：

「有一次，陳洪綬在杭州學府裏見到李公麟七十二賢石刻像，用十天時間畫了一個摹本，人們都說臨得很像，陳洪綬聽了很高興。後來他又去臨了十天，邊臨邊加以改造，結果人們都說臨得不像，而陳洪綬聽了卻更高興。」

節自《百度百科》

上圖傳為宋人李公麟絹本畫《麗人行》。

有教無類

孔子是中國二千年前的教育家，主張「有教無類」，對於這四個字，錢穆認為，只要因材施教，則不論賢愚、善惡，都會有感化而提升的機會，到時，大家都不會再有差別，而成為同類了。

近日流行文化因電影題材而喜談墨子，說與孔子同期的墨家便比孔門更進取，墨家因廣收門徒，故此有「比孔子高明」之說。

圖為唐朝吳道子畫孔子像，寫孔子一臉肅穆，憂國憂民面貌。

十三、超人的雞巴子漲得比誰都小

我們想神來打救。但他不來。神不能阻止堤壩崩塌，他不能堵著海嘯的威力，也不能阻擋飛機砸爛大樓。天降神兵之說言過其實。

朗德侍者網誌

We want God to come and save us. But he won't. God doesn't stop levees from failing, he doesn't stay the force of tsunamis, and he doesn't stop planes from smashing into buildings. Deus Ex Machina is overrated.

WAITER RANT. WAITER RANT WEBLOG. 09-09-05

超人是我們熟悉的卡通漫畫人物，於 1932 年，由美國作者 Jerry Siegel 和加拿大漫畫家 Joe Shuster 合力創造而成。一紙風行之後，超人的舞台擴張到電視、電影、報章及電子遊戲機的領域，風騷了幾近四分三個世紀。

受聘替超人寫故事、編劇情的作家，點點滴滴的為超人的性情、能力，累沙成塔地塑造出超人成長到今日的模樣。本文只就超人的超能力發展大勢，稍作狎玩。

最早的超人還未懂得飛行，在早期的電台、電視節目中，超人的能力「只是速度比子彈快，力氣比汽車大，並且可以一躍而跳過一棟大廈」。進化了的超人有飛行本領、超級大力、刀槍不入、超極速度、綜合超級視能（包括 X 光視力、熱能視力、電磁波譜視力、顯微視力、遠程視力、紅外線透視力等等），另外還加上超級的視像式記憶能力、超級聽覺和超級噴凍能力、抗控颶風能力等。

太空電子世紀的超人可以在銀河宇宙星球之間，以極速飛行而自由往來，可以抵擋殞石撞向地球。後來，作者為了要增加戲劇性效果，於是，便要為超人添上一些弱點，令這卡通人物，更添立體感和「人性」。

　　弱點之一是超人怕遇上故鄉克利普頓星球（Kryptonite）的殘片，這種叫做克利普頓石的物質可以令超人失去超能力，並且令他虛弱和痛苦。另外，超人也不太可能做平常人做的事，譬如說，超人由於刀槍不入的緣故，所以便不能夠捐血救人，因為他是異類，所以也不可以捐贈身體器官。我們也不清楚超人究竟是否需要進食和飲水。

　　1987 年，超人電影已經拍到第四集了，仍然由基斯杜化 · 李夫（Christopher Reeve, 1952 年 9 月 25 日 - 2004 年 10 月 10 日）飾演超人。八十年代中，筆者仍然游蕩於波希米亞文化朋友的圈子，與發燒電影的朋友嘗試用符號學、解構學等一類無聊到發慌的理論去講超人，以打發精力過剩的時間。我們一致認為，從超人電影的歷史觀察，超人也必然是一個「性無能」的「超」乎常人。

　　在早前的超人電影中，女角的戲份甚少，在第三集，女角瑪高 · 潔德(Margot Kidder) 佔戲才五分鐘左右。在超人四集裏面，瑪高 · 潔德飾演的女同事和超人談起戀愛來，而超人也曖昧地暴露了自己的雙重身分。但超人的「談戀愛」戲份遮遮掩掩，欲言又止，似有還無，好不尷尬。

　　超人四集劣評如潮，甚至被評為當年最劣的一部電影，票房比前幾集都萎縮。基斯杜化 · 李夫在 1995 年因參加馬術比賽而發生意外，脊椎嚴重受傷以至全身癱瘓，後於 2004 年 10 月 9 日，因心肌梗塞陷入昏迷，隔日逝世，享年 52 歲。基斯杜化 · 李夫於殘疾纏擾的歲月中，仍熱心投入社會公益事業，致力於推動幹細胞研究工作，並經常巡迴演講，鼓勵受挫折人士，此其值得敬佩之處。

　　術數師的超能力和超人的能力不遑多讓。我有個朋友最喜歡四出訪尋高人異士，他遇過的高人，據他描述，個個都能夠「上天入地」，意思是說，能夠魂遊太虛，超越時空，觀照來世今生。術數師推崇的祖師爺，很多都有神奇的經歷，總之定非凡品。過去幾十年，台灣、中國大陸都盛產異能人士，有些並因異能而「晉身」教主地位。不久以前，一位「教主」便聲稱全靠他的法力，托住了地球，穩定了地球的運行軌跡，救了中國，也救

了全人類。

比較「平易近人」的術數師，便只強調他們自幼得奇人異士指點、傳授，師承非凡，並得秘本真訣，宛如攝得超人的克利普頓星球能量。習風水的則多說少年時期便走遍了名山大川，吸收過風雷火電般的靈氣。

再人性化一點的，便強調術數可以教人「趨吉避凶」，「運轉乾坤」之類。

不論各門各派、各類型的術數，認祖歸宗，都會追溯到《易經》為萬理之源頭，所以，「易理大師」便經常都說，中國人的易經，一早已經將全世界的奧秘，包羅萬有的紀錄下來了。照理推論，人類以後幾千年、幾萬年的發展，相信還是少不了《易經》作思想指導的。

Jerry Siegel 和 Joe Shuster 創作超人的原意是以漫畫市場為對象，想像力可以天馬行空。超人的造型，最令人感到興趣的，是將內褲穿在最外面。如果熟悉超人的更衣程序，便知道超人的「超人服」是經常穿在最裏面的，當世界有危難緊急的時侯，超人將外層的「凡人服」一扯開，就可以一飛沖天了。邏輯上，「凡人服」的最下層，便是內褲，所以，超人的內褲，是因為緊急出勤時露了出來，而不是穿上去的。

如果我們留意超人的漫畫和電影，便會發覺，創作人和導演，都經常用俯鏡角度，去凸顯超人一飛沖天的動力，也凸顯出超人肩膊、胸膛、手臂的肌肉。相對地，超人的下陰，便顯得平平無奇甚且渺小。很多時候，鏡頭都盡量拍攝超人的上半身。在漫畫本中，畫師有時將超人的下陰畫到平坦得一如一塊熨直了的三角旗。超人便是那種胸肌特大，雞巴子特細的一種角色。

我愈來愈覺得超人是一個悲劇人物，或者，至少也是一個黑色幽默的產品。過去幾十年，編劇家們不斷努力地為超人增減他的超能力和弱點，我看至少有兩點應該再慎重的考慮一下。一是超人的繁殖能力問題，二是超人在同一時間，能夠應付多少宗災難。

超人比起其他的超級偶像都要寂寞，要負的擔子也太重，和他同期或

稍後出身的漫畫式人物便輕鬆得多，例如，蝙蝠俠有羅賓幫手，鐵金剛 007 號永遠有美女投懷送抱，查理天使永遠有鶯聲燕語相伴，多好。

　　人多好辦事，社會工作者開導精神病人，勸他們不要將全世界的十字架堆上自己的肩膊上。好事之徒問超人，如果恐怖大亨在世界不同的地方同時點起十個、二十個火頭，你救得幾個？

　　術數師的超人能力「非賢不傳」，繁殖力便奇弱。當術數師擇得小貓三幾隻賢者傳授時，又要向他強調要以術數濟世，救傷扶危，那麼，全世界六十三億人口，你倆師徒救得幾個？

超人

超人漫畫在三十年代首度面世時的創刊封面，描寫超人力大無窮，可以舉起一部房車，嚴選歹角。但超人既以內褲登場，下身便不好寫，所以便以提起右腳來避重就輕，這忌諱在超人的以後發展中都有跡可尋。下身是男性雄性及生育的強力表現，刻意遮掩，便幾如閹割。

大衛像

大衛戰勝巨人哥利亞是我們上聖經課時常聽的故事，我想那是激勵小朋友自信，鼓勵勇敢面對挑戰的一則傳奇寓言。

西方繪畫、雕塑等藝術，經常以裸體來表現線條和美感，對生殖器官處理得頗為節制，有些用樹葉之類來遮蓋，有些雖則坦然裸露，但以男性器官來說，比例上還似乎刻意造小，更不強調「憤怒鳥」。東方除印度較盛行性行為描寫之外，中、日的主流藝術寫性和裸體的題材相對較少，但主流以外的秘戲、春宮圖等還是不少的。有趣的是，這些「成人藝術」所畫的男女器官，都超乎尋常比例的巨大。東西文化大異其趣，各有口味，此其一明顯特徵。

官僚文化

這尊大衛像出於米開朗基羅，是舉世公認的藝術作品。

「1994 年，香港淫褻物品審裁處把雕像大衛像評為不雅，理由是該雕像裸露男性性器官，此評審引起社會輿論強烈抨擊，香港最高法院及後推翻有關裁決，而法官判詞中亦表明任何有理智者都不會將大衛像視為不雅。……

大衛像是文藝復興時代由米開朗基羅於 1501 年至 1504 年雕成，用以表現大衛王決戰巨人歌利亞時的神態。高 5.5 公尺、重 5,000 多公斤，原作目前置放於意大利佛羅倫斯學院藝廊，每年都會吸引約 120 萬人前去參觀。」

《維基百科》

十四、Also sprach Zarathustra

宣告自己錯了比堅執自己正確更高貴，尤其是自己當真正確。

《查拉圖斯特拉如是説》
尼采

It is nobler to declare oneself wrong than to insist on being right - especially when one is right.

THUS SPOKE ZARATHUSTRA
FRIEDRICH NIETZSCHE (1844 - 1900)

　　「超人」一詞，最早出於德國存在主義哲學先驅，弗里德里希・威廉・尼采（Friedrich Wilhelm Nietzsche）。哲學家尼采為「超人」下了定義，在他的詩歌體哲學典籍《查拉圖斯特拉如是説》（Also sprach Zarathustra）中，尼采説人可以透過以下的行為和方式，而成為超越常人的 Übermensch，後世學者便稱之謂 "overman" 或 "superman"，即中譯的「超人」，是為尼采的超人哲學。

　　超人者，即超越常人的意思。超人可以運用他的意志力，搗破、抗拒、叛逆所謂社會的思想，及道德規條；亦能夠以同樣的意志力，超越虛無，而將舊理想重新審定，並能推陳出新。這種省悟的能力，除了對外，還要能夠對內，即對自己，也要能夠不斷超越提升，是為「超人」。

　　相對於超前的超人，便是排在隊尾跟跑的 Last Man，根據其意義，也可以意譯為「庸人」。庸人的特性是意志力薄弱、對生命缺乏熱誠、不冒險，而只想尋求舒適和安逸，對於「庸人」，我們不能寄予厚望，因為他們只是麻木的動物，沒有熱誠和承諾，無夢想能力，唯只有賺取個人溫飽的能力而已。

　　《查拉圖斯特拉如是説》中的查拉圖斯特拉在三十歲的時候，跑到了山上去隱居修道，十年後悟出了道理，於是下山唱遊。他在一個市集上，

向群眾宣示了「超人聖訓」：

I TEACH YOU THE SUPERMAN. Man is something that is to be surpassed. What have ye done to surpass man?

All beings hitherto have created something beyond themselves: and ye want to be the ebb of that great tide, and would rather go back to the beast than surpass man?

What is the ape to man? A laughing-stock, a thing of shame. And just the same shall man be to the Superman: a laughing-stock, a thing of shame.

Ye have made your way from the worm to man, and much within you is still worm. Once were ye apes, and even yet man is more of an ape than any of the apes.

Even the wisest among you is only a disharmony and hybrid of plant and phantom. But do I bid you become phantoms or plants?

Lo, I teach you the Superman!

The Superman is the meaning of the earth. Let your will say: The Superman SHALL BE the meaning of the earth!

I conjure you, my brethren, REMAIN TRUE TO THE EARTH, and believe not those who speak unto you of superearthly hopes! Poisoners are they, whether they know it or not.

Despisers of life are they, decaying ones and poisoned ones themselves, of whom the earth is weary: so away with them!

　　　　　　　　　　　　　　　　　　　—TRANS. THOMAS COMMON
　　　　　　　　　　　　THUS SPOKE ZARATHUSTRA. PROLOGUE. SEC. 3

筆者年輕時略讀過台譯的《查拉圖斯特拉如是說》的中譯本，發覺所譯出的，與英譯頗有出入，我不懂德文，不知道中譯與原德文有何差距。為了省事，便只引錄英譯如上，敬希原諒！

尼采的意思是，人是要不斷超越自己的。人視猿猴為笑談，為羞恥，

人在「超人」面前，便也只是像猿猴一樣，是笑談和羞恥而已。所以，做「超人」才是世界（或人生）的意義。

查拉圖斯特拉如是說

尼采的《查拉圖斯特拉如是說》是一部雋永的箴言體作品，鼓勵和挑戰人不斷地超越自己。《查拉圖斯特拉如是說》風行全球，激勵了我們好幾代人，激發出高昂的藝術作品，包括了李察·史特勞斯 (Richard Struss) 於 1896 年首演的同名交響詩，美國導演史丹利·寇比力克 (Stanley Kubrick) 於 1968 年用於電影《2001 年太空漫遊》(2001:A Space Odyssey)，作品變成了家傳戶曉。

人因夢想而偉大，習術數的人則經常因循苟且，發的只是綺夢。

「如果你想走到高處，就要使用自己的兩條腿！不要讓別人把你抬到高處；不要坐在別人的背上和頭上。」

《查拉圖斯拉如是說》‧第四部‧論更高的人

十五、一代人做一代人的事

摘下這朵花來，拿了去罷，不要遲延！我怕它會萎謝了，掉在塵土裏。

泰戈爾 · 吉檀迦利
冰心先生譯

Pluck this little flower and take it, delay not! I fear lest it droop and drop into the dust.

GITANJALI, RABINDRANATH TAGORE

筆者習風水，也讀蔣大鴻著，在此並無抽蔣公後腿之意。我只是想，一代人有一代人的客觀環境和局限，一代人有一代人的思維方式和價值觀。中國人有因人設廟的習性，即尊重某一位先賢的時候，便為他設立一座廟堂來供奉。尊敬先賢是美德，是好事，但弊處則在於族人只知燒香、只識禮拜，修廟的人少，宗族中能再立廟堂的人便更少了。

誰人都可創造歷史。唯偉人才可寫歷史。

華爾德

Anybody can make history. Only a great man can write it.

OSCAR WILDE

史學家錢穆先生在《中國史學名著》中，談到唐代史學家杜佑撰《通典》的時候，稱許其劃時代的史學概念，理由便是：

「時代之變是自然的，學術之變，不專是追隨時代，而要能創新時代。……我們把以前所講回頭再來一試看，從周公《詩》、《書》到孔子《春秋》到司馬遷《史記》，正是在那裏一步步地翻出新的來，一步步地有創造。下面從班固《漢書》到陳壽《三國志》，范蔚宗《後漢書》，乃及其他在《隋書 · 經籍志》裏所見的史書，大體都是在走下坡路。他們僅能摹仿，又僅能在小處淺處著眼。所以我們上學期講到《史通》做結束，恰恰正可指出

這一段時期中學術的衰微。」

　　錢穆先生說在《史記》以前，不論是《詩》、《書》、《春秋》還是《史記》，代代都是意念創新之作。《史記》之後的記史方式，便因循地以司馬遷為廟堂，代代因循上香、禮拜而已。到唐代杜佑撰《通典》，確立了典制體政書的體例，開啟了後代政書體例記史的範式，所以錢穆先生稱其為劃時代的識見。

　　學術數大概也是這樣，一代人有一代人的生活環境、一代人有一代人的思維方式，所以，一代人便應做一代人的事。以下是蔣大鴻當年求道的情景。

蔣元詞誓章

　　皈依傳道弟子蔣元珂，本命萬曆丙辰年十二月二十七日，辰時生。拜投　祖師無極大真君法座下，求三元九宮、陰陽二宅、山龍水龍、擇吉真訣，以承先啟後，救世濟貧。所有誓者，剖心瀝血，敬對　天地日月之前，恭行昭告，仰惟　神明證盟授受。

　　計開誓款：

　　求傳之日洗滌身心，皈真奉道，敬持三年斗齋。終身弗替，謹守四德，嚴持四戒。四德者，一曰孝，二曰弟，三曰忠，四曰信。四戒者，一不殺身，二不偷盜及取非義之財物，三曰不邪淫，妻妾之外皆作奸論，四不妄言及談人閨閫發人陰私事。

　　親傳秘道，不同文章技術之師，自行皈依，終身敬奉，世世金身奉養，不敢忘背褻慢。

　　得傳之後不許洩露他人，倘遇可傳之人誠心懇求，亦須追隨日久，真知確誠，及為醮奏天庭，啟問祖師，如法盟誓而後傳授。如遇不忠、不孝、不仁、不義及貪婪無恥之人，不敢妄傳一字，亦不敢為此等人妄指陰陽二宅吉地。如遇厚德之家欲為造福，亦須醮奏天庭，懺其夙孽，祓其前愆，而後從事。

　　得傳之後，不敢妄希真主霸王禁穴大地，亦不敢為他人指示。

　　凡人求指吉地，不拘大小，必從真實，不敢以假穴誆人。

貧賤之人苟至心誠求，必為指地，毋以束脩不具而卻之。
不圖謀人家已葬之地，扦其舊穴。
雖遇仇讎，不得破其陰陽二宅損人利己，亦不得受人囑託破壞人家。
以上諸款如有犯者，罪依天律。右上
祖師無極大真君　法座下
正乙龍虎玄壇，執法趙天君，威靈顯化天尊，麾下
證明立誓，弟子蔣元珂押

「蔣元珂誓章」是蔣大鴻拜入無極子門下，求道學習風水的「入職」誓章，很有「桃園結義」式的民間宗教色彩。這誓章是時代背景的反映，也使我們理解到，在歷史上的某些時空，知識固然珍貴，但在傳遞的過程中，也諸多禁忌，能夠學成一藝，實在得來不易。

作者的目標是維護文明免於崩壞。

卡繆

The purpose of a writer is to keep civilization from destroying itself.

ALBERT CAMUS

事實上，這種現象，也絕非只出現在術數的範圍。其他類型的知識，不要說在明末清初難以廣泛流布，就算在我們的集體回憶裏，我們上一代的父母，很多人也都只能夠珍惜曾徘徊於小學、初中的知識水平，有些人學會了裁縫、剪髮、雕象牙，也深感得來不易。畢竟，那已經是半個世紀前的事，是幾個世紀前的光景。我們的上一代為追求知識而吃盡了苦頭，不等於我們要將這殘酷的「傳統」延續下去。

筆者據蔣大鴻自報的出生時辰，起出了他的命盤，從中多了解一代宗師的性格。

蔣公命坐丁酉，酉為空宮，得紫微、貪狼由卯宮照入，而得「府相朝垣」格局。
助長紫微氣勢的小星，主要便是三台、八座。
令蔣大鴻超級強調「擇賢」者，分別有命宮的月德、事業宮的天德和

福德宮的龍德。

令他超級保守、謹慎兼固執的，是身宮的天相與同宮的祿存，加上孤辰會上寡宿，再在三合會齊上述的「三德曜」，另加天壽。

筆者於圖中圈出幾個大家耳熟能詳的格局，讓大家參考，或許並可領會出斗數推斷的一些技巧。

一個是紫微、貪狼在卯宮見地空、地劫，斗數書說這是僧道之命，蔣大鴻的身分是道士。

一個是天梁在午宮見齊文昌、天同化祿、太陽，是為「陽梁昌祿」格，加強因素有文昌兼且化科再與擎羊、火星同宮，主揚名而流遠。

而太陽落陷，則主小眾趣味或稱窄播。另一組是天機、太陰在寅宮會對宮文曲，是為九流術士之組合。

照星盤看，蔣公不失為正直、保守、謹慎、兼具霸氣和宗族意識很強的一位歷史人物，這在明代，便是一個高風亮節型的範本。這種人物造型，卻未必完全可用於今日社會。如果我們對上世紀六十年代拍的電影中的「忠厚」型男主角也覺得「老土」，我們便會對四百年前的「迂腐」多一點諒解和包容。唯不論六十年代的造型，還是四百年前的風骨，我們大概還是不會毫無修飾，一成不變地因循和承襲下來的。

人欲獨自生活便不會是成功的人。他的心會凋謝如它不呼應另一顆心。他的思想會萎縮如他只迴響自己的思維而不尋得其他啟發。

賽珍珠

The person who tries to live alone will not succeed as a human being. His heart withers if it does not answer another heart. His mind shrinks away if he hears only the echoes of his own thoughts and finds no other inspiration.

PEARL S. BUCK

我們很難想像，以下所錄的，蔣大鴻的家傳規條，還可以被今日的知識傳授概念接受。

蔣大鴻 · 傳家歸厚錄天元歌戒規

是書止傳嫡宗長房懷淇府君之後，其異姓至戚、女婿、外甥及同姓，非宗不得輕使窺見，雖嫡宗而非懷淇嫡公之後，亦不得傳。

是書必擇子弟之心正行端有執持者，乃可傳之。如其人心術傾邪及浮遊無主，雖元珂及羽臣叔嫡系，亦不得傳。

是書族中止許一正副，共存二本。傳者熟讀，精通其義，不得錄書，輕錄必遭火患。

是書傳授，必羽士八人，大醮三日，懺受者，累世罪愆表問 上帝，而後可傳，傳後當全家戒殺，本身謹守四德，堅持四戒。凡遇三元、五臘、甲子、庚申、父母本命、自己本命、上帝、老君、玄帝、天師、許祖、呂祖、冷祖、王天君、趙天君聖，須修齋設醮，誦經放生，而後心神發悟，舉動獲福。

讀是書，須沐盥焚香，而後開函，先誦上帝 寶號七遍，乃讀是書。如穢褻必遭罪譴。

遠宗異姓果有大德大孝之人，誠求再四，一心不退者，亦許對天立誓，守戒、持齋、建醮、傳經，表問 上帝，不妨八拜，為師傳授至訣。但其原書，毋得輕付。

是書廣大精微，無有不備，而神化之處，難以言明，須精思曲悟，留心扞造。如初學未能入室，毋得自誤誤人。

子孫貧賤者，不許以術行世為衣食之業，惟富貴賢良不妨以此救世。

以上諸條切須遵守，如其一有違犯，上為褻天，下為不孝，授者受者，殃流九祖，被考酆都，雖得書訣反罹重禍。慎哉，勿忽！

杜陵蔣元珂謹識

上錄蔣平階的求道誓章和家門戒規，都有濃郁的道家色彩。文中強調道德操守，筆者絕無異議，唯其他枝節，畢竟已是數百年前的觀點。譬如說，「止傳嫡宗長房」，便可能愈傳愈窄，嫡傳難保代代都是聰明能悟之士，如此傳承，隨時會嘎然而止。

又如「但其原書，毋得輕付」，以前欠影印工具，原書宜珍而藏之，可以理解。現今只要多做一個 c.c.copy 便可，又或者捐存中央圖書館，也可

以萬古長存。至於那些「走四方求衣食者」，如果他們來求學，起碼也表現了他們心知不足，肯來接受再培訓，也算是有上進心之人。

際此失業率高企，人浮於事的世代，教好他們如何釣魚，便好過純向他們救濟施予，或發放社會援助金。

那些心術不正的「心術傾邪及浮遊無主」之輩，你教與不教，他們也還會偷呃拐騙如故，能登門求教，至少還有機會從你老人家高風亮節的身教中，得以浪子回頭。

至於「惟富貴賢良不妨以此救世」一句，筆者依然是上述對超人說的那一套話，全世界六十三億人口，你救得幾多個？

附錄：
蔣大鴻小傳，引錄《清史稿 · 列傳》

蔣平階，字大鴻，江南華亭人。少孤，其祖命習形家之學，十年，始得其傳。偏證之大江南北古今名墓，又十年，始得其旨；又十年，始窮其變。自謂視天下山川土壤，雖大荒內外如一也。遂著地理辨正，取當世相傳之書，訂其紕繆，析其是非，惟尊唐楊筠松一人，曾文迪僅因筠松以傳。其於廖瑀、賴文俊、何溥以下，視之蔑如。以世所惑溺者，莫甚於平砂玉尺一書，斥其偽尤力。自言事貴心授，非可言罄，古書充棟，半屬偽造。其倡言救世，惟在地理辨正一書。後複自抒所得，作天元五歌。謂此皆糟粕，其精微亦不在此，他無秘本。三吳兩浙，有自稱得平階真傳及偽撰成書指平階秘本者，皆假託也。

從之學者，丹陽張仲馨，丹徒駱士鵬，山陰呂相烈，會稽姜垚，武陵胡泰征，淄川畢世持，他無所傳授。薑垚注青囊奧語及平砂玉尺辨偽歌，即附地理辨正中。

平階生於明末，兼以詩鳴。清初諸老，多與唱和。地學為一代大宗，所造羅經，後人多用之，稱為「蔣盤」云。

《辨偽文》

僕弱冠失恃，先大父安溪公習地理之學，求之十年，而始得其傳，乃以所傳偏證之大江南北古今名墓，又十年而始會其旨，從此益精求之，又十年而始窮其變，而我年則已老矣，姚水親隴告成生平學地理之志已畢，

自此不復措意，夫豈不欲傳之其人，然天律有禁，不得妄傳，苟非忠信廉
潔之人，未許與聞一二也，丹陽張孝廉仲馨，丹徒駱孝廉士鵬，山陰呂文
學相烈，會稽姜公子垚，武陵胡公子泰征，淄川畢解元世持，昔以文章行
業相師，因得略聞梗概，此諸君子，或丹穴鳳雛，或青春鶚薦，皆自置甚高，
不可一世，蓋求其道以庇本根，非挾其術以為壟斷，故能三緘其口，不漏
片言，庶不負僕之講求爾，若夫中人以下，走四方求衣食者，僕初未嘗不
憐求爾，若夫中人以下，走四方求衣食者，僕初未嘗不憐之，然欲冒禁而
傳真道，則未敢許也，至於僕之得傳，有有訣無書，以此事貴在心傳，非
可言罄，古書充棟，半屬偽造，故有辨正一書，昌言救世，後複自言所得，
作天元五歌，然皆莊蒙所謂糟粕，必求精微則亦不在此也，此外別無秘本，
私為一家之書，近聞三吳兩浙都有自稱得僕真傳以自銜鬻者，亦有自譔偽
書，指為僕之秘本以瞽惑後學者，天地之大，何所不容，但恐偽託之人心
術鮮正，以不正之術謀人身家，必誤人身家，以不正之書傳之後世，必貽
禍於後世，僕不忍不辨，惟有識者察之。

玄空「遍地開花」

蔣大鴻為明末清初的玄空風水名家，一代宗師，人稱地仙。

今日的風水流派，聲稱宗蔣大鴻者眾，觀乎蔣氏的傳授風格，非賢不傳，天機不可洩漏，若泉下得知玄空「遍地開花」，不知有何感想！

蔣氏所用羅盤格式簡單，後世發展出來的羅盤，疊疊層層，供百家爭鳴之用，恐怕亦非蔣氏始料所及。

日晷

早一代的風水名家吳師青先生提過看風水可以用日晷。

日晷本義是指日影，是使用太陽的位置來測量時間的一種設備，主要由一根投射太陽陰影的指標、承受指標投影的投影面（即晷面）和晷面上的刻度線組成。日晷也可以測出方向。

如果我們看事情只看表面，便以為看風水要帶日晷，那也就太字面化了，其實吳先生的意思是說，我們可以憑日影便可以量度出方向出來，至於羅庚上的資訊，則全部都默印在腦袋中了。學術數的人都強調悟性，但又經常給自己套上枷鎖，執著於門派師承、執著於器物，視為神器，不知變通。

圖為英國畫家、詩人但丁‧加百列‧羅塞蒂（Dante Gabriel Rossetti, 1828-1882）的畫作《貝婭塔貝婭特麗克絲》（Beata Beatrix, 'Blessed Beatrice'），很有神秘詭異的氣氛和色彩，景後是一枚日晷，局部放大後，清晰可見晷面的刻度和所標時間。

一代人只能幹一代人的事

電視劇《走向共和》有一句對白，由晚清大臣李鴻章對革命先驅學者梁啟超說：「一代人只能幹一代人的事」。這句說話是否出於歷史不得而知，不過，倒說出了一些道理，有些事情，的確不容易在一時三刻內可以完成。近日讀美國前國務卿亨利·基辛格的《論中國》(Henry Kissinger, "On China")，格老以外交的角度，談十九世紀清末大臣李鴻章，面對列強交侵的政治環境，復夾於晚清朝廷的新舊勢力之間，以弱勢身分面對外交局面，而依然能夠堅毅不倒，對李氏很有理解和欽佩的意思。

有網民對《走向共和》的對白做了回應，說我們落後了這麼多代了，還他媽的只一代人幹一代的事！我深有同感地認為，我們有些東西，的確是落後了好多代了，還有，我們一代人只幹一代人的事，那麼，這些事的內容是甚麼？是甚麼的質？是甚麼的量？

學者邱震海寫了一本叫做《中國人成熟嗎？》的書，當中談到中國人需要建立理性精神，其中一節說「中國人：只會革命，不會改良？」說的是，我們缺乏理性的耐性去改善問題，到事情發展到忍無可忍的地步，便會天崩地裂地改朝換代，當中要付出很大的代價。

我們目下還算享有言論自由，思想自由，沒有甚麼太煎熬的客觀環境壓迫我們「一代人只能幹一代人的事」，那倒很可能讓我們反而甚麼都不幹了。我們近年的社會風氣更是使用言論自由的時候多，使用思想自由的時候少。術數生態從來就因循苟且，不思進取，當然也不知改良，使用言論自由的時候多，使用思想自由的時候少，我們大概也要等到忍無可忍，才可以出現天崩地裂的局面了。

巳 財帛	午 子女	未 夫妻	申 兄弟
天相　祿存 （子斗） 三天天孤天截劫 台官喜辰空空煞 博晦劫　士氣煞 身財癸　宮帛巳 86-95　臨官	天梁 ▲▲文火擎昌星羊（科） 解年鳳封蜚 神解閣詰廉 力喪災　士門煞 子甲　女午 96-105　帝旺	廉七貞殺（忌） 恩地 光空 青貫天 龍索煞 夫乙妻未 106-115　衰	文曲 龍天 池刑 小官指 耗符背 兄丙弟申 116-125　病
辰 疾厄 巨門　陀羅 天截陰 使空煞 官太　符歲蓋 疾壬厄辰 76-85　冠帶	現行 年歲 大限　　命主　廉貞 　　　　身主　文昌	命 主 廉 貞 丙辰年 12月 27日 辰時　　陽男 火六局	**酉 命宮** 天鉞 天八咸天月 貴座池壽德 將小咸 軍耗池 命丁宮酉 6-15　死
卯 遷移 紫貪微狼 左輔 地劫 伏病息 兵符神 遷辛移卯 66-75　沐浴			**戌 父母** 天同（祿） 台天輔虛 奏歲月 書破煞 父戊母戌 16-25　墓
寅 交友 天太機陰（權） ▲鈴星天馬 天天天 月哭傷 大吊歲 耗客驛 交庚友寅 56-65　長生	**丑 事業** 天府 天寡旬破 才宿空碎 病天攀 符德鞍 事辛業丑 46-55　養	**子 田宅** 太陽 天天天旬 福姚廚空 喜白將 神虎星 田庚宅子 36-45　胎	**亥 福德** 武破曲軍 天右魁弼 紅大天 鸞耗巫 蜚龍亡 廉德神 福己德亥 26-35　絕

推斷法端倪

蔣大鴻盤例

筆者在本卷做了一個推斷法式的示範，即在星盤上用刷筆將一些重要的星組用套紅的方法表述出來。亭老看了我的打印稿，便在序中敦促我做點推斷法則的闡述，那便是後來我將《推斷法則》和《星象原型》提前出版的因緣。

上圖可以注意的地方包括：

天梁、文昌化科，擎羊、火星同宮的綜合意義是甚麼？答案可以在卷四的《星象原型》中找到。

天相、龍德、天德、月德的綜合意義是甚麼？答案也可以在《卷二》、《卷三》、《卷四》中找到。

星看全局、全盤斗數，只得一個大命宮等等概念，都在《卷三》、《卷四》陸續鋪陳了，讀者可隨意慢慢把玩。

十六、由蔣大鴻到璜娜

被視為道德閃亮的人是那些放棄了尋常樂趣而又以干擾他人樂趣以作補償的人。

羅素

The people who are regarded as moral luminaries are those who forego ordinary pleasures themselves and find compensation in interfering with the pleasures of others.

BERTRAND RUSSELL (1872 - 1970)
WELSH PHILOSOPHER, HISTORIAN, LOGICIAN, MATHEMATICIAN
ADVOCATE FOR SOCIAL REFORM, AND PACIFIST

蔣大鴻

據蔣大鴻求道誓章表述，蔣氏生於丙辰年，即明萬曆四十四年，合公元 1616 年，是年努爾哈赤建立了大金王朝，定都今中國遼寧省新賓縣境內的赫圖阿拉。1636 年，即明崇禎九年，清太宗皇太極改國號為大清，改元崇德而稱帝。到 1644 年，吳三桂引清兵入關，結束了明朝國祚。所以，蔣大鴻甫出生，便適逢亂世，至盛年而遇國亡。

有關蔣氏生平的記載，至少延至康熙五十三年，即公元 1714 年，歲次甲午，故推測蔣氏享壽至少九十八歲以上。

不論是明末還是清初，都不會是好過的年頭。明末仕風固然敗壞，清初立國，殺戮的陰影便歷歷在目。蔣氏尚且曾參與過反清復明，於生活上、行事上處處慎防，亦無非人之常情。蔣老存活於康熙年間，便至少經歷過兩起的文字獄案。

一為康熙初年的明史案。

浙江烏程（今吳興）盲人庄廷鑨，因私修明史而犯了清朝大忌諱，此事經權臣鰲拜處理，逮捕並懲處涉案人士者眾。時庄廷鑨已死，其父庄允

城被逮捕上京，後死於獄中，庄廷攏則被掘墓開棺焚骨。康熙二年，即公元 1663 年，涉案者連及作序者、校閱者、刻書者、賣書者、藏書者，一律處死，牽連逾七十餘人，充軍邊疆者數百。

另一起發生於康熙五十年，即 1711 年，距蔣大鴻大歸前數年，稱南山集案。

戴名世（1653-1713 年），字田有，安徽桐城人，人稱南山先生，是清代桐城派文學家之一。時人桐城方孝標據其在滇、黔時所見所聞，憶明末清初事，著有《滇黔紀聞》。戴名世所著《南山集》，書中據引同邑方孝標所撰，內含南明永曆帝之年號，犯清之大忌，被人「揭發」其著作中有「大逆」語，於康熙五十年 (1711 年)，遭左都御史趙申喬參奏戴名世「為書狂悖」，戴即因此文字獄而被斬首。時方孝標已歿，亦遭掘墓剉骨，株連親族流徙者眾。

如果我們翻查歷史，我們便知道，由十七世紀到十九世紀的二百幾年間，知識傳授依然停留在密封的體系，期間縱有有識之士，以其超越時代的識見及努力，亦一時難以突破，並且在爭取突破空間的同時，吃盡了苦頭。

1616 年，西方天主教會禁止了現代天文學創始人，波蘭天文學家，尼古拉．哥白尼（Nicolaus Copernicus, 1473-1543）的書籍和學說，將「天體運行論」、「日心說」，用強權卡壓。

早一年，即 1615 年，意大利比薩城人伽利略．伽利萊 (Galileo Galilei, 1564-1642)，因持哥白尼學說而受羅馬宗教法庭傳訊，後於法庭上被迫聲明和哥白尼學說決裂。1633 年，伽利略被羅馬教廷「宗教裁判所」判處八年軟禁，並再一次被逼和哥白尼學說決裂。伽利略於 1642 年 1 月 8 日病逝，羅馬教會遠至三百多年後的 1983 年，才正式承認對伽利略的審判是錯誤的，到 1992 年秋，教宗若望．保祿二世 (John Paul II) 才宣布恢復伽利略的名譽，算是遲來的平反。

清朝開國首年，即公元 1644 年，與喬叟（Geoffrey Chaucer, 1340-1400）、莎士比亞（William Shakespeare, 1564-1616）齊名的英國文豪約翰 · 彌爾頓（John Milton）發行了《論出版自由》（Areopagitica），期間，彌爾敦的政治觀點、婚姻觀點（涉離婚問題），被時人視為激進而飽受批評，後更因涉政治文章及立場，牽入帝制與共和體系的爭奪中，並因王政復辟而入獄。

1651 年 10 月 14 日，美洲新大陸新英格蘭的麻薩諸塞州（New England, Massachusetts，當時仍為英國管轄）通過法例，禁止窮人穿華麗衣飾。

同年，政治哲學家霍布斯（Thomas Hobbes, 1588-1679）出版了利維坦（Leviathan），認為君權的「強政勵治」、權威的行使，是社會有效運作及穩定的力量。

璜娜

1651 年底，在墨西哥州（State of Mexico）附近一條叫做 San Miguel de Nepantla 的村落中，一位叫 Isabel Ramirez 的農婦誕下了一名私生女，這位女性才華橫溢，世界後來尊稱她為「墨世哥第十位繆斯」（Tenth Muse of Mexico），她便是拉美女性主義奠基者，拉丁美洲女詩人璜娜 · 茵內斯（Sor Juana Inés de la Cruz, 1648-1695，一說 1651-1695）。

據史家記述，璜娜三歲能讀，五歲能寫，並因祖父藏書之便而得以大量閱讀。母親在她十二歲那年帶她到墨西哥城，她的博學識見，已能令人投以奇異目光。十五歲那年，由於聰慧之名，加上容貌美麗，璜娜被總督（Viceroy, the Marquis de Mancera）及其夫人（Leonor Carreto）邀請入宮，成為夫人寵愛的女官。

史載璜娜自小便有無名的、飢渴難酬的求知欲，舉凡修辭學、神學、曆算、音樂、物理、星占，無一不學，並且能寫詩和戲劇。她在著名的《答費洛蒂雅修女函》（Reply to Sor Philothea）中憶述及申訴自己對求知的執著，說她經常因為學不好某些課題，便會懊惱到扯掉自己的頭髮，「但頭髮很快便長回來，而我仍然學得很慢。最後，我剪掉頭髮，以懲罰我頭臚的愚昧，因為我認為，不應讓一個知識空洞的頭臚裝上頭髮。知識才是更

值得渴求的裝璜。」

"It turned out that the hair grew quickly and I learned slowly. As a result, I cut off the hair in punishment for my head's ignorance, for it didn't seem right to me that a head so naked of knowledge should be dressed up with hair. For knowledge is a more desirable adornment."

REPLY TO SOR PHILOTHEA

五年宮廷生活，不但令瓊娜識見增廣，並且為她編織了社交網絡。1667 年，瓊娜進了 the Convent of the Discalced Carmelites 修道院，兩年後，轉進 the Convent of the Sisters of Saint Hieronymus 修道院，自此定名 Sor Juana Inés de la Cruz（一譯索爾 · 胡安娜 · 伊內斯 · 德 · 拉 · 可魯斯），而瓊娜亦於此修道院，以修女身分終其一生。

於一位沒有貴族背景、生活資源不豐的農家女來説，瓊娜相信，只有在修道院的環境，她才可以有客觀條件專心追求知識。在修道院的日子，瓊娜除了履行一般的宗教職務外，其他時間，便用來創作、做科學研究、寫詩、寫散文、也寫戲劇。繼任的總督 Marquis de la Laguna 及其妻 Maria Luisa, Countess de Paredes，仍對瓊娜欣賞愛護有加。

橫觀十七世紀，瓊娜無疑已經相對幸運，可以遁入空門，去填滿追求知識的欲望。根據傳記家的紀錄，瓊娜在修道院中的生活尚不算刻苦，修女們有自己的寢室，有廚房、浴廁和會客室。包括瓊娜在內，很多修女還有自己的傭人。在修道院中，瓊娜可以建立自己的圖書庫，保持與修道院外知識圈子的聯繫。

縱使如此，在十七世紀，知識依然是男性及宗教強權的禁臠，瓊娜要一飽心靈的「私欲」，依然要付上沉重的代價，包括社會壓力和教會的禁制。

以下是瓊娜後來的遭遇。

對瓊娜愛護有加的總督 Marquis de la Laguna 及其妻 Maria Luisa, Countess de Paredes 於 1688 年返回西班牙，瓊娜自此失去了王族的照應和

維護，墨西哥主教 Francisco Aguiar y Seijas 既是璜娜的上司，也是極端的性別歧視者，更加不滿璜娜寫些於宗教無益的俗世戲劇。周遭開始籠罩著限制璜娜學術自由的黑雲。

受柏布拉區主教（The Bishop of Puebla）驅使，璜娜用書面寫出了自己對一位葡萄牙教士 Antonio de Viera 在四十年前傳道的一些看法。1691 年，主教私自將璜娜的文書刊出，又加了一封批評璜娜的信函做序，署名費洛蒂雅修女發表。主教為何行事如此閃縮，並且以易服身分發表批評，後世尚在臆測。

不過，這行為倒為璜娜提供了一次崩堤般的宣洩機會，她一口氣寫了一封長函回應，駁斥柏布拉區主教的指摘，詳述自己難捨的求知欲，捍衛自己探索知識的權力，為女性受到歧視抱不平，亦堅持女性受教育的權利。此即為著名的《致費洛蒂雅修女函》（Reply to Sor Philothea，有時也稱《回柏布拉區主教函》，Reply to the Bishop of Puebla），為璜娜奠定拉美女性主義先驅的地位。

英勇的爭辯沒有為璜娜帶來可見的收穫，相反，周邊的壓力愈來愈重，尤其是身處於教會的強大建制中，璜娜的知性生存空間，便被愈收愈窄。1693 年打後，璜娜已停止寫作，以免再受教會禁制。1694 年，璜娜甚至無奈地在悔過書上簽上 "Yo, la peor del mundo"，意謂，「我，世上最壞的女人」。

璜娜被迫賣掉近四千冊藏書，也賣掉樂器和科學儀器。1695 年，璜娜死於瘟疫。曾對璜娜愛護有加的伯爵夫人回西班牙後，為璜娜出版了詩集《神泉之流溢》（The Overflowing of the Castalian Spring, by the Tenth Muse of Mexico），稱璜娜為「墨世哥第十位繆斯」，時為 1699 年。

璜娜的言論，在十七世紀來說，無疑相當尖銳，這首詩的語鋒狠辣，咄咄迫人，終篇都在說，女性的行為如有所謂「錯」，其實都是因為男人強行不合理的觀念，並且持雙重標準，才令女性左右做人難，動輒得咎。

縱使璜娜在十七世紀中葉已經揚起了女性主義的旗幟，但男女平等的觀念，延至上世紀的五、六十年代，似乎也只是稍見寸進。科學家卡爾・

薩根（Carl Sagan）在 1985 年出版的小說《接觸》（Contact）中，描述女主角 Ellie 的教育過程，依然受重男輕女的社會習性牽制。Ellie 在高校裏，喜歡做課外活動，學校的「工作室」設有裁床，打磨機，電鑽一類的工具，好讓學生自行製作儀器，機器。由於 Ellie 是女孩，所以便分配到製作較輕便的電子儀器項目上。Ellie 由於成績好，很多一流的大學都取錄她，熱愛理工的她後來也覺得奇怪，為甚麼自己最終還是選擇了哈佛而不是麻省理工。在哈佛的時候，周遭的男同學總是覺得她非我族類，她要和男同學辯論物理，得到的回應不是怪異的眼光便是冷漠的聽而不聞。卡爾‧薩根在第二章的引言中挪用了璜娜的《回柏布拉區主教函》，去呼應 Ellie 的處境。

"Since I first gained the use of reason my inclination toward learning has been so violent and strong that neither the scoldings of other people…nor my own reflections…have been able to stop me from following this natural impulse that God gave me. He alone must know why; and He knows too that I have begged Him to take away the light of my understanding, leaving only enough for me to keep His law, for anything else is excessive in a woman, according to some people. And others say it is even harmful."

JUANA INES DE LA CRUZ
REPLY TO THE BISHOP OF PUEBLA (1691).
WHO HAD ATTACKED HER SCHOLARLY WORK
AS INAPPROPRIATE FOR HER SEX.

不論是璜娜還是蔣大鴻，不論是西方還是東方，十七世紀都是男權、君權、神權隆盛的時代，璜娜生活於神權體制中，蔣大鴻求術於道教的氛圍底下。分別是，璜娜「醒覺」、而蔣大鴻則「順從」，這從繆斯的詩歌中和蔣公的家規中各見性情。

由十七世紀打後，社會體制的思潮夾著一個又一個的革命運動，人間早已滄海桑田、面目全非，中國醒得最遲，但也在 1911 年之後，一步一痛楚的逐漸從後追上來，那亦已經是整整一個世紀以前開始了的事，只是術數界仍然喜歡向後徘徊，作繭自虐。

附璜娜詩一首，「你們男人」，可說是女性主義的先驅文獻。

You Men

Silly, you men-so very adept at wrongly faulting womankind,
not seeing you're alone to blame for faults you plant in woman's mind.

After you've won by urgent plea the right to tarnish her good name,
you still expect her to behave--you, that coaxed her into shame.

You batter her resistance down and then, all righteousness, proclaim
that feminine frivolity, not your persistence, is to blame.

When it comes to bravely posturing,
your witlessness must take the prize:
you're the child that makes a bogeyman,
and then recoils in fear and cries.

Presumptuous beyond belief, you'd have the woman you pursue be
Thais when you're conning her, Lucretia once she falls to you.

For plain default of common sense, could any action be so queer
as oneself to cloud the mirror, then complain that it's not clear?

Whether you're favored or disdained, nothing can leave you satisfied.
You whimper if you're turned away, you sneer if you've been gratified.

With you, no woman can hope to score;
whichever way, she's bound to lose;
spurning you, she's ungrateful-succumbing, you call her lewd.

Your folly is always the same: you apply a single rule
to the one you accuse of looseness and the one you brand as cruel.

What happy mean could there be for the woman who catches your eye,
If, unresponsive, she offends, yet whose complaisance you decry?

Still whether it's torment or anger—
and both ways you've yourselves to blame—
God bless the woman who won't have you,
no matter how loud you complain.

It's your persistent entreaties that change her from timid to bold
Having made her thereby naughty you would have her good as gold.

So where does the greater guilt lie for a passion that should not be:
with the man who pleads out of baseness
or the woman debased by his plea?

Or which is more to be blamed--though both will have cause for chagrin:
the woman who sins for money or the man who pays money to sin?

So why are you men all so stunned at the thought you're all guilty alike?
Either like them for what you've made them,
or make of them what you can like.

If you'd give up pursuing them, you'd discover without a doubt,
you've a stronger case to make against those who seek you out.

I well know what powerful arms you wield in pressing for evil:
your arrogance is allied with the world, the flesh, and the devil!

璜娜

上右圖繪於 1750 年的璜娜像。畫家描繪的璜娜，端莊而嫻淑，一身裝扮，固然凸顯了她的聖職身分，但胸前掛著的畫，枕上、背後的書，架上的智慧語牌匾，都被描畫得比璜娜的頭大，凸顯出璜娜對知識追求的野心。

史家載，璜娜因受宗教的保守勢力壓迫，最終也不得不放棄寫作，賣掉樂器與藏書，才可靜渡餘生。

明清兩代，統治者對讀書人專權暴虐，屢興文字獄。以言入罪，幾乎成為了近千年的傳統和國情，大家習慣了，便仍是照樣歷史文化悠久地生活著，大概也不要奢說思想獨立、學術自由，為學問而學問這些境地了。璜娜的詩罵男權欺壓她、剝奪她獨立人格的權利，踐踏她能讀書和能思想的權利。在明、清時期，我們的讀書人在帝權的雄性專橫底下，何嘗不是陰性得連呼吸都得謹慎。個別勤奮聰敏的知識分子還是有的，在不涉及政治和思想的前提下，搞實用技術是較安全的出路。1666 年，被喻為中國人的「技術百科全書」《天工開物》的編者宋應星逝世。正如國情和傳統一樣，宋氏的著作多所散佚，只留得一些書目。

大洋彼岸的璜娜正值豆蔻年華，開始了以人為本位的知識追求，抖擻地拍起了一雙脆弱的翅膀，其振動縱使能遠渡重洋，大概也難以喚醒那些習慣了專權的驚嚇而溫順地裝睡的人。

上左圖為璜娜十五歲肖像，繪於 1666 年。

《利維坦》

《利維坦》（Leviathan）是托馬斯·霍布斯寫於1651年的一本書，全名為《利維坦，或教會國家和市民國家的實質、形式和權力》（又譯《巨靈論》）。「利維坦」原為《舊約聖經》中記載的一種怪獸，在本書中用來比喻強勢的國家。該書系統闡述了國家學說，探討了社會的結構，其中的無神論、人性論、社會契約論，以及國家的本質和作用等思想在西方產生了深遠影響，是西方最著名和有影響力的政治哲學著作之一。

節自維基百科
《利維坦》

伽利略

伽利略·伽利萊（Galileo Galilei，1564年2月15日－1642年1月8日），意大利比薩城人。偉大的物理學家和天文學家，近代實驗科學的奠基者之一與科學革命的先驅。他最早使用望遠鏡觀測天體來支持哥白尼的日心說。他通過理論分析與實驗推翻了被奉為圭臬的亞里士多德的力學體系並建立了近代力學。他工作中體現出的「實驗－模型」思維方法成為至今實驗科學研究的基石。

節自維基百科
《伽利略·伽利萊》

十七、瞎子摸象與逆向工程

　　思想的多元化在多方面臣服於自然規律，創世者，祂設計了人腦要來活動，又不讓單一個腦袋能參透世界的全部性質以確保思想活動永不休止。正因為沒有人可單獨地追尋一個對整體真理的澄明認識，故所有人便被導向一種活躍的、探索的及互助的態度。

布爾斯廷
《快樂的思想多元性》

The variety of minds served the economy of nature in many ways. The Creator, who designed the human brain for activity, had insured the restlessness of all minds by enabling no single one to envisage all the qualities of the creation. Since no one by himself could aspire to a serene knowledge of the whole truth, all men had been drawn into an active, exploratory and cooperative attitude.

CH. 3. PART 2: THE HAPPY VARIETY OF MINDS
THE LOST WORLD OF THOMAS JEFFERSON (1948)

瞎子傳奇

　　我在報章上看到前輩寫文章，說今人對術數和命理的認識，有如瞎子摸象；也曾見過一些較年輕的術數師寫，庸師教術數，便有如一盲引眾盲。這些描述，都令我失笑得情不自禁。失笑的原因，是因為這等比喻巧妙，並且翻起了術數行頭裏的一些潛意識內容。

　　民間手藝中，有幾項都是與瞎子相連的，一為瞎子按摩，一為瞎子算命，不過，摸的都是人，不是大象。這兩項民間手藝，都尊崇瞎子，貪求的，也許便正是摸不全、看不清的矇矓境界。

　　瞎子摸象的故事，出自佛教經典《大般涅槃經》卷 32。當中以對話及比喻的形式，談到對佛性的認識。原文說：

　　「善男子。譬如有王告一大臣。汝牽一象以示盲者。爾時大臣受王敕

已。多集眾盲以象示之。時彼眾盲各以手觸。大臣即還而白王言。臣已示竟。爾時大王。即喚眾盲各各問言。汝見象耶。眾盲各言。我已得見。王言。象為何類。其觸牙者即言象形如蘆菔根。其觸耳者言象如箕。其觸頭者言象如石。其觸鼻者言象如杵。其觸腳者言象如木臼。其觸脊者言象如床。其觸腹者言象如甕。其觸尾者言象如繩。善男子。如彼眾盲不說象體亦非不說。若是眾相悉非象者。離是之外更無別象。善男子。王喻如來正遍知也。臣喻方等大涅槃經。象喻佛性。盲喻一切無明眾生。是諸眾生聞佛說已。」

內容大致說，佛向善男子講解佛性，不容易颯時令人全面理解，便舉了一個故事來比喻，說王命大臣牽來一象，著八瞎子摸之，然後各自表述自己的觀感。

摸到象牙的說，象如一根蘿蔔；摸到象耳的說，象如一畚箕；摸到象頭的說，象如一墩石；摸到象鼻的說，象如一根粗管；摸到象腳的說，象如一樁木臼；摸到象背的說，象如一堵坐床；摸到象腹的說，其形如甕，摸到象尾巴的說，象如一根繩子。

這便是八瞎子各抒己見的摸象故事。寓言原本生動活潑，直指題目，本來不帶譏諷。後來的聰明人，便發展出用瞎子摸象的故事，來譏諷那些見樹木不見森林，觀察事物不全面，並且以偏概全的人。

佛理博大精深，我們凡人對佛法的認知有如瞎子摸象，倒是理所當然的。除了佛學之外，其他世俗學問，也莫不瞎子摸象。自然科學家對自然界的探索，歷來都是一群瞎子摸象的經驗總結，但從來都沒有因此而氣餒和自卑；歷史學家、考古學家、人類學家等，對於人類歷史上的重重疑竇，永遠有愈積愈厚的一大堆 backlog，但都不減其摸象的興趣；如果華爾街中有人知道大象的全體面貌，那麼，牛市與熊市便再不會有甚麼意義了。

術數的思維與主流學術不同，在於其喜歡自相矛盾，笑盲而又喜盲。古希臘的神諭守壇祭師，便多文盲的童女；中國民間對術士的觀感，便更加具形具象。很多人推崇瞎子算，認為人盲了，便心無雜念，摸出來的象，

便更應當以為真。

盲人算命，便倍覺其神。

如果我們不急於對術數嘲弄，筆者倒認為，命理術數一如瞎子摸象，那倒是理所當然的。人生如果七十，一生人的遭遇以大小事件計，便當不止於 365x70，算者能萬中得一，便已經是相當不錯的成績。

吳宇森導演在 2003 年拍了一部荷里活電影 Paycheck，香港上畫時好像譯為「起尾注」，改篇自美國科幻小說家菲利浦 ‧ 狄克 (Philip K. Dick, 1928-1982) 的同名短篇。電影說主角 Michael Jennings 是逆向工程師，其專業是對某種產品的結構、功能和運作進行分析、分解、研究，然後提供技術予人製作出功能相近，但又不完全一樣的產品。

Paycheck 是一部科幻驚慄電影。戲軌有趣的地方是，Michael Jennings 這位逆向工程師，本應擅長往後還原的工作，但由於牽涉商業利益和巨額酬勞關係，Michael Jennings 懷疑遭人陷害洗腦而失去了記憶。不過，他卻發現自己過去幾年研究和設計的一套機器，竟然可以有預視功能。他又發現，很多「未來的事」，都帶有心理學上稱為 self-fulfilling prophecy 的現象，或稱「自我應驗預言」的因果效應，即人由於參與了預測的行為，於是導引出預測的效果。

Michael Jennings 看見自己的未來慘不忍睹（或稱死於非命），於是企圖擺脫，最後更索性將機器摧毀，讓自己復歸平淡，四大皆空。在機器一息尚存的時候，各路利益集團都向這位逆向工程師陰謀爭奪，企圖取得這部能看得見前景的機器，電影中用了一句對白，說各路人馬，都渴於「一瞥未來」(to catch a glimpse of the future)。

筆者一路相信，人有預測能力，一如人有記憶，皆屬生命常態。不過，兩者的表現可不全面，也不穩定，經常不是瞎子摸象，便是驚鴻一瞥。所以，每有人問筆者，你們能算的，可否告訴我，明天六合彩會開哪六個號碼？我通常便回問，那你記不記得六個星期前那六個號碼？

Paycheck 的逆向工程師最後能夠斷然將瞻前機器摧毀，便是前不需預

視，後不要回顧的大徹大悟。一是平息了利欲薰心的追殺爭奪，二是斷流了「自我應驗預言」的因果效應。境來心應，境去則無，《大般涅槃經》要我們明白的，大概便是這種毫無罣礙著的覺悟境界。吳宇森兄篤信基督教，希望他不介意我這種借花敬佛的詮釋。

相對之下，習術中人便經常 Freudian Slip 地流露出一個不斷摻水、不斷吹氣而膨脹的自我中心，自我催眠出一些「全知」的觀點，在眾多高尚學術面前，便更容易顯得貽笑大方。

術數若能承認瞎子摸象，便可能是走出困境的一條生路。

事實上，「摸象學」學理淺白，連搞電影等普及藝術的人都很容易掌握，術界自詡多高人，對於瞎子摸象的深層喻意，當不難理解。我們少時看過日本導演黑澤明的經典作品「羅生門」，類似主題，可說代有人才出的不斷探索。

美國導演古斯 • 凡 • 桑 (Gus Van Sant) 在 2003 年拍了一套叫做「大象」(Elephant) 的電影，內容取材美國高中校園的學童槍擊事件。電影以同一事件的同一時段做骨幹，從不同的孩子的背景和角度，反映事情發生的因果，表明事物總有不同的現實背景和視點角度。電影取名「大象」，其典出也直屬於《大般涅槃經》。術數界亦多習佛者，對摸象的深層意義，便應比別科的人容易多點悟性。

大般涅槃 (Mahaparinivana) 的意思是大滅度、大圓寂，乃是指佛陀圓滿諸德，寂滅諸惡的解脫境地。

瞎子摸象

筆者寫《斗數卷》，經常要從網路上抓圖來配內容。有些國內的藝術畫網，宗旨堂煌地說推廣藝術文化，但圖像不是解析度太小，就是打滿了水印，生怕你忘記了他的商標。打一個水印去保護一些現代版權的畫作防止翻印大概還說得通，不過去的是，很多畫作已是故人的了，屬於公眾領域，打水印便是阻人觀賞，髒人眼目，甚者是這些圖片，還是從別的網站複製回來的。那大概也是一種國情，我們的國畫，很多都是仕宦間的酬酢之作，講意頭，好禎祥，御覽過的更妙，蓋上御覽的圖章，身價即不同凡響，像小狗向電燈柱撒泡尿般對「到此一遊」的雅興甚為鍾情，我們還是好題字的民族，爽快過癮。

洋人的文化和我們不一樣，畫家寫完了畫，把自己的簽名找個下角不顯眼的地方躲起來，不會跳入鏡頭前做個 V 字的手勢。公眾領域的油畫，會用高解像度來傳閱，不會在美女的酥胸上打個大水印。

上圖的大象圖是林布蘭（Rembrandt, 1606-1669）的作品，幾個人影，一隻大象，不知道是否瞎子摸象，我從英國博物館（British Museum）找到，見下面有一行字，說如要更大的解像度，可要求專郵下載，歡迎傳閱轉刊。

我們的歷史文化太源遠流長，古物太多，散佚一點算不了甚麼。只是將來如有需要研究一下甚麼題目，從歷史文獻上找，大概便也得費點瞎子摸象的工夫。

逆向工程

譬如說，蘋果手機6還未正式發布，山寨版便面世了。原因可能是，某些人透過某些特殊渠道，取得了手機6的一些製作資料或成品樣本，憑一定的知識和模仿能力，推敲出成品的整體狀況，從而製造出一件A貨。

抄襲和模仿是學習過程的一種。上進而成熟的人經過這階段，會積極創立和發展自己的思維和風格，建立自己的品牌，並以能確立和發揮自我身分和價值而自豪。我們看日本、韓國和台灣，都曾在電子產業上經歷過這些階段。

學習要全面，不論技術過程的細節，還是構成意念的理解，都要嚴謹努力推敲，才有可能發展出個人的創造力和品性。

《斗數卷》第四卷《星象原型》第446頁有「憑星見盤」一節，說只憑聽聞三顆星曜的狀態即可還原出全盤百多顆星曜的命盤，說的便是逆向工程能力的掌握。讀者如熟讀《卷一》的安星法則、《卷二》的星曜本義，理解透徹和準確，便有對斗數全盤明白的可能，並且可以不受死訣拘束擾亂而發揮出準確的演繹和詮釋。

圖為吳宇森導演的電影《糧餉：記憶未來》，港譯《起尾注》(Paycheck:Remember The Future)，談的是逆向工程。

子曰：「吾十有五而志于學，三十而立，四十而不惑，五十而知天命，六十而耳順，七十而從心所欲，不逾距。」

論語・為政

君子有三畏：畏天命，畏大人，畏聖人言。

論語・雍也

人的愚昧傾敗他的道，他的心也抱怨耶和華。

A man's own folly ruins his life, yet his heart rages against the LORD.

箴言 19:3

PROVERBS 19:3

諸般勤勞都有益處，嘴上多言乃致窮乏。

All hard work brings a profit, but mere talk leads only to poverty.

箴言 14:23

PROVERBS 14:23

十八、一命二運三風水、四積陰德五讀書

微乎微乎，至於無形；神乎神乎，至於無聲，故能為敵之司命。

孫子兵法 ‧ 虛實第六

命運管束人事無可辨之序。

Fate rules the affairs of mankind with no recognizable order.

塞內卡 ‧ 古羅馬哲學家
SENECA (5 BC - 65 AD)

通俗論述

「一命、二運、三風水，四積陰德、五讀書。」這句古語，少年時候便聽老人家常說，使我們耳熟能詳。很多術數師兼寫雜文，也經常做這條題目的文章，雖有不同的演繹，但主線卻喜歡徘徊於以下兩種。

術士之言，最常用的論調，是命與運固然重要，但兩者屬於先天福份和勢力，非個人能力可以控制，所以便要靠風水力量去改變命運軌跡。這套理論，適好為「術數能助人趨吉避凶」之說落好註腳。所以，如果命不好，或者運不好，甚至乎命與運都不好的時候，風水術數便有用，可以為人改命、改運，導人趨吉避凶了。至於四積陰德和五讀書，既然排在第四第五，列於風水之後，所以便順帶一提，聊跑過場算數。這種策略性的演繹，將古人這句至理名言，盡取其實用的市場價值，極合現代社會的術數市場學用。

另一種演繹較為謙和，中間落墨，不盡取市儈，也不過於自高身價，說起來還帶點導人向善的情懷，兼享清貴之譽，屬於進可攻，退可守策略，行文如下。

命與運或許不能由人全盤控制，但風水術數卻可以幫人改運，助人提升掌控能力，所以，懂風水的人，除了自得其樂之外，還要以行善助人為樂，一如懸壺濟世；不過，受濟的人光靠風水術數力量也不足夠，還要人心地好，慈眉善目，好運便自然來。這種說法，以風水術數為劍盾，前戰命與運的

巨龍，後背陰德、讀書做靠山，萬一風水術數不靈，那不是天命不可違，便是天意如此，或罪在當事人不積陰德，不讀聖賢書，宿業纏身，所以難。

易見之道

習術之人喜談《易》，說《易》是所有術數系統之源頭。善談《易》者，莫不知讀《易》的遊戲規則，除本卦外，還設綜卦、錯卦、互卦、卦中有卦等，談一命二運三風水，卻少見人能以易見觀之。譬如說，用綜卦思維來看看，便會得出一個讀書、積陰德、風水、運、命的序列來。筆者未敢妄言《易》，不過，卻透過別的途徑，得出了逆思的次序，從而知道古人的智慧和含蓄。

我少時看過一套票房勁爆、膾炙人口的武俠電影，叫做「如來神掌」，電影說的神掌絕頂武功，最勁揪的一式是第九式，也是終極一式，叫做「萬佛朝宗」。這招一使出來，便要令地動而山搖，可以天下無敵。自此以後，我便明白，好東西不一定要放在前面走，反而經常在後面行。這種思想教育對我後來的事業和工作帶來無窮效益，我做電子媒介的日子，處理過不少音樂性質的製作，便懂得將初試啼聲的歌星放前，份量重大的歌手壓軸，這種禮節上的 Protocol，可算常保不失。

我看一命、二運、三風水，四積陰德、五讀書，順讀便是一組人類演化過程的序列，是一套文明演化過程的圖譜。達爾文如果也能早參透這一條，他的演化論便可能更耐久、耐磨，不致於被後來的生物科學理論圍攻，甚至有被踢出新世代科學殿堂之虞。

我膽粗粗，試圖將這一命、二運、三風水，四積陰德、五讀書的基因排序，重新寫一份解讀報告。

一命

先說一命，一命是你父母經行房後啟動的，有如製作上了生產線，進入了流程，產品在生產線上完成工序之後，便會推離線上出廠，定型為基本出廠型號，你沒有任何形式的話事權。

二運

二運關乎大環境、大生態的影響，如果世界好，國家好，香港好，公司好，老闆好，父母又好，那便大家好了；如果以上所說的項目，有很多都不太好，那你的運氣相信也好不到那裏。就算你懂風水，可以在伊拉克、阿富汗等地任由發揮地建一座旺財旺丁、到山到向的風水屋，最終便最可能成為綁架對象。當人的運不好的時候，除了降罪己詔，怪自己，承認自己可能有錯之外，最終便只能說，那是社會的錯了。所以，二運也是相當身不由己的。

三風水

三風水是試圖擺脫命運嚴苛掌控的初步努力，這種努力，說它是主動，其實是被動，說它完全被動，它又有一些主動的外觀，總之是既被動又主動，既主動又被動，看你向那邊傾斜。為甚麼我要這樣說？

談風水的作家最喜歡引用《詩‧大雅‧公劉》的一段作堂煌華麗的開場白，原文為：「篤公劉，既溥既長，既景（影）乃崗，相其陰陽，觀其流泉，其軍三單，度其隰原，徹田為糧。」意思是說，在上古時代，周文王的祖先，周族寬厚仁慈的首領公劉先生，帶領了周民族由邰這地方遷徙到豳這地方，經過公劉先生視察鑑定是個風水寶地，於是便定居下來，並且開展了農業的生活文化。

我們看我國的人類史，便知道我們的祖先，最初的時候，是住在樹上的，因為樹居可以避開凶猛野獸的威脅，心理上和實際上都比較安全。經歷過有巢氏的樹棲階段之後，我們的祖先便懂得穴居了，上世紀初在北京近郊周口店發現的北京猿人頭骨和洞穴，大略上披露了這段時期的生活狀況。到了周人公劉先生帶領族人「相其陰陽，觀其流泉，其軍三單，度其隰原，徹田為糧」，我們的祖先便由樹上和山洞，步進了農業社會雛型。

談風水的學術者，喜歡將玄空飛星的洛書九宮套入中國秋海棠葉的版圖，以比劃對應中國的地理形勢，如此解畫，便常出現很多與現實地理環境不太相符的牽強附會之說。筆者倒認為，要了解中國風水文化的基因組織，倒不如研究一下北京猿人穴居的環境，從中可能得到更多啟發。

從有巢氏的樹居年代，經歷猿人穴居，到周民族發展農業社會之前，

人的生活，大多數便只能夠以雙腳「走為上著」，趨吉避凶。到了公劉，周族人開始懂得「相其陰陽，觀其流泉，其軍三單，度其隰原，徹田為糧」了，農業社會才得以雛步成型，從此不再需要疲於以走路來趨吉避凶。《詩經》中說的「觀其流泉」，更加是周民族賴以生活的臍帶，倚之為富國興邦的命脈。後來，漢經學家鄭玄說：「流泉浸潤所及，皆為利民富國。」所以，後世的風水術即將此概念通俗化成為「水為財」，「山管人丁水管財」的口頭禪。

公劉的「相其陰陽，觀其流泉」，無疑也只是一種取其現成的選擇，是主動中的被動，也是被動中的主動。所以，風水的原稱，便叫做擇地術、相地術、觀地貌或相宅術等。

人從樹頂，從山洞上走下來耕種，便代表了自信心逐漸成形，在某種程度上，有較好的把握，建立起安定的生活。安定的生活，需要靠秩序和規則去維持，而秩序和規則，則要倫理道德去指導，這成為了世界文明進展的必然過程。積陰德，便是不經不覺地積聚起優良的倫理道德。

四積陰德

我們談四積陰德，自然想起明朝人袁了凡（1533 年 —1606 年）寫給兒子的家訓書《了凡四訓》。

袁了凡是明朝人，原名袁黃，字坤儀，他考科舉之前找人算過命，當中很多項的結果都應驗了，他便認為命運是一條硬鞭子，半點不饒人。算命師又說他只有 53 歲，無兒後繼香燈。袁了凡後來遇見了雲谷禪師，雲谷禪師說命運是有商量的（可以改的），只要樂於助人，行善積德，命運便會改觀了。了凡聽其言而實其行，不僅延壽，且得子嗣，69 歲時，他寫成《了凡四訓》來訓示兒子多行善積福，令自身命運優化。

《了凡四訓》的四訓指四條主題，計為立命之學、改過之法、積善之方、謙德之效。積善之方是第三則，以「易曰：積善之家，必有餘慶」起頭，對凡學宗《易》的術數師來說，便倍覺親切。

袁氏的示兒家訓，雖非佛典，但訓中談行善積德、導人向善，善言豐碩，所以在佛教中享有崇高地位。筆者看袁氏所述，其中多雜因果報應的

鄉野故事，而所說的善報，亦多言官祿、子嗣興昌，部分亦多摻鬼神之說，調子便頗合術師談「趨吉避凶」的「何車」。

《了凡四訓》是通俗文學風格的勸善書，對普羅階層頗能起教誨開化的作用，故不失高尚可讀的地位。書中積善之方一章，有很多文字談到為善的態度，如：

「若復精而言之，則善有真、有假；有端、有曲；有陰、有陽；有是、有非；有偏、有正；有半、有滿；有大、有小；有難、有易；皆當深辨。為善而不窮理，則自謂行持，豈知造孽，枉費苦心，無益也。」

其中一段，更直談陰德，是「一命、二運、三風水，四積陰德、五讀書」，關乎陰德項的上佳注釋：

「何謂陰陽？凡為善而人知之，則為陽善；為善而人不知，則為陰德。陰德，天報之；陽善，享世名。名，亦福也。名者，造物所忌；世之享盛名而實不副者，多有奇禍；人之無過咎而橫被惡名者，子孫往往驟發，陰陽之際微矣哉。」

筆者特選這兩段引文，皆因其中幾句，有畫龍點睛之筆，令四訓從一般的俗利因果報應說，提升到人性品質的高尚層次。

一句是「為善而人不知，則為陰德。陰德，天報之」。西方有所謂騎士精神，是一種為善不計果報的高尚情操表現，所以稱為貴族（高貴的一群）。中國人行善積德，通俗的期待便是功名利祿的現世報，最好還是現眼報。能夠積陰德，而對回報耐得起望天打卦的，便也應該是高貴的表現了。

另一精句為「為善而不窮理，則自謂行持，豈知造孽，枉費苦心，無益也」。我在本卷另篇曾引薩根言提過，能算者，求神諭者，沒有必要放棄理性思維的權利。同樣，對積陰德的理解，便不應止於簡單的慈善行為。有時，簡單的慈善行為，常帶感性的即興風格，並不一定具智慧。日行一善的舉動可嘉，但終究只是優秀道德文化系統中的枝節表現，如無整體的理解和智慧，便容易造孽而枉費苦心，所謂好心做壞事，善而終無益也。

為善須得窮理，那便關乎讀書。古人談讀書，並非強調學歷，而是說要讀聖賢書。五讀書，便關乎通達明理。

五讀書

五讀書是四積陰德的進境。四積陰德比較容易，中人之資，只要接受道德系統的教化便可以做了，不論是感性地做，還是理性地行，都較易而為之。要通達明理，要求的層次便要進一境界。人類的文明，便是由一命、二運、三風水，一步步的走到這個階段來，以後還有沒有第六式，我們暫且不說。西方崇尚實用價值，他們的五讀書便演繹為「知識就是力量」，我們的五讀書，主調便在於通達明理。

筆者常認為，術數之所以長期停留在江湖層次，被排擠於顯學殿堂之外，原因是它有兩大致命缺陷。

一為自身欠缺獨特的、高尚的道德價值系統。術數的道德價值內容，經常只能夠依附於時代潮流的價值體系裏面，並且往往隨波於潮流中的俗面。譬如說，紫微斗數中有「祿在奴僕，縱有官也奔馳」訣，意思是說，做官的人，如果祿在自己的宮位上，做官便要舒服好多，如果一顆祿跑到奴僕宮裏去，那就辛苦很多了。但在當今社會，我們便比較喜歡見到能奔馳的官，喜歡他們能夠以人為本、為人民服務。斗數又以太陽為官祿主，除了喜歡其關照仕途光明之外，最好還能輔以順風順水，甚至不勞而獲，對於太陽落陷主辛勞，便抱其遺憾。這些都反映出術數依附於市俗價值，並且經常缺乏自我更新提升意識。

二是術數缺乏優美的美學系統。凡顯學，像儒、道家，除了有獨特的倫理觀和道德價值觀之外，還有獨特的美學追求。儒家著重於人倫系統的秩序，道家道法自然，都竭力於追求一種生活上的、思維上的「真、善、美」美學境界，於此，術數便相對疲弱。所以，易學自漢以後分流，由孔子詮釋的倫理《易》，便輕易佔據了顯學的舞台，而占卜《易》，便常要在江湖行走。

南宋史家范曄著的《後漢書》，設有《方術列傳》，為通陰陽方術之士立傳，凡三十幾人，計有任文公、郭憲、許楊、高獲、王喬、謝夷吾、楊由、李南、李郃、段翳、廖扶、折像、樊英、唐檀、公沙穆、許曼、趙彥、

樊志張、單颺、韓說、董扶、郭玉、華陀、徐登、費長房、薊子訓、劉根、左慈、計子勳、上成公、解奴辜、甘始、王真、王和平；唯令我們耳熟能詳，並流芳百世者，便只華佗一人，而《華佗傳》中所記，皆其行醫之事，而不涉陰陽災異之說。以下為術士唐檀與華佗傳記引錄比較：

「唐檀字子產，豫章南昌人也。少游太學，習《京氏易》、《韓詩》、《顏氏春秋》，尤好災異星占。後還鄉里，教授常百余人。」

「華佗字元化，沛國譙人也，一名旉。遊學徐土，兼通數經。曉養性之術，年且百歲而猶有壯容，時人以為仙。沛相陳珪舉孝廉，太尉黃琬辟，皆不就。精于方藥，處齊不過數種，心識分銖，不假稱量，針灸不過數處。若疾發結於內，針藥所不能及者，乃令先以酒服麻沸散，既醉無所覺，因刳破腹背，抽割積聚。若在腸胃，則斷截湔洗，除去疾穢，既而縫合，傳以神膏，四五日創愈，一月之間皆平復。」

故不論唐檀還是華佗，術士還是醫聖，除了習本科本位之外，還要兼經史，體態才可望魁宏，此為五讀書之要。

書是文字的盛器，文字記錄發生了的事，或者是記載作者發見了的思想和言語，所以，讀書其中一項重要的思想活動，便是以史為鑑。據學者考證，我們熟悉的卜字、占字、貞字，其源頭意義，都與記錄有關，而並非我們所想的，狹義於占問未來。我們讀先秦史，便知道上古巫史一家，而史官之設，必要能卜、巫、祝者勝任。大家熟悉的《周易》，有巽卦九二爻辭說：「巽在床下，用史巫紛若」，所說的的景象，便是一眾史巫之官，在階前議論紛紛。班固《漢書 ‧ 藝文志》記：「數術者，皆明堂羲和史卜之職也。」

卜筮的卜，占問的占，元、亨、利、貞的貞，都帶卜字，史家考證，卜字的直一，為豎立物，如樹、如鐘鼎、如碑石，而卜字的一點，則如刻刀。將文字刻於樹者，便如竹簡，或在樹身刻上 Mary I Love You Forever 之類；刻於鼎器，便有上古的鐘鼎文、金文；刻於石者，便有三體石經，諸如此類。所以，常說的「生死未卜」，便指是存是歿，還沒有確定下來，而非還未曾「占卜」。

所以，漢唐以下，能卜者，歷來都是經史博通的人物，沒有只知未來而不知過去者。今人將「能知過去未來」狹義在算出朋友某年某月割過雙眼皮，便未免流於 trivial。

單從術而不通經史，術者便停留在三風水初民的蒙昧層次，范曄《後漢書》的「方術列傳」，記錄了漢後術士盛行的風氣，其序為：

「漢自武帝頗好方術，天下懷協道藝之士，莫不負策抵掌，順風而屆焉。後王莽矯用符命，及光武尤信讖言，士之赴趣時宜者，皆騁馳穿鑿，爭談之也。故王梁、孫咸，名應圖籙，越登槐鼎之任；鄭興、賈逵，以附同稱顯；恆譚、尹敏，以乖忤淪敗。自是習為內學，尚奇文，貴異數，不乏于時矣。是以通儒碩生，忿其妄不經，奏議慷慨，以為宜見藏擯。子長亦雲：『觀陰陽之書，使人拘而多忌。』蓋為此也。」

范曄引述了太史公司馬遷之言，說「觀陰陽之書，使人拘而多忌」。便是說，看陰陽術數的書多了，便容易使人拘泥於小、而顧忌反多；用今人語，便是容易「船頭驚鬼，船尾怕賊」。太史公自序之原文為：「嘗竊觀陰陽之術，大祥而眾忌諱，使人拘而多所畏；然其序四時之大順，不可失也。」

所謂「趨吉避凶」，當中的避凶便生產出禁忌文化。英國人類學家費雷澤的《金枝》第三章講到交感巫術，將巫術分兩大類，一為理論巫術，因常披上科學的外觀，九唔搭八（非驢非馬），所以稱其為偽科學；另一類為應用巫術，下再分兩類型，一為積極的巫術行為，另一為消極的巫術行為，而消極的巫術行為，便常以諸多禁忌而進行。我們將趨吉避凶的行為分拆，趨吉便可視作積極的巫術行為，避凶則屬於消極的巫術行為，所以，術士的趨吉避凶態度，便不全正面。

術數的價值觀依附於時代的潮流價值，並且經常趨向於世俗潮流的下線，它強調妻財子祿的滿足順遂，便欠缺了理想主義的動機。「趨吉避凶」的命題縱使成立，if there is any，「趨吉避凶」能提供的，也只是一個機會主義的選擇，而非道德勇氣或情操的選擇；是個人利益輸打贏要的選擇，而非聽從使命召喚的選擇。我們現時流行強調個人的權利、自由選擇的權利，其實，只是強調個人利益的權利，對於個人利益以外的考慮，便拴鎖

重重。

趨吉避凶是習術者經常提及的術數功能，也是術界行之有效的促銷語句，對於趨吉避凶作為一種通俗說法，筆者其實並不太大反對，但從思維邏輯而言，則相當狗屁不通，有關思辯，已於另文論述，此不贅。

亭老說術數只是小道，已明確了他的立場和見地，他在術數書中也談趨吉避凶，便只是隨俗隨喜的說法。亭老 2003 年回港小息，接受了明報記者朗天的訪問，筆者敬陪，亭老如是說：

「……紫微斗數是一門看趨勢的學問，人生的真正決定始終由業力決定，斗數只不過指導方向而已。行走江湖的人將之神化，動不動便講注定，談化解，其實甚麼是化解？不朝那個方向走，不走那條路便是化解。……這一切是因為業有善業有惡業，有人（以斗數風水）指導，你便或可憑此善業扭轉一些事情。不過，複雜的地方便在這裏了，聽你勸的不會覺得你靈；不聽你勸的，撞了板回來才懂得說你靈。」

原載明報，清理維港特區有救 – 與王亭之談佛論玄說香港

筆者認為，術數固不如江湖傳聞般難學，其內涵也不算高尚。

我們太過強調趨吉避凶，便容易積疊起重重禁忌，無疑會阻礙演化，西洋文化強調道德勇氣的選擇，所以便以身犯險，勇闖額菲爾士峰，深入南極。我們七下西洋，船務發展卻嘎然而止，指南針便只發揮在羅庚之術。

所謂道德勇氣的選擇，便可如以下。

同學家麗電郵分享了德蘭修女的名句說：
「人經常不近情理，顛倒邏輯，自我中心；怎都好，原諒他們吧！
如果你仁慈，別人可能誣衊你另有自私動機；怎都好，仍得仁慈！
如果你有成就，你會招來一些偽朋友、真敵人；怎都好，仍得成就！
如果你忠誠及老實，別人會欺騙你；怎都好，仍要忠誠及老實！
如果你經年建設，有人會一夜搞毀；怎都好，仍得建設！
如果你尋得安寧與快樂，他們會嫉妒；怎都好，仍得快樂！

你今日做的善事，人明天就忘記；怎都好，仍得行善！
盡你所能給世界最好的，或許還永遠不夠；怎都好，仍得盡你所能！
你看，最後結論，那是你和上帝的事；
從來便不是你和他們的事。」

德蘭修女

People are often unreasonable, illogical, and self-centered;
Forgive them anyway.
If you are kind, people may accuse you of selfish, ulterior motives;
Be kind anyway.
If you are successful, you will win some false friends and some true enemies;
Succeed anyway.
If you are honest and frank, people may cheat you;
Be honest and frank anyway.
What you spend years building, someone could destroy overnight;
Build anyway.
If you find serenity and happiness, they may be jealous;
Be happy anyway.
The good you do today, people will often forget tomorrow;
Do good anyway.
Give the world the best you have, and it may never be enough;
Give the world the best you've got anyway.
You see, in the final analysis, it is between you and God;
It was never between you and them anyway.

MOTHER TERESA OF CALCUTTA.
BORN AGNES GONXHA BOJAXHI (AUGUST 26. 1910 - SEPTEMBER 5. 1997)

所以，能讀書，便知命、運；能通達，便超越命、運，而沒有所謂吉凶，**Do good anyway**。亭老說佛教中人也景仰德蘭修女的行為，稱她為大菩薩。這種行為的境界，便比能讀書、致通達更晉一步，而及於悟境。

我看古人說一命、二運、三風水，四積陰德、五讀書，乃取其含蓄。習術者多談《易》，知《易》有六十四卦，每卦皆六爻，古智慧以一命、二運、三風水，四積陰德、五讀書序列，而止於五，便是以不言為要言。

習玄空、八宅風水者，皆知九星順次有一白貪狼、二黑巨門、三碧祿存、四綠文曲、五黃廉貞、六白武曲等等。各星根據其賦性演繹，即一白貪狼主壽、主險；二黑巨門為坤，象大地之包容；三碧祿存主食祿與是非爭奪；四綠文曲主風尚與才藝；五黃廉貞主精神文明及大磨煉。我們將一命、二運、三風水，四積陰德、五讀書一一套入，或許便有豁然的感悟。三風水如果對應三碧祿存，主食祿與是非爭奪，那便是我們常說的「口腔文化」表現矣，所以，習術數者最容易招是非口舌。

至於不言的六，便當為至剛的菩薩道。

善易者不言卜

所以，善《易》者不言卜，書讀得通達，占卜便屬多餘。

「善易者不言卜」語，出於明朝人羅貫中之《三國志通俗演義》，第一百零六回，「公孫淵兵敗死襄平、司馬懿詐病賺曹爽」，記載了三國時代以卜筮著名的管輅的事蹟。

「卻說何晏聞平原管輅明數術，請與論《易》。時鄧颺在座，問輅曰：『君自謂善《易》，而語不及《易》中詞義，何也？』輅曰：『夫善《易》者，不言《易》也。』」

清人毛宗崗評改本於這一回加入了自己的詮釋和見解說：

「甚矣，管輅之深於《易》也！以不言為要言，則正使人於不言而得其所言。以常談見不談，則又使人於其言而得其所未言。後世之侈陳陰陽、廣衍象數者，直謂之未嘗知《易》可耳。」

見《三國演義》，羅貫中著，清‧毛宗崗評改本

畢竟，能卜者要其不言卜，的確需要很大的修養和定力，才可以消弭藝能表演的極大誘惑，雖能兼通經史者，亦不保證必然致於通達。《三國志通俗演義》中的管輅還是卜了，並且一而再地行卜。畢竟，想與命運捉迷藏、玩遊戲的誘力也實在太大，能淺嘗即止，便已經難能可貴了。而認識到占卜術數等活動總有局限，便可使人不致於太過沉迷，而徘徊流連於三風水的小術境界。

占卜、風水術數不是終極的學問，並且重重局限，古人一早便體察出來，並且懂得以情緒指數 Emotional Intelligence Quotient (EQ) 超越，以求至於通達。

何炳郁先生是中國科學史的研究者，他寫過一本《子平推命法》，其中一段提到命學書中常見的三命說：

「我們大約知道漢代的儒家已經談到『三命說』，這三命一種是正命，又稱大命、壽命、受命等，是生出來的時候天賦的命。一種是隨命，是受個人的行為所影響的。一種是遭命，是由天災、人禍等所致的。能夠推算到的只是第一種，這就是正命。」

受命、遭命、隨命

古人論命，分受命、遭命、隨命三種，是為三命說。上古時代，人命脆弱，對「命」之存在，頗為敏感，並且設立官制，以監察命運的變化，有如我們設立儀器，去監測空氣污染情況一樣。成於戰國時期的《禮記》，是儒家的禮法經典，其中有「祭法」一章，當中談及戰國時期「司命」的設立，記載云：

「王為群姓立七祀：曰司命，曰中溜，曰國門，曰國行，曰泰屬，曰戶，曰灶。王自為立七祀。諸侯為國立五祀，曰司命，曰中溜，曰國門，曰國行，曰公屬。」

漢經學家鄭玄為其注：「司命主督察三命。」後來，唐經學家孔穎達奉唐太宗命編纂《五經正義》，再為三命說作疏，引用了道家經典《援神契》來解釋三命，稱命有三科：

「案《援神契》云：『命有三科，有受命以保慶，有遭命以譎暴，有隨命以督行。』受命謂年壽也，遭命謂行善而遇凶也，隨命謂隨其善惡而報之。」

意思是說：

受命是天授給我們而我們領受的，故受命關乎福份（保慶），而孔穎達則解作「年壽也」。

遭命

遭命則關乎遭遇，若我們遭遇凶暴，我們便藐視凶暴（譎暴），用態度、EQ 來淡化凶暴的沖擊。遭命是客觀大環境的事，雖遇凶，亦非戰之罪，所以，即使行善的人，也會遇凶。這種現象，便不能單靠「行善積德」、「趨吉避凶」來閃避，唯有靠通達明理面對，用輕視的態度來面對其暴虐。

《莊子》「列禦寇第三十二」，談到天命的問題、也涉及通達，說：

「聖人安其所安，不安其所不安；眾人安其所不安，不安其所安。」

「聖人以必不必，故無兵；眾人以不必必之，故多兵。順於兵，故行有求。兵，恃之則亡。」

「窮有八極，達有三必，形有六府。美髯長大壯麗勇敢，八者俱過人也，因以是窮。緣循，偃佚，困畏不若人，三者俱通達。知慧外通，勇動多怨，仁義多責，達生之性者傀，達於知者肖；達大命者隨，達小命者遭。」

古人談理說命，屢屢以聖人做標準，的確有點令人疲累，也叫聖人負擔太沉重，我試將古人的大智慧縮龍成寸，歸納成幾個字，不外叫人在三命面前，SIT BACK and RELAX！

清末經學家王先謙解：
「小命，謂人各有命，達之則安於所遭，亦無怨懟。」

後來，我們的命學有「天、地、人」的概念，明朝的《蘭臺妙選》便說：「天元、地元、人元，謂之三命。」套用於主題，則天為一命、地為二運、人為三風水，即最原始的「趨吉避凶」行為，「後天努力」的基本式。而靠風水術數來趨吉避凶，以最草根的語言來說，不外是「有著數就拿，冇著數就撇」的半積極、半消極行為而已。

筆者認為，學懂算命，最好用的範圍，便是為自己略算，和為信任你的親友略算。這種風氣，在我們的中古時代頗為流行，我在《卷二》中提到讀杜甫詩，最好同時認識一點中國星命學，讀起來便會多點趣味。杜甫的酬酢詩很多，他在《送樊二十三侍御赴漢中判官》詩裏，便稱對方「生知七曜曆，手畫三軍勢」。

官餘書餘文餘

舊時學者，能通陰陽之術，都將其視為課餘康樂活動。唐代大詩人杜牧做過中書舍人，供職中書省，為皇帝擬行詔令；因中書省又名紫微省，當時人便稱杜牧為杜紫微，所以，不要見杜牧帶紫微之號，便以為杜牧懂紫微斗數（一笑，斗數為宋、元後發展的術數；筆者以前曾應友人之邀客串演戲，因曾與艷星葉子楣同場，故也曾被戲名葉紫微），但他能以星命內容寫些文章，則為確實，如他在《自撰墓志銘》中便說：
「予生於角，星昴畢於角為第八宮，曰病厄宮，亦曰八殺宮，土星在

焉，火星繼木。星工楊晞曰：『木在張於角為第十一福德宮，木為福德大君子，救于其旁，無虞也。』」

如果杜牧終日沉迷星命，他可不能當上中書省職，並注《孫子兵法》，寫《阿房宮賦》，及留給後世「借問酒家何處有？牧童遙指杏花村」《清明》、「商女不知亡國恨，隔江猶唱後庭花」《泊秦淮》等絕好傳世詩句。

我們的學校教育體制既然不教我們星命學，那麼，我們便可以像學彈鋼琴一樣，將它編為課餘自選的康樂活動，到時候，看杜甫詩、蘇東坡詞、元明戲曲、筆記，甚至《紅樓夢》等，便都易有多一重趣味。如在不經意下，學得星命學的一點心得，那便不再需要手捧銀兩，慕名去找江湖術士聽他們胡扯。

我們對命學的理解，便一如學彈鋼琴、做體操，像打哥爾夫球、笨豬跳，像吃飯、飲水，像行房、做瑜伽、呼吸和排洩 ...uh...forget it，還是說一如讀書比較恰當，都是一種很個人的活動，不能假手於人，叫人代勞代做。

這點道理，其實大家心知肚明，人人都心照不宣而已，偏偏就可能唯獨是你不懂。

大師多妄

我近幾年看金融股市明星、補習天王、流年運程大師拍海報廣告、拍封面造型照等，都好像由同一個有幽默感的形象指導調教出來似的，他們的標準姿式是雙手交叉疊於胸前，神氣醒目信心地對你作蒙娜麗莎微笑，身體語言便好像說，我只是梳靚個頭、著好套西裝來袖手旁觀的，至於您是否得救？最終還是要看您自己。

所以，不懂命理的人去找不相識的名家算命，便永遠都是輸家。譬如說，你找我算命或者看風水，我教你在房中擺兩隻粉紅色 Hello Kitty；之後，你公司加了你人工，升你的職，於是，你帶齊了煙酒糖果家眷回來多謝我，我愧不敢當、拒而不受不受（迴音）……最後還是受了，那你多年在公司表現的勤奮努力，及現下所行的好運，便要算上我的一份。

假若兩隻 Hello Kitty 不太懂性，發揮不上他們的效力，那麼，煙酒糖果家眷當然不再出現了，「趨吉避凶」也不再存在了，不過，相信你也不會將我告上法庭的，事情甚至也觸不及消費者委員會。我這個命相大師，損了你一個姓黃的，還有千千萬萬個姓黃的排著隊來。一雞死、一雞鳴，會鳴的雞，總叫得遠比死雞要響。

下海無藝

我常和朋友開玩笑，如果要以術在江湖行走謀食，其實不需要身水身汗的學藝三、五、十五、二十年，只要夠膽識，便可以即時下海了，以後還可以邊走邊學。江湖上的內圈，確實知道有三幾個名家是「一夜成名」的，至於他們打後有沒有充分發揮其在職訓練功能，便因人而異了。

我問朋友，香港有幾多人口？衰到貼地的有幾多？好到飛起的有幾多？託賴託賴的有幾多？你用數碼十來計比例，是二比六比二？三比六比一？還是四比五點五比零點五？比例可以任由你說，任由你編，不過，如果這個地方，衰到貼地的人有四、五成人口，那麼，那地方不是政局動盪便是暴亂頻頻了。所以，在追名逐利的大都市，出來行走江湖的值博率及派彩，便肯定比其他任何形式的博彩都更離奇地吸引。

我們追溯風水術的源頭，便找到周人公劉帶領族人遷徙到風水寶地的故事，廣義來說，那是上古年代，周人開始將風水術應用到遷地的事情上。打後的發展，是風水術應用於遷都，建設皇城、皇陵等事務上。風水術自唐楊筠松流入民間之後，習術者如要等遷都、建皇城、建皇陵等百年一遇才可以應用，平日便可能要吃西北風和乞米，故此，風水術自唐以後開始便「軍事民用」，並且得以發展蓬勃。

術數市場學泛濫

現代風水術數服膺於市場學，當然便要追隨市場學的行為。現代市場學說要擴闊市場，製造需求，讓同業在擴大的大餅中競逐市場佔有率。要造大大餅，便要增加「趨吉避凶」的訴求，在增加趨吉的項目時，也同時增加了凶的項目好讓人去避凶。所以，今日的吉事特多時，凶事也特多。譬如說，十二年十二個生肖，你便有沖太歲、犯太歲、刑太歲的顧忌，加起來便佔了一半的機會，問題是，普通人怎知哪年沖？哪年犯？哪年刑？倘若僥倖你知道自己那年既不沖、又不犯、也不刑，但你依然會有機會栽

倒在你的家居上，譬如說，每年的流年書都載有流年的九宮風水飛星盤，告訴你今年的吉凶方位，那你有可能踏上的地雷便包括五黃大煞、二黑病符、三碧是非，還有那些不知是六是七的交劍煞，是喜還是悲的桃花星等滿天星斗，那你不外判給專業顧問去處理怎行？

流年書的九年飛星盤是一列的 created needs 和 created fears。

根據流年書的寫法，每年的一白便代表桃花，九紫是人緣和升遷之類，八白為當旺當運，所以便是財位；七赤退運，便可能是開刀手術之類；六白夠硬，所以代表掌權；五黃是大煞，最好避之則吉；四綠是文昌，所以代表讀書和功名；三碧是非星，最好化一化；二黑為病符，最好不要亂動。各家說法略有不同，etc, etc。

迷必愚、行必昧

這九大風水星每年飛來飛去，九年又九年的循環流轉，理論上，買齊了九年流年書便不需要再買，不過，一般人對這九大「行」星的飛法不甚了了，也沒有人這麼心水清和長情，將九年的流年書積藏起來對照；捧場的消費者，相信還是長長九九的買，長長久久的玩這個「大風吹」的流年飛星遊戲。我在八十年代初學風水的時候，有同好者對這些九宮飛星的遊戲著了迷，除了要跟流年的旺星做對手戲之外，還要應用到流月、流日，所以，每晚睡覺，都要在床上轉換位置，頭向旺星，為此，他買了一張圓床。不過，我認為圓床有太濃的時鐘酒店味道，不想攪亂了「外室」與「內寵」的時空印象，所以不敢試行，不知道「追旺星」的效果如何？

關乎製造的需求 created needs 和製造的恐懼 created fears，我節錄了緊張電影大師希治閣的語錄，或可幫助理解一下我們處於今日大城市風水文化下的心理狀態：

電視為精神病學推廣了認識，也增加了它的需求。
Television has done much for psychiatry by spreading information about it, as well as contributing to the need for it.

ALFRED HITCHCOCK PRESENTS. 1960

給他們樂趣 —— 一如他們從惡夢中驚醒的樂趣一樣。

Give them pleasure — the same pleasure they have when they wake up from a nightmare.

ON AUDIENCES. ASBURY PARK NJ PRESS. 13 AUG. 1974

那只是一套電影，到底，我們都是超級過酬的。
It's only a movie, and, after all, we're all grossly overpaid...

我是一個善人君子，人要甚麼我便給甚麼。人喜歡處恐懼、遭驚嚇。
I'm a philanthropist: I give people what they want. People love being horrified, terrified.

我們最妙絕的謀殺常發生於家中，在簡單的、家庭的地方如廚中餐桌上以愛憐的方式進行。
Some of our most exquisite murders have been domestic, performed with tenderness in simple, homey places like the kitchen table.

筆者其實並不特別在意於風水術數在大城市中是否有「氾濫」的情況，我相信如果我們的教育制度真能夠鼓勵思考，並能培育出能獨立思想的人，「氾濫」與「不氾濫」便無傷大雅，也不足為禍，原因是風水業至今仍缺乏組織性，業者的個人主義風格很濃，至於個別人用不用風水消費，便純屬個人選擇，並且後果自負得起。畢竟，大城市的生活富裕而無聊，市民消費，在很多項目上都是毫無意義的純消費、純過癮；「人喜歡處恐懼、遭驚嚇」，所以便喜歡聽鬼故事，去遊樂場鑽恐怖洞穴，跳笨豬，驚呼狂叫一輪。城市是富裕的、靡爛的，太多的消費閒錢在游離，將部分資源分配到憑媒介知名的術士身上，起碼可以不將他們趕入地下活動，便可能更安全，令社會的安全制度、福利制度少了一份負擔，afterall，我們的媒體，也實在有太多難以填滿的過剩空間。

虛構事件的氾濫

美國的博學者、社會史學家布爾斯廷 (Daniel J. Boorstin) 於上世紀九十年代中寫成了《隱藏的歷史》(Hidden History)，記述了他對美國文化的理解，剖析了美國文化的現象和價值觀，並且表述了自己精銳獨到的見解。在第廿一章，題目為「虛構事件的氾濫」下，布爾斯廷分析了今日媒體過剩的城市現象，如單憑傳統的天災人禍、上帝行為之類的事實新聞，便不

能滿足人的要求，也不能滿足媒介載體的吞吐量；人希望從媒體上看到的、聽到的、讀到的，如果實事的新聞不足以應付供求，便只能夠乞求於虛構事件了。

「……對生活如何能使其有生氣、為我們的能力和那些訓練、教育和指導我們的人們的能力提供假想的事件，以彌補自然發生之事件的不足。我們要求的比世界能給我們的多，故需要某些事被捏造出來，以彌補世界之短缺。這只是我們對幻覺需要的一個實例。」

布爾斯廷 (Daniel J. Boorstin)
《隱藏的歷史》(Hidden History)
麥田出版社、梅寅生譯

布爾斯廷的《隱藏的歷史》(Hidden History) 中部分內容，包括上述一段文字，乃根據他在六十年代初寫成的文章修改而成，其中有成於 1961 年的《想像：美國的虛構事件指南》(The Image: A Guide to Pseudo-Events in America)，序中提到我們的渴望和失望、皆源於「過分的期望」(Extravagant expectations)，所以：

我們痛苦主要不來自我們的罪惡或軟弱，乃源於我們的幻覺。

《想像：美國的虛構事件指南》‧序

We suffer primarily not from our vices or our weaknesses, but from our illusions.
THE IMAGE: A GUIDE TO PSEUDO-EVENTS IN AMERICA (1961). PREFACE

禮失求諸野，這位一度是左翼共產理想主義者的社會史學家，在六十年代以前，便心水澄明地體會出「色即是空」或「色即是凶」的東方哲理境界。

思想的多元化在多方面臣服於自然規律，創世者，祂設計了人腦要來活動，又不讓單一個腦袋能參透世界的全部性質以確保思想活動永不休止。正因為沒有人可單獨地追尋一個對整體真理的澄明認識，故所有人便被導向一種活躍的、探索的及互助的態度。

《快樂的思想多元性》

上引的一段文字，布爾斯廷的英文原句頗長（見上篇開頭引述），筆者譯得累贅，便不如引儒家經典《禮記》的《學記》篇中的「獨學而無友，則孤陋而寡聞」句來得直接省事。

大蓄賢德

説到這裏，我不期然想起了一個好久不見的老朋友，名字叫李道洪。89 年，我得當時電視台一誼姊督促，參與了一個夜間的綜合性娛樂節目的主持工作，認識了李道洪。錄影廠收棚之後，一班台前幕後的人經常都會有一齊吃夜消、到卡拉 ok 唱歌的活動，那是我最多酒酣耳熱的一段日子。某夜，道洪兄説起了他的一些經歷，包括事業和婚姻，他説，他曾經有幾年頗為低落，他對付這幾年的方法，是在郊區的地方住下來，努力讀書，找尋啟發，充實自己。我問他讀甚麼書，他便説讀歷史。

道洪兄的樣子帥，不過，以香港人的口味來量，便有點古典，所以在香港的演藝圈子不算輝煌，但在內地，卻大家都認識他。早幾年我在食館中與友人飯局，他適巧在鄰室，知我在，便熱情如故的跑過來和我坐下寒暄。我當時已離開了傳媒一段時日，不在權位多時，圈中的格言是「位在人在，人在人情在」，他如此念舊，不論是出於海派儀節，還是由心出發，都要令人暖和。傳媒及繁華圈子，很多時喜歡耳食論人，形象以判人，很多時便失卻於偏。

道洪習八字，當然也相信風水，不過，他處低潮的時候，仍是選擇了讀書來解憂，遂不墮於流俗層次，這相信與他的家庭背景有關。他祖籍安徽，祖上三代都曾任外交工作，曾祖父為李鴻章，父李慧龍自民國後結束了外交生涯。而道洪這位李家後人，卻踏進了演藝界。他現在定居上海，太太上海人，育有兩名子女，變成了住家男人，並為安徽省政協委員。

從李家我想到李鴻章、巴黎和會和五四運動。

鑑古知今

五四運動的導火線由第一次世界大戰後的巴黎和會點起。1919 年，第一次世界大戰剛結束，日本政府要求以勝利國的身分，接管戰敗的德國在中國山東省的一切權益，以鋪排侵華的野心。時民國政府疲弱，西方國家將其在中國的利益私相授受，中國代表團便幾因數度逼促的壓力而簽訂了

喪權辱國的不平等條約。當時中國代表團團長為外交總長陸徵祥，於各方壓力中抗拒拖延，幾至心力交瘁，唯仍能夠交棒於團隊當中，年輕力勇的駐美公使顧維鈞，在列強面前發言：

「中國不能放棄孔夫子的誕生地山東，猶如基督徒不能放棄聖地耶路撒冷。」

祖籍安徽的近代史家唐德剛譽顧維鈞為中國近代史上最卓越的外交家之一，能半與李鴻章、周恩來合稱。顧氏晚年口述了 13 卷、共 600 餘萬字的《顧維鈞回憶錄》，原文為英文本，是近代中國外交史的重要文獻，我至今無緣拜讀，至感遺憾。不過，早一陣子，卻有緣看了陳道明飾演顧維鈞的電影「我的 1919」，聽到了「中國不能放棄孔夫子的誕生地山東，猶如基督徒不能放棄聖地耶路撒冷」便感觸，我相信只有能讀史的人，才會悟通出如此精到有力的表白。這種合適、得體得毫無縫漏的說話，雖然最後仍然不能扭轉任人魚肉的局勢，但卻即時贏得對手的掌聲和敬重，能令中國人從極度疲弱中站起來，跨出了蹣跚的第一步。

無需看水晶球

能鑑史的人都能夠前瞻，不需要看水晶球。西方很多國家在第一次世界大戰之後多露疲態，寧可奉行綏靖主義，而任由野心國坐大，最後還是要集體付出沉重的代價，有些還要賠上了自己的「耶路撒冷」，法國巴黎在第二次世界大戰的時候，便要被納粹的鐵蹄蹂躪了。

談水晶球，便想起戰後為英國推動及建立公費醫療制度的工黨左翼領袖安奈林・貝文（Aneurin Bevan），他在 1949 年於下議院力拒保守黨欲藉大選回朝時發表演說：

「如果能讀書，為何還要看水晶球？」
"Why read the crystal when he can read the book?"

所說的書，便是歷史和經驗的教訓。

歷史上，各行各業都有一些精英之士，能將他們的智慧，出口成文，留給後世盈千累萬的金句箴言，讓我們不時咀嚼回味，仍覺齒頰留香。唯

獨習術數者，自巫史時代之後，在 Quotable Quotes 的辭典中，便常交白卷。甚至對涉乎本業的一句「一命、二運、三風水，四積陰德、五讀書」，便也因為喜歡機會主義地自動對焦，而往往出現構圖錯誤。

水晶球

對了，如果常識和能力訓練得好，還何須看水晶球？英國新古典主義與拉斐爾前派畫家，約翰·威廉·沃特豪斯 (John William Waterhouse, 1849-1917) 的 1902 年畫作，《水晶球》(The Crystal Ball)。

跋
化無為有又化有為無
蔣芸

　　江湖人稱鬍鬚葉，認識他不算太久，君子之交，一年兩、三回碰面，非常藝術家的外型，懶洋洋，似醒又非醒，似睡又非睡，似笑卻非笑，一種悲天憫人，無以名之的神情；沉默的時候比較多。

　　原以為他是傳媒中人，偶然也客串跑跑龍套，俗稱茄喱啡，卻不知他對斗數術潛心研究了許多年，又有許多獨到之見，能言人之所未言。最近在一次很偶然的機會中見到他，這次座上人不多，一個是他的女弟子林燕瀅、一對夫婦，還有我，在喝掉四瓶紅酒之後的鬍鬚葉，竟肯將他手上那一包文件讓我先睹為快。我也慨然答應閱畢一定會將感想告訴他。

　　這是一部他即將問世的斗數卷，是我一竅也不通的範圍，但君子一言，快馬一鞭，況且是對一位酒量竟比我好，酒膽又比我大的小老弟（這不容易），這信用是一定要守的，誰知才一翻看，竟不能釋卷，如此艱深複雜的學問，可以用這樣瀟灑、這樣輕鬆，又這樣無所謂的心，信手拈來，從心所欲，這才明白為甚麼城中不少女強人拜他為師，每週要聽他開講。

　　人生有太多的學問，浩如煙海的書籍，古今中外浪花淘盡了多少風流人物，而有些默默的生、默默的死的平凡百姓，無知或有知的人們，對生命的奧妙，究竟有多少認識？在命運的穹蒼之下，人的渺小與局限，窮畢生之力也未必知端倪，而一個自命此生最大成就是一事無成的小子，在他所謂的「適時與偶然之間」，反而有所得著，而且能給我們帶來了一些啟示。

　　政治、藝術、哲學、文學、玄學、心理學、科學、流行音樂、暢銷作家，古希臘羅馬的神話，宗教、戲劇、少林武功、老莊哲學、儒家思想、孫子兵法，種種引述自不在話下；政治人物如孫中山、毛澤東、中外古今詩人、蘇東坡、泰戈爾、紀伯倫、近代詩人余光中、朱自清、莎士比亞，甚至網上的故事，都可以讓他信手揪出來，以自成一格的方式解析一番；也曾涉獵過有關玄學、術數的書，大多數深奧嚴肅到無法與生活的趣味並列，真的不知道原來斗數的書，可以寫得如此生氣盎然、妙趣橫生的，又可以把風水術數之祖師爺料在一旁，如此這般的離經叛道，但又如此這般的另具一格。

我們生活在一個數字的時代，一組組、一列列、一串串，神秘詭異，巧妙，不可思議，看似尋常又非比尋常，看似容易又實在艱難，知也是一生，不知也是一生。

最難能可貴的是，從葉漢良的《斗數卷》中領悟到：一個知識分子，一個深愛書本，讀了許多書的人，以一顆無所求、無所為的心，忽然的他的知識與他的追尋他的興趣相遇了，重逢了；似前世又似今生……只有在這樣特殊的際遇之下，才能讓他寫出這樣一部化無為有又化有為無的妙書。

radio

謹以《斗數卷》
獻給父親及其
剛毅一代人

in memory of
my father
and heroes
of his generation

謹以《斗數卷》獻給父親及其剛毅一代人

羅拔‧湛米基斯（Robert Zemeckis）在電影「超時空接觸」（Contact）中，有一場描述 Ellie 坐上了超光速的機器，經過層層蟲洞，跌進了超時空地域，在海邊再接觸逝去的父親。

£ ¥ $ ♂ ♀ § ★ ☆ δ β Σ Φ Ω

1960 年，父親用五角錢一平方呎的價格，在粉嶺一條村落中買下了一幅四千多呎的農地，在那裏建屋安居。屋未建成之前，我們在附近的地方租房子暫住。

天曉得我們為甚麼要搬到這麼山長水遠。

歲月神偷

六十年代，我父親在柯士甸道的軍營做房務助理，並且留宿，每星期六晚回家一次。建屋的事宜，便交給母親、泥水工和三行工等去辦。一個星期日，父親往工地視察，看見建築的地基雛型是坐西向東，面向介乎村中的教堂和徐家大宅之間，是前見高山，後背低地的形勢，我的父親認為不對，於是要求工人改建成坐北向南，以合乎傳統意念。

房子搭成了，是一間木屋，無水電。我們每日要到屋後的鄰家井用鐵桶汲水，多年後才在家的東南角開井取水；我們初期點火水燈，後來用打汽的白光燈，要再過好幾年，電力才普及到我們的家裏來。

打後，我們的住所陸續修建，父親用每個周末和假期來動手，將東翼原本的豬棚拆掉了，然後徒手將一磚一石用水泥堆砌起了新房子，然後間格、鑲鐵窗、裝門，並且在屋後建了個水廁，又動手在室內用木造了一個大衣櫥。他認為兒女逐漸長大，應該有自己的空間，生活環境，也不應長期安樂於貧脊的邊緣，以免兒女在同學面前過於自慚形穢。

我們住的地方地勢有點奇特，居中而四面為低下的農田，位置頗高。六十年代多風雨，颱風前後，大雨常連綿十數日至近月不等。嚴峻情況下，

我們只能躲在屋內，透窗望去，見到河水漲起，越過了堤岸，開始流入低窪的農田，然後農田淹了，水浸一尺、兩尺、三尺……，最後，四周變成了汪洋，我們的屋和片地成了孤島，一家人便像挪亞般等待水退。很幸運，我們從來都沒有受過真正的水淹之患。

很多年後，我才知道，我們在成長的過程中，大部分時間都居住在一個「六運盤」的環境當中。如果坐北向南屋是我們的民間習成智慧，而子午向也是一個代表性的坐向，熟悉玄空的朋友便知道，何以六運時期，新界很多村落的人口，會出現一個頗為普遍現象，即男的很多都循不同的途徑越洋謀生，待六運過後，村落中的人口，便只疏落地只留下了幾家老婦。

這個六到離，九飛乾的「六運盤」，還有一組「地水師」、「風山漸」和「山風蠱」等配卦，綜合起來，便是那個能以剛毅性情，驅策那幾近風餐露宿般惡劣環境的年代的生活寫照。

火煉乾金的日子

我們搬進了房子不久，年長我十歲的繼兄便隨朋友越洋到英國的小鎮做餐飲工作，後來才開了自己的外賣店。那時，滙回來的一英鎊可兌十六港元。父親持續地只能夠每星期回家一次，周末和我到墟市附近的木場買材料揹着回家，做那斷斷續續而又永不完結的修建工作。我和弟弟都是在九龍城出生的，搬進鄉間後，母親流產過一或兩次，有一次，我看著她將流產了的包衣，用掃帚和鏟兜起像垃圾般倒掉。後來，家裏誕下了少我十歲的妹妹，我十到十來歲的那幾年，每天要用大紅的綢帶，在胸前扭出個大蝴蝶結的背着妹妹在村落四處玩耍；傍晚的時候，我們自己做飯，母親便要在墟上的飯店收市後才可落班回家。

我小學六年級，原讀的天主教會學校因為要確保會考成績風光，將一班編成會考班，另一班編成不會考班，我當年的成績不夠好，便被打入不能參與會考的一班。學年終結後，父親為我報入了一所還可以的私立中學，但旋即又若有遺憾地希望我能循「正途」再考一次會考，於是將我送到老遠而貼近邊境的打鼓嶺小學加入會考班。

青春自行車

那時候上學，我要從家中步行十多分鐘離村，才可到墟上承搭半小時開一班的公共汽車，人滿擠不上的時候，便要在站上呆等；行車近半小時到站，之後，我們要再走一段十多分鐘的水泥路夾田畸路，才可以到達靠在山邊的秀麗校舍。後來，父親讓我用他的自行車，我才開始每天踏着那笨重的「客家佬」單車上學。由家門開始，我要輾過一段窄得僅尺、低陷而起伏不平的田畸路，才躍得上鄉村的水泥主道，然後經過一條流水清澈的石橋，穿過兩旁高可蔽日的竹樹林，挨過一排古老大屋的青黑磚牆，才可以趁上一條指向邊境的柏油大道；我的單車輾着馬路旁的渠道而行，大貨車在我身邊風馳電掣的擦身而過，我當年才十二歲。

我有時還會繞更遠的道路回校，愉悅於腳踏輕爽的單車旅程；其中一條柏油路繞道，近校時挨貼當年的華界只有一石之遙，我還清晰記得，矗立於對面河岸，高闊愈丈的

「帝國主義和一切反動派都是紙老虎」
「毛主席萬歲」
等標語。

那一學年校內考了六次試，我全得第一名，那是我一生人中絕無僅有的一輪魁星密集高照，自此成了絕響，多麼浪費！那年和我鄰桌的同學叫張錦祥，是校長的兒子，我們整年都相處得融洽、要好，但畢業以後，卻完全沒有再見面的機會了。我大學畢業之後，因尚涉一些文學活動的關係，反而認識及多接觸了他的哥哥張灼祥，一位詩人及教育家。我做傳媒工作的時候，也有好幾次為他的學校學生安排了一些歌唱表演項目。他任體藝中學校長的時候，我兒是他的學校學生（並非經我的關係）。他現任拔萃中學校長，仍寫文章，並且是 H5N1 禽流感的先覺者。

原鄉情濃

鄉村的生活是愉悅而令人難忘的，如果我用繪筆來描畫，如今看起來便像神話。東面是一座綠油油的大山，山巔是一條流線形的峰巒，抵着碧藍色的天幕，有如明媚的眼線。山下挺立着半中半西式的徐家大宅，左旁是一小群樸素的石建房舍，簇擁著一座質樸無華的小教堂，令整條村的景觀跌宕有致。由村上望過來這一大塊的田地，看我們住著的零星幾家，感覺便是在野的人。

　　初期，我們的茅舍晚上只有昏黃的火水燈，透明的空氣卻令人的視覺特別精靈敏銳。夏秋戶外的明月，有如天幕舞台頂上泛照的銀白冷燈，在我們的肩臂和輪廓上，繡起了邊線式的高光，然後再遍灑大地。在銀白的月影下，我們舉頭望去的東山，雖幽黑而仍可纖毫畢現。唐人杜牧詩說：「天階夜色涼如水，坐看牽牛織女星。」我便曾躺在地階上，有如置身太空館般，看過那排列得前後有致、遠近有序的滿天星斗。當月色不太霸道的時候，幾顆星辰便伸手可及的跌落到我的眉梢，一把散在山巔上的星星有如珠寶，好像只要登山，便能悉數採入囊中。這些圖畫積疊了廿多年，才在八十年代中的一個夜晚，經半個時辰而蛻變成為「天籟……星河傳說」的詞作。

　　大自然給我日月陰陽，四時遞嬗，於呼吸和屏息之間，都依然熱鬧。我們在夏暑的時間起來得早，不是因為鳥啼便是蟲鳴，唯睡意仍然不去，我經常由床上爬起，然後又貪懶的睡倒在簀蓬下的水泥地上，水泥批盪得光滑，佇蓄了隔夜的陰涼，給人天然的涼快。我一邊的耳朵貼地，聽得見自己的呼吸，同時也如聽脈般，聽得到大地的呼吸。我唸大學的時候搬進了古麗雅典的宿舍，畢業後就工作方便，住進了市區的多層樓宇竟十多年，感覺有如關進了人體分檔櫃 (human filing cabinet)，渾身仿如無土無根的剪枝，乾澀難熬。90 年代初打後，我一路向北遷移，總算找到一個可以幕天席地的郊外空間，也仿如回到了胎元龜息的境地。

難以承受的「貴」

　　人說山明水秀多出貴，我至今不明白，何以像我父親這樣的窮措大，當年的擇地嗅覺，竟要這麼「近貴」得「不嗅米氣」。

　　我們住進了一條操客語的基督教村落，教堂為「崇真會」，宗瑞士德語區的「巴色差會」。「巴色差會」原名「德國差會」（German Missionary Society），於 1815 年成立，後來轉名「巴色福音差會」（Basel Evangelical Missionary Society），最後才定名「巴色差會」（Basel Mission）；差會來華，並涉足南亞等地，乃取了個較地道的名字叫「崇真會」，教友主要是客家人。我的堂友有些十來歲時便隨家人移居外地，有些去了英國，有些去了愛爾蘭，還有些去了荷蘭，或者歐洲其他地區的。部分人會一兩年便回來一次，其中一位漂亮的姐姐對我說，我們客家人學德語很容易，因為兩語的發音風格都是「硬掘掘」、粗聲粗氣的。

　　我後來看了澳洲籍導演彼得 · 威爾（Peter Weir）於 1985 年拍成的第一部荷里活電影「證人」（Witness），港譯「驚天大陰謀」，內裏很多情節和場景，都使我想起了我們住過的鄉村。故事説夏里遜福（Harrison Ford）飾演的忠勇幹探約翰 · 卜克（John Book）為了保護目擊凶殺案的唯一小孩證人，並且要躲避警察內部陰謀者的滅口追殺，一路帶傷逃到賓夕法尼亞洲東南部的蘭開斯特縣（Lancaster County, Pennsylvania），受當地阿米什人（Amish）的土法療傷及收容，與當地聚居的阿米什人生活了一段日子，當中還參與了他們的造木建屋工程，因為他在當差前，曾經做過木匠。

阿米什與客家

　　阿米什人（派）由瑞士德語區的瑞士 – 德籍人雅各 · 亞曼（Jakob Ammann）於十七世紀領導成形，是新教的一個宗族，以崇尚精神生活，戒律嚴謹保守為特色。雅各 · 亞曼於 1644 年生於瑞士的伯恩州（德語為 Kanton Bern，法語為 Canton de Berne）。阿米什人於十九世紀因避免宗教迫害，而大舉移民到美國賓夕法尼亞洲，形成了賓州阿米什人社區，保留了獨特的及隔離的生活方式。賓夕法尼亞洲的阿米什信眾很多便只説賓式荷蘭語、賓式德語等，形成了一種客地方言，情況有如我們的客家話。

　　阿米什人的生活保守，堅持原始和簡樸生活，程度分成幾種級別。最保守的一種堅持古老生活方式，拒絕用電話、電力、保險、社會福利保障等，並且務農，交通沿用馬車，衣傳統服飾，及只族內通婚，夏里遜福逃進的亞米什社區當屬這類。電影中所見的阿米什男女皆穿黑素衣袍，女性披頭巾，風格排外但品性純良和善。

　　2006 年，賓州的一個阿米什社區中，一個只得一間教室的小校園發生了槍擊事件。一名精神恍惚，名叫羅拔時（Charles Carl Roberts）的 32 歲男子持槍闖入了教室，用釘木封牢了門戶，劫持了 10 名 6 到 13 歲的在學女童，警察趕至圍捕時失策失慎，刺激起槍手槍擊了幾名女生，然後開槍自殺，造成 5 人死亡慘劇。生還者後來憶述，槍手殺人前，一名叫瑪麗安 · 費莎（Marian Fisher）的 13 歲女生走到了槍手面前，要求劫持者向她開槍，以換取釋放其他女同學。

愛是原諒寬恕

悲痛事件表現了阿米什人的寬恕情操，先是阿米什隣居都以寬恕、關懷的精神，晝夜輪值地來安撫槍手遺孀。女生瑪麗安・費莎的家庭也按下了悲痛，誠意地邀請了槍手遺孀及其三個子女參加葬禮，共同治療兩家的創傷。後來槍手遺孀用公開信來感謝阿米什居民，說他們的慈愛超越了家庭、社區，並且改變了世界。（Your compassion has reached beyond our family, beyond our community, and is changing our world, and for this we sincerely thank you.）

我們的村落，除了間中有人會拿一枝汽槍伏在樹叢邊打打雀鳥之外，可幸未曾發生過傷人的槍擊事件。不過，悲劇是不分地域界限的；某年，一名輕度弱智的女兒因家庭問題，一時想不開，便帶了兩名年幼子女，到馬料水（現名大學站）划艇出海投水自盡，那是我們少時常去遊玩的划艇勝地。她的母親是常來我家與母親等人玩客家牌的牌友，慘劇發生後，幾名牌友仍常聚到我家，在好一段日子裏，我仍然聽到她呼天搶地的哀鳴和牌友的好言相勸。又過了一段日子，四人才安定下來，恢復玩牌，席中只是多了一些半山歌、半諺語的人生感喟，那是她們的客家藍調怨曲。

遠洋而來的福音

我們屬於內村，進出墟市，都要經過另一條以廣府話為主的圍村，有如阿米什人般隔世。我們村內很多婦女仍穿黑素綢布粗衣褲，披黑頭巾，很有少數民族風味；我十來歲的時候，導演吳思遠曾率隊來取景拍攝民初裝功夫電影，我視之為天外來客，好奇旁觀，並且和他聊過幾句。

我屋左早年還是稻田，農夫用水牛拉耕，我見過翻土、灌水、騎過水牛，坐過在田邊看四、五個農婦一齊彎身，整行整列的插秧；未插的秧苗放在我的身旁，讓我嗅到一陣陣的草青味。新界的稻田後來陸續廢耕，我未搬進大學宿舍之前，田裏還經常有三、五隻黃牛和綠綠黃黃的雜草。村落平靜，除了偶一出現的攝影隊像異類之外，幾個穿素米衣袍、帶米白頭巾踽踽而行的白種婦女，便有如數年一閏的另一奇景；她們由瑞士差會而來，是會說客家話的「鬼婆」。

我至今仍難以明白，她們為甚麼可以從世界的另一端，不辭勞苦的來訪廣東這些客家人零星散落的窮鄉僻壤，並且不像我們，純粹因為要「搵

食」才飄洋過海。

教堂的長老後來憶述建堂經過，説早年曾覓得一塊土地準備建堂，動工日卻被鄰近一個黑社團借破壞風水為理由，大肆搗砸，教會忍讓，唯有另覓會址，並且再多方奔走，才卒之建成。

人傑地靈

平心而論，我住的小村怎麼算都不屬於窮村的一組，甚至還帶點文明整潔的秀麗景觀。我父親説廣東客家人當中，以我們惠州人最窮苦。生活得比較寬裕的應為梅縣人，所以，他們能讀書的多，文化水平都較好。另外還有因孫中山先生而易名為中山縣的香山，也是文、商名人兼出的，不過，那裏的客家人，很多都由梅縣移居過去。台灣導演侯孝賢的電影安插了大量的客語，令我看得極其投入和親切，後來便知道他祖籍梅縣。

我不清楚建堂者及所有長老們的籍貫，但他們對辦學、辦教育的熱誠，影響了村內下一輩尚讀的風氣，便超越了所有的籍貫界限。我們整個少年時期，都認識本堂長老羅香林博士，知道他是香港大學教授，是客籍民族史的權威；我後來才知道他祖籍廣東興寧（鄰近江西省，為客家大縣），早年得清華大學學士學位，後入燕京大學歷史研究所，得過哈佛的獎學金，寫過《客家源流考》、《客家研究導論》和其他歷史學術著作；他在 49 年後，曾在香樹輝的母校新亞書院任教，56 至 68 年，任香港大學中文系教授。

我不知道那是不是潛移默化的功勞，和我一齊成長的幾個友好村友，都先後陸續考入港大。一個是張長老的子侄，和我可説青梅竹馬，與我同年考入港大，我進了中文系和比較文學系，他進了醫科，畢業後廿多年，都在伊利沙伯醫院服務癌症病人。另一教會長老姓彭，長女比我早兩年考入港大，讀社會學，思想一變而成為激進社會主義者，多年後才將意識形態逐漸修訂。彭家居所名「乾德門」，用典應源於《易》，吳導演當年即於門前取景。（我在上篇提到一命二運三風水、四積陰德五讀書，便妄測六當為分屬宗教啟悟的金剛道，有關宗教與乾六的揣摩，讀者還可參想羅馬教廷的「定都」位置；今日的梵諦岡，於 1929 年與墨索里尼簽定居於羅馬西北部山丘，處乾宮。）另外還有同堂但住於墟上的廖氏兄弟，皆與我中學同校，每天未黎明便一起趁火車出城上學。兄的早我五年進入港大，是第一屆的法律系學生，我還在中三時，他便帶我到蒲飛路的聖約翰宿舍

遊玩，在舍的康樂室打「三個波」的英式桌球，他後來留英晉修法律，我從電台聽到他名列前茅的消息，頗感光榮。他回來後事業順暢，並為香港的基本法盡力。弟的中途放洋，回來後仍執法律業，現且為人大。

我們的家也似乎沾上了福蔭，我和妹妹先後都進了港大，弟中六後去了英國、美國，澳洲等地，先後完成了第一、第二學位，我們在野農舍一家兄弟妹皆能讀，成為了村裏的一個小小 legend。

我們東面徐家大宅是辦學世家徐仁壽故居，徐祖籍廣東五華，祖父為基督教會長老，父任教師，他在香港聖約瑟書院畢業後，曾到梅縣教學，回港後與同事朋友創辦了香港及九龍華仁書院，後來才將兩家書院轉讓給天主教耶穌會承辦。他的孫輩與筆者一齊成長，每日踢波打球，我入大學後離村，他們也陸續移居外地，自此失去聯絡。他們族中其中一個後人做了一間著名國際獵頭公司董事，早幾年前為筆者安排了一份矽谷公司的差事，可惜我上工不夠一個月，便遇上科網業爆破，公司的遠東計劃暫停，我無所事事地白支了一整年工資。族中另一個後人從事金融業，早幾年開始隨筆者習術，信是有緣。某雜誌早前訪問過一位華仁書院的神父校監，說他會以掌相八字、風水紫微等與教友溝通，我看了頗感親切，那種出世而又能入世的胸懷，便與德裔文化的嚴謹保守大異其趣。

傳統與叛逆

我堂的張長老少經戰亂，不苟言笑，是個戒律嚴謹的清教徒；他自學鋼琴，並且堅持指揮詩班，是我們「放牛班的冬天」（相對於法國一部以兒童合唱團做主題的電影「放牛班的春天」，Les Choristes)。他堅硬有力的一對手，彈鋼琴時像要插死琴鍵般用力的啄，指揮便有如荷蘭水坊轉動中的風車葉。有年，年青的堂友開始沾上學彈結他的潮流，有人甚至懂得玩電貝斯（Electric Bass）；我們想搞搞新意思，希望在聖誕晚會上用木結他加上電貝斯來伴奏民謠、聖詩等。長老不允，最後妥協為可以將人和電貝斯躲在台後，眼不見為原則。他是多年後「不插電」（Unplugged）音樂潮流的先知。

我一生人便是在古典與流行、東方與西方、宗教與世俗、保守嚴謹與前衛開放的二元薰陶下，左搖右擺、忽陰忽陽，角力而辯證地成長。

花果飄零的年代

不論是阿米什人還是客家人，有信仰還無，他們表現出來的堅毅、忍耐、寬恕的精神和修養，我一生都還在學習。我的父親從來不去教堂，但他的堅毅、忍耐和寬恕，便好像秉承上天的命令一樣，毫無異議地忠實執行。

我們父親的一代很多都說話不多，有時還會心事重重，但所做的事，過後又好像玄妙得令人心領神會。現世一代，上下輩既要強調溝通，又要講透明、開放，但心靈卻依然脆弱。我的父親讀書不多，能看報而難寫。我十來歲能寫的時候，常要聽他口述，我筆錄，寫信給內地鄉間裏僅存的親人──他的姑姐、我的姑婆，然後讓他拿去郵局，再附上滙錢和衣物包裹。這些信件內容經常重複，寫信逐漸變成了苦差，使我日久而生起厭惡神色。多年後，我看巴西人華特薩勒斯（Walter Salles）導演的「中央車站」（Central Station，1998），看到代客寫信的中年女人朵拉（Dora，由Fernanda Montenegro 飾演）的故事，便感觸得悲疚叢生。在我的回憶中，我們除了有一個我從未見過的鄉間姑婆之外，便再沒有其他親人。

我十二、三歲前後，家裏還有一些父親的鄉里或掛名遠親來短期寄居，住在那幾乎一開始便廢棄了的豬舍內，那多數是他們失業的時候。我聽見這些人叫我父親做阿九，我年幼，不懂得他們說的是阿狗、阿久還是阿九，也不太敢問。

父親死後多年，我才難得一次聽到阿妹說，父親不知因何緣起，對她說過一次身世。他原本有九兄弟，他排第九。一次，八兄出海，船遇風浪，八兄弟都沒有回來，他因年幼而留在家中，碩果僅存。那次，我才確定他叫阿九，而非其他。父親死後多年，我才難得一次聽到我的前妻說，父親不知因何緣起，對她說過一次身世。他隻身初來香港的時候，在黃泥涌峽道馬場附近做過泥工，夏天炎熱得汗湧如泉，休息的時候，肩上還得搭著一條「祝君早安」字樣的白線巾，他手持一隻鐵造的漱口杯，另一隻手拿着兩塊夾着沙糖的白麵包，在烈日下許願：「我將來的兒子，一定不會像我那樣捱苦，並且可以讀書出頭。」那是他一生的希望工程。

他的意願我大致上都做到了。我如今去馬場蹓躂，全程都能享空調，從某個日子開始，我亦再也不能暢快地吃沙糖和麵包，稍多了便使血糖颷

升。但他大概不知道,他兒子縱使物質生活不薄,不如他般清苦,但遺憾的是,至今依然兩袖清風,在同窗少年皆不賤的人生旅途上,只能常作豪門清客。

與文字談戀愛

我的父親要我讀書,鼓勵、規勸、責罵、督促、鞭訓兼而用之。他常常說,人要掙扎向上,就好像人被水淹一樣,不掙扎,便沒有生存希望。我心下覺得他辭不達意,應該說力爭上游才對。往後,他還是持續的用著這個字眼,我覺得刺耳但仍然緘默。我後來的人生觀也沒有受到他的掙扎論影響,我學會了另一種更有效的生存方法。當我游泳遇溺的時候,我會放棄掙扎而放鬆仰臥,隨水浮游升降。我看見一大塊圓渾廣闊的藍天,幾片玲瓏浮凸有致的白雲,臥浴冰涼透心的海水,令我舒適得幾乎就想這樣將時間和空間凝住。

在我未讀大學之前,他一直試圖規管我的讀書方法,要我讀學校和考試需要的書,不喜歡我讀其他軌跡以外的書。

我的父親大概不知道,他當年放在木板架上僅有的幾部繡像圖本通俗章回小說,包括《薛仁貴征東》、《薛丁山征西》,都給我全征讀了,自此和文字結下了不解之緣,並且一生都在和文字談戀愛而不婚,要待上好幾十年,才偶然從懶懶散散的心態下,毫無規章而任性地寫他的第一本書。

與音像談戀愛

我初中時要參加學校的小提琴班、結他班,他都強烈反對、斥責和阻止,後來我明白那恐怕完全是經濟問題,不容許多餘的支出,支付買琴和今日看來似乎微不足道的學費。我後來加入了只支付天賦本錢的歌唱團隊,學懂五線譜及分部樂譜,以後幾十年,我都只能是音樂的閱讀者、欣賞者、從業者,而非演奏者。

我們家貧,但某些物資卻出奇地不缺,父親服務的軍旅下士回國前,總會慷慨地將一些奇趣的東西留給我們。一個時期,我們的茅舍,可以同時存有一部膽管式收音機,一部手提唱片機,和一部豪華型的座地留聲機。我在中學的時候愛上了歌樂,不知何時,弄來了一張德國男高音佛烈茲‧溫德烈治 (Fritz Wunderlich) 的黑膠唱片,假日在鄉間茅舍的留聲機大聲播

出，詭異得有如韋納 · 荷索 (Werner Herzog) 的「陸上行舟」(Fitzcarraldo)。

父親不知道

我的父親大概不知道，這些當年和我們家徒四壁並不協調的異類物資，會令他的兒子從此和音樂、和傳媒締結了幾近半生姻緣。

我的父親大概不知道，他當年一磚一石的周末勞動，成為了我以後樂此不疲的娛樂項目，除了泥水、結磚牆、造木，我還燒焊、敷水管、裝潔具，也可拉喉穿電線裝燈，亦栽種、造池。他更加不會知道，我叛逆於他那種稍昧於新時代的嚴厲教化底下，還培養出人生的另一項 favourite sport——喜歡同流合污而力圖出於污泥而不染，並且百分百的享受那醬缸浴和泥漿浴的過程。

我的父親大概不知道，他當年執著的建築坐向，可能不經意地，啟示了他那個安土重遷，未曾飄洋過海的兒子，最後成為了一名自娛的「地水師」，而當年同村的徐家大宅後人，也有緣隨他的兒子習術。

鳥啼犬吠，是鄉村生活不可分割的一部分；以前我家養唐狗，人吃甚麼，牠們也吃甚麼，只是分點次序先後。我現時的家寬敞一如往昔，室外最熱鬧時有十五、六頭狗，現時尚存四隻。室內還有一隻銀狐叫丁丁，佻皮刁蠻得比親女還要放任。我之前養的西施叫東東，from cradle to grave 享壽十三年，中間做過腫瘤切除手術，告別前兩個月，都匍匐在我的桌下陪我讀書，臨走前五分鐘，還要迴光返照的站直攀抓我歇息著的沙發，向我告別。她的遺灰，永久放在我的書室。

山明水秀出貴，其貴也許亦只如沈從文所寫的綺麗《邊城》，清貴秀麗如翠翠，所伴者，最終也許便只餘一個老人、一頭黃狗。

英雄年代的終結

八〇年初，政府因為渠務工程收地，略作賠償，之後將我們的住屋清拆。84 年，歲次甲子年，近秋，我在香港電台的第一個工作合約剛完，有三個多月的假期。7 月，父親病倒，住進了瑪嘉烈醫院，診斷為乙型肝炎。那三個月，我每天下午到醫院探病，陪他聊一陣子，其他的事，便只能夠交給醫生和護士了。10 月初，父親不治離世；事情辦完後，假期完結，

我回到電台復職。妻子安慰我說，這三個月，也算是我父親最得兒子福份的日子。那一年，我的太陽為權科所夾，在烏犬食日的剪影底下，綻放出來的光輝，特別瑰麗眩目。

父親大概不知道，兒子只因工作網絡的關係，當日致輓的、來跟他送行的，有當年當紅的歌星、傳播界的名人和國際唱片公司的舊老闆。

我們自小看的黑白粵語電影，題目不論是人海孤鴻還是天涯海角，是雷電交加還是苦雨淒風，我們都用上馬斯內的「沉思」（Massenet - Meditation from Thais 1894）做配樂，懂得用沉思打發，片刻便到黎明。

Dad, do you read me?

富無三代，也許貴亦難三代。我們的父輩，意志、精神、情緒皆質樸，稱為至剛，到我一代而轉柔，再下一代而變弱。新一代的智商或許演化，但情商轉弱已是不爭事實，弱情行為亦日見普遍。

我父的一代人，很多都曾飽受大時代和戰亂的驚嚇，體驗過命運的兇殘，瑟縮於困迫和無奈，也曾掙扎於宿命的醫虐當中，但他們還是樂活無咎地交待了自己的生命，存活到最後的一分一秒；他們長期火煉乾金的剛毅精神，使整個年代都變得形象高大，景色輝煌。

《斗數卷》如果不向我父那一代人致敬，寫來便毫無意義。

§ § § § § §

"CQ... CQ... this is W9GFO, come back? Dad, do you read me? "

儒勒・馬斯內

儒勒・埃米爾・弗雷德里克・馬斯內（法語：Jules Émile Frédéric Massenet，1842 年 5 月 12 日－1912 年 8 月 13 日），法國作曲家，音樂教育家。

馬斯內生於盧瓦爾省附近的小城鎮，父親是高級工程師。他從小顯露出在音樂上的天賦，二歲時進入巴黎音樂學院，畢業時獲得羅馬大獎，赴羅馬進修歌劇創作，三年後回到巴黎。1878 年開始在巴黎音樂學院教授作曲，同年被選為法蘭西學院院士，1899 年榮獲二級勛位。

節自《維基百科》

《沉思曲》

這首曲子也是香港人的集體回憶。六十年代左右，黑白舊粵語電影盛行，拍了很多倫理戲劇，感人肺腑。凡有媳婦被家婆欺負，妻兒被休棄、父母得病，家窮無醫、童角馮寶寶生性地安慰父母等場面，都幾一律配上了馬斯內這首寫給小提琴演奏的作品，把馬斯內的作品變成港產粵語片的罐頭音樂。現實生活中也多賺人熱淚的故事。但那一代人生活理念比較簡單，社會普遍均窮，但對改善生活充滿憧憬與信心，故守望相助的人情味較濃。社會有上進的希望與動力，生活上一時的委屈和不快，看一套電影，聽一趟沉思曲，情緒便抒解過去。

《沉思曲》（法語：Méditation）是法國作曲家儒勒・馬斯內的代表作品。是歌劇《泰伊思》第二幕第一場與第二場中間所奏的間奏曲，故又稱為《泰伊思冥想曲》或《廣闊的天空》。

另一個背影
蔣芸

寫文章必提，言談中必道，連做了馬主，所取的馬名也與母校有關，從未見過一個人如此熱愛母校的，稱之中大癡也不為過，他就是人稱香帥的香樹輝。

最近讀到他為葉漢良的「斗數卷」所寫序，開宗明義便道中大校友中也不乏精於紫微斗數的人馬……而比較難能可貴的是香帥對母校情有獨鍾，但斗數卷的作者葉漢良是港大校友，香帥介紹此書時說：「它其實是一本哲理性的作品，紫微斗數和命理只是幫助了解這些哲理的工具，適合於任何一個愛書的人。」

香帥也是愛書之人，讀到好書，惺惺相惜，序中言簡意賅，一語中要害，幸虧我的推介放在篇後，否則相形見絀難以並列也。

斗數卷未付梓前，原稿中並沒有最後那一章——「謹以斗數卷獻給父親及其剛毅一代人」。

文末，葉漢良更寫道：「『斗數卷』如果不向我父及那一代人致敬，寫來便毫無意義。」

原來未先睹為快的那第十九章才是最動人的，講父子感情，比朱自清的背影更豐富細緻也更扣人心弦，尤其講到他那一生辛勞，在軍營房務部工作的父親對他這一生人產生的影響，從童年貫穿，至今，只是他當時並不曾明白，要到了知天命之年而父親已不在人世，才點點滴滴的顯現出真相全貌。此情可待成追憶，只是當時已惘然，人世間太多親情、愛情、友情、師生情……總是這樣。

葉漢良在電子傳媒界工作有年，興趣廣泛，填詩作曲，劇本，專欄，上陣拍劇，到現在的命理斗數，這一切全與他父親在艱苦的歲月一磚一瓦，

利用僅有的假日徒手蓋起一幢讓家人安身立命的村屋有關，把原有坐西向東的格局改成了坐北向南的六運盤。

　　一個目不識丁的人，以無比的決心、剛毅木訥的性格及屬於他那一代人生活中得來的智慧，一肩挑起千斤重擔是人生漫漫長途，一直到躺下來告別的一天……

　　然而，他這一生並沒有白活，有許多東西會一代代的傳遞下去，他在無言中教曉下一代知其然而不知其所以然的一切，在歲月中逐漸顯現，更促成了他的孩子，在完成正規大學教育之後，潛心去研究其中的奧妙。

　　彷彿看見書中那一個十一歲的孩子，騎著殘破笨重的單車，在泥濘中，在崎嶇不平的山路中，準備奔向風起雲湧的六十年代、七十年代、八十年代、九十年代……直到了今天，而他的背後是一個凝視著瘦小的背影遠去的老人……

2008 年 6 月 29 日

謝序
及其他
down the memory lane

謝序
down the memory lane

戊子年，有一些思緒細游於暗潮，仿似小魚群擺盪，稍一驚動，即揚起一輪潮騷。

我本來只想找一兩位朋友寫一兩篇序，以切合出版儀節；我找到了一個人，想起了一些事，便又想到了另一個人，牽記起另一些事，連鎖如春潮塘鴨般隻跟隻的帶了出來，又走進了記憶的小巷。

§ § § § § §

董橋是文學大家，著作豐碩，金水秀麗，自成董體，我羨慕得很激。我查《維基百科》簡介他的學人經歷，作品列表竟然遺漏了他八十年代的《在馬克思的鬍鬚叢中和鬍鬚叢外》和基於此書再添文章的《辯證法的黃昏》，實屬可惜。

我們唸文學的一班同學，八十年代沒有那一個不讀過他這兩本書的。我中學時代已經髮濃鬚濃，對關乎「鬍鬚叢中和鬍鬚叢外」的事特別吸引。我 1977 年尚在學中，他便已經出版了《雙城雜筆》，記香港和倫敦，都是我渴望有天能寫的題目，但都給董橋眾望所歸地寫了。吊詭的是，他十多年後出版的《英華沉浮錄》，居然又要與我中學母校名稱拉上關係。

他的《在馬克思的鬍鬚叢中和鬍鬚叢外》，於 82 年由素葉出版社出版。當年，《素葉文學》期刊有好幾位我的同屆同學和好友在筆耕，一位是詩人何福仁，與我同屆；一位是詩人教育家張灼祥，是我小學六年級鄰坐同學的哥哥，我的學長；另一位詩人周國偉和我最稔熟，大學時期常徵用我的宿舍做活動，他後來去了南非，之後才疏於聯絡。前兩年，旅英詩人同學小綠（吳呂南）向我等舊同學報訊，並在網誌上寫了一篇《二十餘年成一夢》，說「人生聚散豈有憑？葉漢良當年與國偉最稔熟，飯局中有否測到故人雲散，余亦感飄零」，始知國偉因腦癌辭世，我心中不禁泛起一陣蒼涼。

《素葉文學》當年俊賢雲集，董橋先生即當年《素葉文學》健筆，兩

本書，皆結集當時作品。我從文字認識董橋，在這種歷史背景和氛圍底下，倍感親切。正式接觸，便還要等好多年，才可以在媒介工作的時候，跟他碰上，回想也只記得是依稀往事矣。

董橋兄說他「對辯證法興趣不濃，對黃昏則總是偏愛」，那是出於我1989年購於商務的《辯證法的黃昏》（台灣當代叢書）的出版說明。我想，唸文學的人，大概不會懷疑自己感性敏靈，但卻會時常意識到，靈性大概仍需一點唯物主義訓練來支援，才不致令人完全不吃人間煙火。能談辯證法，便足使感性和理性調制平衡，兩者不致對目斜眈。

筆者寫《斗數卷》，不自覺地便以董橋兄為引路，再借董語：「筆下議論學說，難免帶幾分晚照中的山林光影，柔情有餘，剛霸不足；但是我實在不想刻意去戒除這樣的性情。」

筆者得董橋先生賜題，已屬福榮，不想我貪得無厭，一再向他書中文字剽竊，移花接木，只恐弱幹擔不起枝茂華榮。

§ § § § §

學長Q仔喜歡讀蔣芸的文章，說她的文章是用生命寫的。我解讀為，Q仔嗜辣，對辛辣的文字特別過癮，所以一直喜看李敖。不過，我對Q仔說，蔣芸的文章是用條命去搏的，我才不會這麼笨，勇得「有前冇後、打死罷就」。

蔣芸最激的那一次是發表了對偷拍事件的意見，引來了排山倒海的指摘。我在一個下午，和蔣姊喝多了，便大膽的說：「為甚麼妳會這樣的政治不正確？那些說話，通常都只是圈內人在麻將枱前半嬉笑半嘲弄說的。」我沒有像李怡般義氣為蔣芸鼓掌激勵，但卻喜歡顧左右而言他，借題發揮。

九十年代開始，盜版猖獗，對演藝界有一定的打擊和損害。那時候，我在電台媒介工作，與演藝界仍多接觸，業內朋友尋求我們支持正版，我

們必然不會「托手踭」的，那是關乎大形勢的事。業界幾位活躍代表都是我相識多年的老朋友，電影界有文雋，唱片業有馮添枝等；私底下閒談，我說站在機構立場，我們必然會恪守「一個反盜版政策共識」的，但最好便不要問我的私人立場如何了。

我在七十年代末期寫過一闋稚嫩不堪，但賣了個滿堂紅的詞作叫做「情影」，收取了四百港元便算是賣斷了，我同期還有其他的作品都有這樣的處境；據知，當年連鄭國江等一些知名詞人都是這樣賣詞的。近年業內有個別熱心人士發起要為當年簽下「不平等條約」的創作人爭取平反和合理回報，但一直都只聞樓梯響。八十年代打後，版權制度逐漸確立，創作人簽的版權合約才稍沾版稅分紅的滋味。早幾年，梅艷芳小姐辭世前一夜，我如常地網上漫遊，偶然發現梅艷芳和林憶蓮合唱了我和作曲家鮑比達當年為葉德嫻和劉天蘭寫的「兩個女人」，我迫不得已、知法犯法地下載了來自我陶醉一番，感激製作的唱片公司對我賞識之餘，企盼至今，仍未曾收過一分一毫。類似的情況還有好一兩首詞作，不舉了。這倒令我懷念起張國榮來，我給他寫的詞不多，並且都不太流行，詞作我一般寫完後便忘得一乾二淨的，但我記得他在一些場合中碰上筆者，總會提起我為他寫了那一首詞，並且即時對我演唱起來，那是多麼甜蜜和值得回憶的事。他的唱片賣得好，也帶挈了我分得我詞作中最多的版稅。See，我是個非常逐利市儈的人，只是大部分時間未曾充分發揮出來而已。

我不期然的想起了黃霑和林振強。

黃霑是我的前輩，是其中一個圈中還寫信給後輩的人。八十年代末，他的廣告公司和我隔一條街，但他仍會草寫幾句，叫我有空走過去和他吃個飯盒。九十年代初，黃霑的一位世姪叫 Ted Lo 的回香港發展；Ted Lo 是出色的琴手，在美國的時候為 Joe Cocker, Michael Franks 等一流歌手做琴鍵錄音，他既回來，我便誠邀他為我的唱片項目做點編曲工作，稍息時，Ted Lo 說，他在外國多年，聞霑 Uncle 大名如雷貫耳，認為他必然有樂壇大亨的氣派，怎知一出機場，見霑叔只親自駕一輛本田思域小轎車來接，大惑不解。霑叔不文，貌似不羈，但他縱橫電子媒介，不文處永遠踏不響廣播條例的地雷，風流處卻未見留下甚麼艷聞，我見他工作身心兩忙，一生便可能只羈絆於那屈指可數的幾宗情債，而在某些層面，他生活簡樸便可能更甚於筆者。

　　林振強和我同期出身，寫第一首詞作，大家相距不超過兩星期，他後來的產量超我何止百倍；他的文字跳躍流灑生動活潑抵死而又暗湧不文，我後來停產的原因很多，但其中一項，便因樂壇上生了這個周瑜。我們見面的機會不算多，但每次約好見面，總是由在座的其他一兩個人說得最多，我少說，而洋葱頭偶發出來的語句，便十隻手指內可以數完。

　　有些人一生下來便是閃亮的，有如白矮星般發出眩目亮麗的光芒，然後便不能自己地塌縮萎去。我只慶幸，我依然能夠非常葛優地活著。

　　你大概還怪我言不及義，那大概也是我不能戒除的性情，容許我再在樹叢邊敲一陣鼓。

　　我在電台工作的時候，經常要處理的一個項目是和全港的慈善機構、公營和政府機構接觸，協助他們推行及宣傳訊息。這些機構，有龐然巨物者，也有辛苦經營者，外人難以一一察辨。我和同事的任務，便是盡可能將他們要求發放的訊息，以適合的形式包裝推廣。漸漸地，我便明白，不論是商品還是正義、消費還是慈善，只要市場有需求，不論是自發的還是製造的（created needs），都可以用樽裝、罐裝、桶裝、家庭裝、經濟裝、紙包裝、環保裝或 ...you name it... 發售。我當時對一種風氣頗不以為然，便是無論慈善機構、公營或政府機構的辦事人，很多都竭澤而魚、樂不思蜀地追求，希望找到知名藝人來做他們的訊息代言人，以擦亮自己的功績簿。我的理解為，藝人的天職是娛樂大眾，容許自我中心、體現個性甚至性格走偏，度之於傳統道德，往往還是高危人士，你叫他們出來教人努力讀書，教人孝順父母，又要他們上山下鄉，呼籲妻賢子孝、夫唱婦隨……，都叫藝人太沉重；而藝人也因為要爭取曝光、迎合民粹式的道德訴求，便經常樂而忘返地陶醉在合乎傳統民粹期望的高尚聖潔天使形象上，從而製造了一批批、一代代的矯情。

　　經傳播媒體流露出來的，不論影像、聲音，還是文字，都只是某方的一條訊息、一種剪裁，需要觀眾、聽眾和讀者以獨立思考能力去摘取訊息，並且由自己再剪裁，那工夫並不容易。

　　有時，我們親眼看見的，也不必然真實，大特寫和寬闊場景的落差可以極大；有些特寫表現了這一部分，便刻意將另外一部分毀屍滅跡；有時

某些聲音特別響亮，人多勢眾，另一些聲音總是微弱不聞，你懷疑自己會否是唯一的聲音和意見；有時，有些人說出美麗的說話，後來才知道他行為不檢；有些人在某段時間被人稱為奸夫淫婦，過了一段時間又被證明情比金堅。

我們所見的、所聽的、所讀的，有時會出奇地合乎我們的心意，有時又會離奇的忤逆；有些說詞會幾近毫無漏蓬般完美，有時又會百思不得其解地明露破綻；若干時候後，某些新事件的發現，可以即時砸破我們以前被引導的看法，立場也可以立時由這一邊轉向傾去另一邊，有沒有一個可以被 certified 的真相，便可能永永遠遠都是個謎。

當得益者和失益者的身分如此曖昧難明，天使和魔鬼又混合得如此撲朔迷離，對於這樣的情況，我便寧可讓說話多留一個活口，讓耳朵多設一條頻道。

蔣芸另一宗逆流而泳的事件是談李安導演的「色‧戒」。這套電影的掌聲、票房爆破聲都很響亮，只有中氣十足得可以碎裂一隻玻璃杯的女高音，才可以在大地歡聲雷動上，劃出一道反調的最強音。她為張愛玲叫屈，說李安的「色‧戒」「情慾戲好看，劇情講不通」，關乎張愛玲原著，便說「沒寫的拍了，寫了的沒拍」。我認識的媒體大致也一樣，很多「好看」的，便同時與「不通」共行；用某些堂煌名號推行的活動，很多也是「沒寫的拍了，寫了的沒拍」。我問過美女才彥文潔華和張小雲：究竟「色‧戒」想說的，是漢奸最終勝利，還是革命學生幼稚無倫，又或者是女人見到鑽石便累事，還是想借題拍場熱血沸騰的床上戲？兩女異口同聲答得嗷核：All of the Above。

蔣芸自認「得罪人多、稱呼人少」，是對了一半，錯了一半，得罪人多是真，那是因為硬性子，稱呼人少是修辭和成語而已。筆者「得罪人多、稱呼人少」的版本可能更糟，我以前總會在不適合的場合做不適當的事，例如在喪禮上說笑話，在喜慶場合講末日降臨等。硬性子一般還頗受人尊敬，並且多數與活動能力強、辦事勤快包裹。

蔣芸寫書、寫劇本、搞出版、自立金花油品牌，她還寫過歌詞（我隱約還認為她是術數行家，並且有很強的直覺和第六感），處處在我之先，

加上已過耳順之年，所以指著我直說：「我做得你家姐有餘。」我本來要蔣姊給我寫個序的，給她送了打印稿，她隔日還未看完便回電，說看得頗為欣賞，令筆者面紅得有點鬆毛鬆翼，她便是那樣急性子的人。不過，她說不會為我寫序了，並且堅持要寫一篇讀後感，放在我書的後頭做跋，面對性格倔強的蔣芸，我不單止即時「屈機」（香港考評局核准用語），還有求之不得的鳴謝。

§ § § § § §

我們習慣了叫岑逸飛兄做飛哥，我覺得這個稱呼很生鬼，那令我想起了粵語片年代的電影角色；我在商台辦事的時候，飛哥常以前輩及客卿身分為我們新聞部節目錄製三分鐘左右的時事短評，語調「輕浮」，言詞「搗蛋」，很有粵語長片中經常「印印腳」的「阿飛」角色造型，那是嬉笑怒罵表達風格之一種，說到內容和題旨，卻是針砭時弊、天地良心的。

飛哥博覽群書，為雜家儒者，他邀請我上他的清談節目「講東講西」，記不起是節目中還是間場間自報了自己主星武曲；我沒有機會讀過飛哥命盤，不敢憑空揣測飛哥，不過，有一點卻可以肯定，武曲絕非坊間所傳的專為財星，而只代表性剛、著重執行性和可行性。飛哥有較濃重的唯物主義思想背景，所以治《易》著重其義理和實用價值，並試圖將其體現於機構、社會以及人生管理；談風水則嘗試多用現代及科學解釋，以利明白；也談佛，冀以疏導人生。武曲既著重於執行性和可行性的發揮，到了人生某個階段，當發覺某些唯心活動對「活得自在」原來行之有效的時候，便容易表現出一種「不管黑貓白貓，會捉老鼠就是好貓」的改革開放風格，那種大徹大悟的剛性能量，便非其他固執者可以比擬。陰陽虛實與辯證，實屬異曲同工。

他在壬午年送我四本一套的作品，有《美得歡欣》、《樂得賞玩》、《理得心安》和《活得自在》，哲思點滴成文，順列即為人生的四步境界。

§ § § § § §

香樹輝在幾份報章上以不同的筆名寫「歌涉詩」（Gossips），講談社會上的人脈活動，為讀者提供很多趣味。我認識他時，大概便是他剛「棄

武從文」，或説「金業文做」的轉接期。我在九十年代初曾力邀他以客席身分做電台早晨節目的主播，但他當年因身任印媒老總職，繁忙難以兼顧，乃堅拒。「天要下雨、娘要嫁人」，他後來還是做了露相又亮聲的「城市論壇」主持，繼後又做了新城電台的當家中生；只遺憾當年風角未明，並且時辰未到，少了一次和香帥合作的機會。

我偶然途經中環，會到他的寫字樓打發空隙，閒聊幾句，偶一涉及術數，也只是片言隻字，他有時用妙筆發揮，次日見報，乃説引高人Ｙ言，這字母先生在他的專欄出現了好幾次，觸動了紫微楊的友好經常向楊先生查詢Ｙ是否即楊，頗不勝煩。後來，紫微楊在他的專欄中鄭重聲明，此Ｙ不是彼Ｙ，才稍得清靜。我和楊先生相識已逾廿年，他以前任報館職時，我和蘇狄嘉和他有很多夜消和夜飲的時候，並且往往見於凌晨過後，但我們幾乎從來不談術；人生的情趣很多，術何以比。我和楊兄少談術，皆因我們傳媒行頭已多談資，還有太湖夜消的點心爽脆、粥香細滑可口，還有美酒和美女作伴，誰會這麼煞風景，講些如教堂、博物館般沉悶的課題。不過，我倒記得一次不知如何偶然，談到錢財和人生，我說我財帛宮太陽化忌，他便回響過一句：「那個位置的財帛宮，是剝削性很強的。」我理財窩囊乃如魚飲水，冷暖自知，得亨老猜對了我的財帛宮零星落索，得楊君澤先生評核我財帛常被剝削，那倒促使了我能輕裝上路，為所欲為。楊君澤兄告訴我近年多研習六壬，待日，不知會否另立楊六壬或六壬楊名號。

香兄習八字，過程已如序中。像我們這些在家居士，習術往往只用作自娛；他是馬迷，有段時期，便為自己開了一條題目，研究當日干支與騎師彩衣的關係，我不熱中於馬術運動，少和他交流，不知他在這條題目上進度如何、興趣尚存否？他在專欄説我的《前卷》有自娛之嫌，實在彼此彼此。

老香是個日月忠貞、行動飛快積極的人，他愛中文大學，猶如他的半生光榮，所以他常盡全力支持、維護大學的一舉一動。他連馬名也叫做「鞍山乜乜、鞍山物物」的，可見他有尋根思遠的獨特胸懷。他是中文大學的都騎護法。

§ § § § §

　　陳南祿兄是我港大同屆同學，在校園裏見他是一個高個子，永遠笑口噬噬的劃水而過，廿多年後仍然沒有走樣，他是談笑用兵的典型。菲臘是華仁仔，大學時唸歷史和政治，和我前妻所唸科目一式一樣，唸這個科組的人，社會觸覺靈敏，多供政府職。南祿兄進了航空界，建樹輝煌，輪不到我饒舌，唯我難禁「爆響口」的是，他除了本職外，還出任其他公職，所涉機構，之前或曾經歷風浪，經他參與，往往有後勁凌厲的表現，他是典型能遇難呈祥的福將。

　　菲臘成功的原因二字寄之日笑容，媒介稱他為平民老總，意即笑容可掬、平易近人。他 2006 年獲委任為香港賽馬會董事，有學生說他連會場內的清潔工都能與他談笑風生。他對朋友可能還有一本寫不完的備忘冊，每隔數月，便會不問情由的來電寒暄幾句。近幾旬，小自朋友圈子，中至企業機構，大至國家民族，贏得公關，便能贏得世界。

　　說到寫作，南祿兄還是前輩，他至少寫了四本散文集，計有《藍天綠地》、《寫我遊情》、《風花說日》和《雲濤偶拾》。讀萬卷書，不如行萬里路，菲臘坐飛機多過乘汽車，走過何止億萬里路，將經歷縮龍成寸，珍貴處便在菲臘的妙筆散文。

　　§ § § § §

　　另一個華仁仔朋友是舒琪，與我的學緣更早，是中學時期跨校相識的學友，並一度以為自己是對方的疑似情敵。他在校園時常掛著「為人民服務」的綠布包，不知尚留存否？那是我對他不能磨滅的印象。他也是圈中少有曾給我寫信的幾人之一。八十年代中期，寫信已經是古典行為了。我和舒琪雖然有忘年的交情，並且圈子互涉，但工作上卻沒有太多的合作機會。

　　他年紀比我少兩歲，在大學與我同屆，他在中學時期便發表影評，有神童之譽。他由編劇出身，進而拍電影，是香港電影製作圈中，少有能在電影開拍之前，做好完整劇本的人。在一段頗長的日子裏，他總是不厭其煩的印好一疊疊厚厚的劇本送給好友過目，徵求意見，可見其人認真嚴謹，電影「虎度門」是他的代表作。他的國際網絡良好，有時他向我轉述國際級大師的近況，使我對一些國際電影巨人，感覺不致遙不可及。他現職電

影學院院長。

舒琪對我說，人到了某些階段，便要做點整理和總結的工作。他現時著手整理香港電影史上一些重要人物的資料，將來出版；我歸園田居，整理斗數便只是鬧著玩。舒琪姓葉，圈中人不察，以為我們是兄弟。他協助嚴浩導演「夜車」的時候，介紹我認識葉潔馨，後來有人又以為我們是姊弟一團，葉氏宗親會，便曾有過一時之盛。

提起葉氏集團，我不禁想起了舒琪的真兄大衛。我在七十年代末期至八十年代初，兼任過《號外》雜誌的音樂版主編，大衛由美國轉到澳洲任教職，為我隔洋供稿。七、八十年代，西方流行音樂潮流一浪接一浪的高潮迭起，早期《號外》讀者讀得前哨的西方流行音樂文字，便當承大衛之勞。近日我偶閱得陳冠中兄寫回憶《號外》的文字，說早期的《號外》音樂版較少照顧本地樂壇，而我雖偶然觸及本地音樂，也只以抽離而又客體的態度處理，引以為憾；疏漏之處，讀者容許我二十年後遲來的致歉。

大衛以讀書和教授為職，對我的閱讀書目很多增益，我後來能讀點布爾斯廷、卡帕拉、卡爾維諾等令人賞心悅目的作品，便多得大衛引薦。由大衛和《號外》的淵源，我懷緬起共同的已故摯友丘世文兄。丘世文和陳冠中是《號外》的奠基者，都是 men of letters 的讀書人，《號外》有段時期推廣了文藝復興人（Renaissance Man）的生活價值，便拜世文兄和冠中兄等人的 Polymath 修為所賜。丘世文有段時間和我住得很近，我三頭兩日便跑一趟他家裏作客吃飯，談天說地做主菜。我驚訝的是，一個專業財務的人，真讀的及放在家裏的西方文史哲藏書，竟然可以豐富得有如長城連壁。他的書室、煙斗、紅酒、音響和古典音樂唱片光碟，構成了我後來的 dream house 模型。

早期《號外》有華洋雜交的版面風格和內容，並帶濃郁香港情懷，既前衛又兼顧東方新古典。好人常早逝，想起《號外》，便想起了丘世文。這些日子，便歷歷仿如五陵裘馬，逝若似水流年。

§ § § § § §

1974 年，歲次甲寅，那是我幸運的一年，我考了一個港大必錄的成績，

還未正式放榜，便隨中學校際活動認識的一位學友攀上港大的校園，應邀參與座談，與學長交流討論，題目大致上是想探看新一代、新同學的社會觀之類。座談會參與者不過十人，港大學長包括曾澍基、黎則奮、王卓祺、馮可立等，預科畢業生便有我們四、五人左右，其中還包括了我後來的小舅。

那一次聚會是我人生以後數十年文化生活的一個轉捩點。我後來還能讀一點佛洛姆、羅蘭・巴特、以至福柯等較社會性的著作和理論，便由這個時候開始機緣。我這班理想主義型的朋友畢業後各自發展，成就各有表述，而當中聯繫得最緊密的，便只有 Q 仔（黎則奮）而已。

74 年至 75 年間，我們的大本營在港大的學生報《學苑》，我主要做校對的工作，那時候校園裏流行以貼大字報形式表達意見，我這班學長的大字報，便多數由我抄寫貼出。75 年中編輯換屆，我們這伙人競選落敗。打後兩年，我的活動主要便環繞在文社和青年文學獎。

曾澍基、黎則奮及一班朋友畢業後以同人形式辦了一份《文化新潮》雜誌，試圖抗衡《號外》，為讀者提供另類意識形態選擇。我當時在中環的新力公司上班，家仍在粉嶺，很多時為了省回交通時間，便索性在灣仔謝斐道的雜誌社留宿，睡一張尼龍床。晚上的時間，仍幫做一些校對等瑣碎編務工作。

縱使我後來沒有從業報章雜誌，但這些牽涉出版的淵源，使我對出版印刷等事務毫不陌生。《斗數卷》的文字、選圖和版面設計，都由筆者親自製成，有時，甚至連作文章的過程都是直接寫入 Indesign 軟件的。

黎則奮即 Q 仔，擅長經濟分析及社會評論，寫影評用七靈，嘻笑怒罵時叫李阿飛；相信他還有七十二化身，而其中一大色相是長期做艾哈船長的寫手。西方商業寫作模式説：「每個成功的作者都有鬼影寫手（Every successful writer has a ghost writer)。」所以，出版得多而快的作者、著作等身者，有很多便只是鬼身。我相交三十年的艾哈船長是個大眾熟悉、家傳戶曉的人物，不過，他除了簽名簽得很有台型之外，大概便不太寫字了。中國內地有些學者從媒介認識船長發表的社會和經濟意見，來港想找他了解一下，旁人便說，直接找 Q 仔可以了，文章都是他寫的。

　　我在傳媒工作時，長期躲在幕後，對不擅作聲的能者朋友特別尊敬，並且也多以這類朋友知交；既然大家都有不擅張揚的性格，交往便能夠心領神會，節省了很多表情和唇舌。

　　筆者在八十年代也曾代人寫過一套流行一時、結合音樂和教育內容的書集，由知名「學者」簽上自己的名字，讓他高收版稅不斷。天相者忠，破軍者勞，一如巨門潛沉，皆可廁身於暗而無怨。Q仔、老薛和我都是這一類人，所以人以群分。

　　§ § § § § §

　　已故武俠小説作家古龍成名前曾替臥龍生、諸葛青雲、司馬翎等人代筆，成名後，便也不諱言用鬼影寫手；古龍醉不能寫的時候，薛興國便現其身影，吾稱老薛，性情中人，便不贅言。

　　記不起如何及何時認識老薛，要記一點事情，大概便離不開談食。他在千禧年某颱風大雨日來電關懷我的境況，我説我住的房子很堅固，風吹不倒、水浸不壞，有空你來元朗，我帶你去大榮華吃鄉村菜。由那日開始，老薛及其友儕，如蔡瀾、馬朗、陳任、黃軒利、馮葉、葉潔馨、查傳倜（八袋弟子）等人，便常臨大榮華，並且寫出了一連串的賞識文章，被梁文韜在食肆裏貼出一個滿堂紅。一代食神，便是從一個風雨飄搖的夏末誕生的。雖然韜哥客氣，在幾次媒介的訪談中都提及我的因緣，但要多謝的，恐怕還是上述各人等，我只是一個順水推舟的捎客。

　　食是難忘的回憶，老薛長年任香港《聯合報》老總，社長是台灣的胡立台先生。九十年代初，胡社長每次來港，都帶一份膠袋裝的寧記麻辣火鍋，和戴天、老薛、陳任和我等圍爐共酌，喝茅台、高粱一類的白酒，令每人的後座在往後的幾天，都有火燒的感覺。後來，文雋在台灣結識了寧記火鍋的老板，合作將麻辣火鍋引進香港，為了遷就本地口味，文雋將辣度修訂了，那是後話。

　　真懷念那些能吃的日子。

　　唐魯孫寫食，做過「陋巷出好酒，小館有珍饈」的題目，言食的層次，

在於天地廣闊，在於滋味地道。老薛屬破軍，飲食便多這種趣味。他送給我的作品《吃一碗文化》、《再吃一碗文化》、《説文解食》，令人看得入味，便因他上承唐魯孫、高陽等人的飲食文學風格，滋味地道而又文筆高雅，賦比興全，足以目食。

八十年代學斗數的人都讀過慧心齋主的書，亭老教斗數，也説她的書可以參考，至於齋主何許人也，則不甚了了。我偶然從老薛口中得悉，原來慧心齋主和她的夫婿都曾是他在台灣報社任職時的同事，年紀和我們相若，換句話説，我們在八十年代讀到她的作品，都是她才二十歲出頭時候寫成的。雖然筆者後來對斗數的取徑與她不一樣，但無可否認，她的斗數文字，至今仍具有經典性的參考價值；難能可貴的，是她能夠全用自己的文字，謙和而含蓄地寫文章，而非像其他術數書般左右抄訣，説話兇狠；當中涉及的，便關乎層次和修養的問題。

黃軒利與老薛老友，喜歡助人和請朋友吃飯；他活得快樂，便因為世界上有我們這些樂於受助的人踴躍支持。他為人做義務律師，支援保衛國土行動，為他支持我反對的候選人站崗拉票大半天；他是食家和紅酒專家，可以在吃飯的食肆出入廚房，教大廚手應該將餸菜如何如何做法，這種資格，一般是要做食家寫書的；不過，他是個食者禪，只吃只説，不立文字，要寫，大概便仍只寫狀詞，我要他寫個序，卻碰上他連綿過月的庭上工作，他與老薛共識過後，便合序。我和法律界、政治界最不和的地方，是他們太喜法律和立法，尤其是將煙民趕盡殺絕的反吸煙惡法。一次，他和釣魚台勇士柯華及一眾朋友，在食肆上遇上內地不知入鄉隨「法」的煙民，衝突而被爆樽濺血，李純恩便説，他們為香港的反吸煙法流下了第一滴血。看來，意見立場不太相同的好朋友，有時仍得用血來洗煉。

§ § § § § §

友儕中我還要多謝馮葉，她是我另一個誼姊型的朋友，我本來還是要找她為我寫個序言的，但這大半年，她老是僕僕風塵，也不知道她在上海還是巴黎，既要為義父林風眠安排畫展，又要勞神自己的作品，還要花很多時間在上海照顧各近百歲的雙親，可説形神俱勞，我實在不敢再煩她傷神看我自説自話的九號蠅頭印刷。不過，她還是特地寄來了她的畫冊，讓我任意挑選放在《斗數卷》中，説他日有機會和時間，才為我再畫。我老

實不客氣的選了好幾幅她的作品，《斗數卷》卷一、卷二和本卷，都有她的畫作增榮，那是我的幸運和福份。

馮葉經過悲戚憂患的大時代，她和義父林風眠的經歷留在畫壇的史冊上，我無能再書。她待朋友活躍而熱誠，我有時還怪她為了要善待周遭的朋友，既破費亦勞役得自己身忙心亂。

我在《林風眠研究文集 · 第一冊 · 北京林風眠藝術研討會》（1989年11月）的文集中，閱得馮葉寫的「我的老師和義父林風眠」，其中所述，用於習斗數者，又出奇地適用無比。

「對於各繪畫流派和理論，必須確切地研究，了解它們是怎樣形成和成熟的。不要先肯定或否定一切，要睜開毫無偏見的眼睛，認真思考，提出自己的見解，才能吸收溶化他人之長，以補自己之不足。」

她的老師被關牢的前一日，還和她侃侃而談愛因斯坦。

她對我說過自己在文革中的親身經歷，語調輕鬆得有如坐看雲起，豁達得有如人生自然景觀中的旅客。她令我確信，命運或宿命其實並不可怕，他只是你舞台上同場演出的對手，劇本沒有必要將他擊倒，他若真的離場，你便只能剩下一場自言自語的獨白。

§ § § § § §

另一個要多謝的朋友是吳夏郎。阿郎是我在科網瘟疫蔓延時認識的傳媒朋友，大家共同經歷過一點茶杯裏的風浪，戲劇化地說得上是患難之交。

阿郎讀文字學，讀書有死唸硬記的功夫，歷任總編職。我的文稿交給他看，他職業本能地一併替我做了一些校閱工作，將一些書中引文，對照了不同版本和出處，鋪陳給我採用。

2001年，我和矽谷的一間公司關係約滿，生活賦閒，快活了好一陣子，才溫水煮蛙的感覺出經濟有點壓力。無聊才寫書，恐飢餓才會勞動。我當時想到，香港文化人最流行的寫作方式，是先寫日報或期刊稿，然後再結

集。這種生產模式有兩利，一是讓稿件先賺稿費，而日報稿費，往往還要比單行本能收的版稅為優；二是使寫作活動規律化，可管束自己的任性和懶散。

於此之前，《經濟日報》的潘少權兄曾約我稿，我拖泥帶水了好幾個月，到立定主意準備供稿的時候，少權兄在電話的另一頭說：「我明天便要離職了，要轉去《讀者文摘》，前事只能交接任者處理。」人在人情在，下手如無甚興趣，唯有隨緣。我和黃毓民稔熟，他當時任《成報》老總，我打電話給他毛遂自薦，毓民無奈地說：「鬍鬚葉，明天我還在不在這裏工作也說不定。」他的預言後來被歷史驗證為準確。看，預言的準確性，是用模稜兩可的語式表達的。

阿郎得悉我想為稿子尋出路，便主動為我奔走。他問過一些行家朋友，相關的編輯聽說我想寫的是術數文章，大概便認為你不過找個地盤來露露點，可能又是要寫一些屬豬屬猴的東西，所以反應並不熱烈。我叫阿郎不要找了，反正我還可以好食懶飛。阿郎不氣餒，又替我叩問了工作上比較接近的一位副總編輯，但也只得冷場。他後來才知道，那位編輯在自己的副刊裏正供寫兩個術數專欄，阿郎顯然摸錯了門口。

我一生人最成功及行之有效的策略是「多一事不如少一事，少一事更不如無事」。阿郎的熱心我心領了，唯有敦促他不要再為我的小事傷神。

我年青時候不敢為非作歹，但卻做過不少累己累人的事。八十年代中，承《新晚報》副刊老編陳青楓賞識，著我寫一點關乎演藝和傳播的輕鬆文稿，我上有政策、下有對策的陽奉陰違，浩浩蕩蕩的寫了五十幾天的意識流「小說」，竟連開場白也還未寫完，便經不起上層及草根階層的輿論壓力，難為了青楓兄滿面委屈的向我傳達了腰斬的命令。科網方興的時候，好友梁天偉搞了一個閱讀網，向我徵稿，我拿出那夭折了的意識流給他刊登，後來他的網站果然也夭折了，I was so sorry。

同期，我矽谷那邊的母公司和香港這邊有策略伙伴，合伙的是個年輕有為的資訊科技人才，二十剛出頭便從電訊業賺得一大桶金，他興致勃勃的和一位金融界的投資人合伙搞了一個出版網，邀我加盟顧問職，寫字樓設在中環的甲級商廈，我貪慕虛榮赴約之後，發覺滿屋都是比我有為的青

年俊彥，並且戶不利長，我膽小而惶恐，每星期便只稍一涉足便溜之大吉。後來，他們又請來不論年紀和學識都是我前輩的簡而清先生任顧問，我多了個工作伙伴，要待在寫字樓交流討論的時間便多了。不到半年，投資人退堂，網站偃旗，簡兄也因病辭世。簡八哥人生最後的兩、三個月，一星期幾天，便是和我這個唸書時便看他評論電影節目的後輩吃外賣、吃飯盒渡過的。

那是我人生中最黑色幽默的一段日子。

2005 年，我在中環龐家供閒職，餘暇太多，每次回到辦公室，處理過一些簡單聯繫事務後，便只居高臨下的瞄著當時正在大興土木的禮賓府，看它的噴水池有沒有開動，悶極無聊，便拿起紙筆，嗖嗖的寫將起來。《斗數卷》前卷、卷一和卷二，大部分的內容都是在那一年寫成的。

阿郎後來出掌《頭條日報》時間我，我寫好的稿可否交他刊登，我說不用了，因為在沒有框框的限制下，我的文字長短不一，要再剪裁便困難，當中有些特長的，如果分日連載，恐怕會悶死讀者。相交貴乎知心，知心者不會強人所難。

塞翁失馬，焉知非福，人生際遇多轉彎抹角，但總有很多令人愉悅的驚喜。《斗數卷》頭三卷寫得快而順手，幾乎一蹴即就，是一場有如愛慾高潮的寫作經驗。回想當日如果要每日供稿，要不便生產出一板板的豆腐文章；要不，便可能跌進了至今還為稿費爭訟的煩惱，那來如此福份，可以或長或短，進出自如。

而阿郎的盛情，在那一段科網及沙士火烈蔓延的日子裏，便令人倍覺清涼，謹謝。

§ § § § §

少時父輩、師長輩，都教我們要謹慎擇友，並且要交志同道合的朋友，不要交酒肉朋友。我的意識雖然大致上仍懂得尊師重道，但行為卻多叛逆。我半生都在交酒肉朋友，並以此為榮為樂，所交朋友志趣，亦各呈面貌、無甚相同。我在傳媒中的經驗告訴我，太志同道合的朋友，最終的歸宿之

一便可能是方便湊夠一枱麻將。以前我在傳媒的位置上，酒肉朋友的名單頗長，從傳媒退下火線之後，名單便減省了，我也樂於將部分名字剔除，所餘者，便包括以上較常見的好友。我們畢竟年紀長了，不能每天都酒囊飯袋，現時剩下的名單，已足夠熱鬧；我只憂郁於是否會有一日，要在電話中對朋友說，吾兄吾姊老矣，尚能飯否？

筆者自幼便對文字有宗教情操般的景仰，見文字如見人，今次邀寫作序的朋友，皆能寫之人，我只羞怯於要挪動他們太多的靜私時間。《斗數卷前卷》是一次前菜和甜點都要比主菜悅目可口的陋巷之宴；我得眾兄以序擎槍，馮葉以畫鑾輿，蔣姊以跋擊鼓，足使我這個紫微「阿斗」，能夜行而膽壯。

附錄
八十後的原罪

　　一日，遇超人林超榮於酒家，談起了青年子姪事。他說，有些朋友的子女從美國高等學府學完歸來，家中書櫃，只放一些家居設計、裝潢雜誌和幾本十二生肖流年運程書；文化水平如此表現，令他嘖嘖稱奇。我從猜心理的角度看，裝潢本和運程書，大概也標示了部分香港年輕人的一組心態符號，不論他們完成了哪個等級的學歷。一是他們嚮往體面而舒適的生活，二是他們無知和迷信，並且想走些實用的便捷。那是我認為最壞最糟的一套符號組合。我們的教育，不論在校還是在家，都著重功能主義、實用主義，不著重啟發獨立思考，不著重發揮個人性格、潛能，也不鼓勵建立多面性的價值觀，這都令新的一代走向虛無。和我同輩者當權當旺的時候，辦教育，教兒女，已多教搵食，少教做人；多教習技，少教思維；無價值體系和思想空白的一部分，便留給由粗俗媒體傳播的一大堆濫通識、爛通識來填滿。生肖流年運程，只是這類爛通識的萬分之一種。如果我們社會對今日的八十後、九十後的乖戾有甚麼怪罪和怨言，其原罪便應該在我們五十後及其前後旬。我經常聽到，與我同期成長的同輩，以及稍幼的後輩，育得子女後，會說：「當然要給他們最好的。」我的反應一般是反問：「甚麼叫做最好的？Please define！」你給了他們最好的，他們還可以追求甚麼更好的？我們那一代人說話已經開始反智了，新一代受「最好的」社會環境培養，反智風情只會青出於藍。我引薦過朋友的子姪去一些學校面試，家長打探過行情之後，便領略到，他們須要為子女做型錄、做個人簡報，又想到訓練子女彈琴、唱歌、跳舞，演講、說故事，幾乎還想到耍雜技、打空翻，有如綵排港姐選拔賽，以迎合校方、校長的進取要求和「先進」的教育理念。我想，我真幸運，如果我後生幾十年，大概也沒有機會上名校，我木訥木嘴，內向害羞，無精靈反應和不喜歡主動發言。不過，我至今感覺良好，因為我混進了名校之後，發覺周圍仍有很多木嘴的同學，有內向者和不善勇於表達者。我們這類人有不少人數，不會被邊緣化，並且學業成績良好。我們更加肯定，歷史上很多偉大的思想家、哲學家、發明家和科學家，少年時都是內向的、木嘴無反應的，甚至是自閉的。我懷疑我們近年的所謂先進教育理念正不經意地扼殺人性和謀殺天才，從中培

養出集體的、跟紅頂白的、單一性的主流文化。我們培養出自信而沒有自省能力的人，進取而不知忍耐的人，鋒露而不知含蓄的人，謀技而不知思索的人，進擊而不知禮儀的人，吃現成而不知發明的人。近年看過很多賣兒童消費產品的影像廣告，由蒸餾水、奶粉、糖菓、曲奇，都突顯兒童因選擇了某產品而表現出精叻跋扈的形象，把對手兒童嘲弄得灰頭土臉。自信、進取、鋒露、謀技和進擊的單向操練，只能教育出朋黨欺凌的殘虐文化。寵極則賤，當我們的下一代在指定動作及保證考試合格的框架式課程範圍內，如鵝群過塘般修讀完大學課程及文憑，踏進社會，發覺原來自己仍然停留在人口的金字塔底層，那種自信、進取、鋒露、謀技和進擊的單向情操，偶爾或連續遭到一些皮肉上的挫折，便只會用激烈而脆弱的風格來釋放，例如自殘、欺凌，以及迷信。趨吉避凶，迷信運程之說是爛通識、濫通識的重災項目，早已從上幾代開始，其嚴峻的程度，至今已及至不分男女老幼，文墨高低，道內道外。不明其道而只悅於其神者固然稱作迷信；習其道而不明其理者則以訛傳訛；就算反其道者，所持的參考資料，也不外取材於通街行走的爛通識和濫通識，組出來的批判框架，就算說上幾個科學名詞，表達的，也不過是自幼聽來的老掉大牙水平。不太思考的社會，爭辯各方，都只能用爛通識的水平出場。我問一位行將從教學退休的同屆同學，現在的學生，是否仍像以前一樣，選讀科目，都先以謀出路為考慮？同學說是，並且有過之而無不及。香港是一個迷信專業的社會，迷信金融的社會，甚至還停留在迷信理科好搵食的社會。我有一段時期，經常要應酬我的同學、朋友和學生，替他們梳理一下子女的情緒和困擾；他們的煩惱不外是，一、很想讀理科，但考出來的卻是文科最好，理科班不收，很有挫折感，處理這問題容易，按理臭罵一頓可以了；二、很想加入投資銀行工作，屢試不逮，很沮喪，處理這問題也容易，按理臭罵一頓便可以了。金融海嘯之後，我子侄輩再沒有人提第二條煩惱了。當一個社會只重專業、金融、技擊而缺乏人文通識的時候，運程迷信藉科學化、實用、自我舉證，具趨吉避凶功能等宣傳名號流布，打入頭腦簡單的高學歷層，想來一點也不奇怪。清人李漁說：「學技必先學文。」意思是，抓一技傍身不難，學

懂何謂通情，何謂達理，那才重要。不實用嗎？或許，我們的社會從未認
為學文是實用的。

原刊 2010 年《信報》、「十一月登場」

筆者

"It has always seemed strange to me that in our endless discussions about education so little stress is laid on the pleasure of becoming an educated person, the enormous interest it adds to life. To be able to be caught up into the world of thought — THAT is to be educated."

EDITH HAMILTON

學習的樂趣

筆者對八十後和九十後的年青人心態和行為很不忍苛責。我們上一代的人，推動和建立出來的人生價值觀，不外便是金錢和實用主義，根本未曾鼓勵過我們的孩子嘗試建立自己的價值模式、思想體系。當金錢和實用主義在今日生活遇上艱難，在氣氛緊迫的社會裏看不見上行階梯，走出希望的時候，他們也沒有太多其他可想像得到的發揮空間。行為輕狂，怪異，不滿，不快樂，衝擊，便成為了一種無可奈何而普遍的社會現象。在我們的教育中，為甚麼總是強調實用功利，而從不強調閱讀、學習、思考，這過程已足以令人發展成榮譽的人，學習過程本身的樂趣，已是人生快樂的事。

圓方立極

「天圓地方」是傳統中國的宇宙觀，象徵天地萬物，及其背後任運自然、生生不息、無窮無盡之大道。早在魏晉南北朝時代，何晏、王弼等名士更開創了清談玄學之先河，主旨在於透過思辨及辯論以探求天地萬物之道，當時是以《老子》、《莊子》、《易經》這三部著作為主，號稱「三玄」。東晉以後因為佛學的流行，佛法便也融匯在玄學中。故知，古代玄學實在是探索人生智慧及天地萬物之道的大學問。

可惜，近代之所謂玄學，卻被誤認為只局限於「山醫卜命相」五術、及民間對鬼神的迷信，故坊間便泛濫各式各樣導人迷信之玄學書籍，而原來玄學作為探索人生智慧及天地萬物之道的本質便完全被遺忘了。

有見及此，我們成立了「圓方出版社」（簡稱「圓方」）。《孟子》曰：「不以規矩，不成方圓」。所以，「圓方」的宗旨，是以「破除迷信、重人生智慧」為規，藉以撥亂反正，回復玄學作為智慧之學的光芒；以「重理性、重科學精神」為矩，希望能帶領玄學進入一個新紀元。「破除迷信、重人生智慧」即「圓而神」，「重理性、重科學精神」即「方以智」，既圓且方，故名「圓方」。

出版方面，「圓方」擬定四個系列如下：

1.「智慧經典系列」：讓經典因智慧而傳世；讓智慧因經典而普傳。

2.「生活智慧系列」：藉生活智慧，破除迷信；藉破除迷信，活出生活智慧。

3.「五術研究系列」：用理性及科學精神研究玄學；以研究玄學體驗理性、科學精神。

4.「流年運程系列」：「不離日夜尋常用，方為無上妙法門。」不帶迷信的流年運程書，能導人向善、積極樂觀、得失隨順，即是以智慧趨吉避凶之大道理。

「圓方」已成立「正玄會」，藉以集結一群熱愛「破除迷信、重人生智慧」及「重理性、重科學精神」這種新玄學的有識之士，並效法古人「清談玄學」之風，藉以把玄學帶進理性及科學化的研究態度，更可廣納新的玄學研究家，集思廣益，使玄學有另一突破。

中國星學

斗數卷・前卷・談玄述異

Chinese Astrology
Prelude, Doushuroll
Small Talks on Chinese Astrology

作者
葉漢良

責任編輯
甘文

美術設計
三原色創作室

出版者
圓方出版社 (香港)有限公司
香港英皇道499號北角工業大廈18樓
營銷部電話：(852) 2138 7961
網址：http://www.formspub.com

發行者
香港聯合書刊物流有限公司
香港新界大埔汀麗路36號
中華商務印刷大廈3字樓
電話：（852）2150 2100
傳真：（852）2407 3062
電郵：info@suplogistics.com.hk

承印者
中華商務彩色印刷有限公司
香港新界大埔汀麗路36號

出版日期
二零一四年一月第一次印刷

上架建議：（1）玄學術數 （2）流行讀物

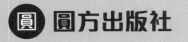

圓方出版社

歡迎加入圓方出版社「正玄會」！

您了解何謂「玄學」嗎？您對「山醫卜命相」感興趣嗎？
您相信破除迷信能夠轉化為生活智慧而達至趨吉避凶嗎？
「正玄會」正為讀者提供解答之門：會員除可收到源源不斷的玄學新書資訊，
享有購書優惠外，更可參與由著名作者主講的各類玄學研討會及教學課程。
「正玄會」誠意徵納「熱愛玄學、重人生智慧」的讀者，請填妥下列表格，成
為「正玄會」的會員！

您的寶貴意見・・・・・・・・・・・・・・・・・・・・・・・・・・・・・・・・・・

您喜歡哪類玄學題材？(可選多於1項)

□風水　　　　□命理　　　　□相學　　　　□醫卜
□星座　　　　□佛學　　　　□其他＿＿＿＿＿＿

您對哪類玄學題材感興趣，而坊間未有出版品提供，請說明：

＿＿＿＿＿＿＿＿＿＿＿＿＿＿＿＿＿＿＿＿＿＿＿＿＿＿＿＿＿＿

此書吸引您的原因是：(可選多於1項)

□興趣　　　　　□內容豐富　　　□封面吸引　　　□工作或生活需要
□作者因素　　　□價錢相宜　　　□其他＿＿＿＿＿＿＿＿＿＿＿

您如何獲得此書？

□書展　　　　　□報攤/便利店　　□書店(請列明：＿＿＿＿＿＿＿)
□朋友贈予　　　□購物贈品　　　□其他＿＿＿＿＿＿＿＿＿＿＿

您覺得此書的書價：

□偏高　　　　　□適中　　　　　□因為喜歡，價錢不拘

除玄學書外，您喜歡閱讀哪類書籍？

□食譜　　□小說　　□家庭教育　　□兒童文學　　□語言學習　　□商業創富
□兒童圖書　□旅遊　□美容/纖體　　□現代文學　　□消閒
□其他＿＿＿＿＿＿＿＿

成為我們的尊貴會員・・・・・・・・・・・・・・・・・・・・・・・・・・・・・

姓名：＿＿＿＿＿＿＿＿＿＿＿＿　□男 / □女　　□單身 / □已婚
職業：□文職　　　□主婦　　　□退休　　　□學生　　□其他＿＿＿＿＿＿
學歷：□小學　　　□中學　　　□大專或以上　□其他＿＿＿＿＿＿＿＿＿
年齡：□16歲或以下 □17-25歲　　□26-40歲　　□41-55歲　　□56歲或以上

聯絡電話：＿＿＿＿＿＿＿＿＿　電郵：＿＿＿＿＿＿＿＿＿＿＿＿＿＿

地址：＿＿＿＿＿＿＿＿＿＿＿＿＿＿＿＿＿＿＿＿＿＿＿＿＿＿＿＿＿

請填妥以上資料，剪出或影印此頁後寄回：香港英皇道499號北角工業大廈18樓
「圓方出版社」收，或傳真至：**(852) 2597 4003**，即可成為會員！

*所有資料只供本公司參考

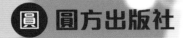

圓方出版社

正玄會

● 免費加入會員 ●

● 尊享購物優惠 ●

● 玄學研討會及教學課程 ●